高等职业院校创新性智能化财税教材系列（纳税申报）
“衡信杯”大学生智慧税务大赛指定用书

税费核算与智能申报实训

主　编　李建丽　刘瑞红
主　审　李高齐
副主编　夏姝彦　王　珊　孙淑娟

立信会计出版社
LIXIN ACCOUNTING PUBLISHING HOUSE

图书在版编目(CIP)数据

税费核算与智能申报实训 / 李建丽，刘瑞红主编.
—上海：立信会计出版社，2024.4
ISBN 978-7-5429-7614-7

Ⅰ.①税… Ⅱ.①李… ②刘… Ⅲ.①税费—计算
②纳税—税收管理—中国 Ⅳ.①F810.423 ②F812.42

中国国家版本馆 CIP 数据核字(2024)第 062379 号

策划编辑　窦乔伊
责任编辑　郭　光
助理编辑　窦乔伊
美术编辑　吴博闻

税费核算与智能申报实训
SHUIFEI HESUAN YU ZHINENG SHENBAO SHIXUN

出版发行　立信会计出版社
地　　址　上海市中山西路 2230 号　　邮政编码　200235
电　　话　(021)64411389　　传　　真　(021)64411325
网　　址　www.lixinaph.com　　电子邮箱　lixinaph2019@126.com
网上书店　http://lixin.jd.com　　http://lxkjcbs.tmall.com
经　　销　各地新华书店

印　　刷　浙江天地海印刷有限公司
开　　本　787 毫米×1092 毫米　1/16
印　　张　15.5
字　　数　358 千字
版　　次　2024 年 4 月第 1 版
印　　次　2024 年 4 月第 1 次
书　　号　ISBN 978-7-5429-7614-7/F
定　　价　49.00 元

前　言

“税费核算与智能申报实训”是应用型本科和高等职业院校的财税类专业与会计专业(群)的一门专业核心课程,也是财务会计类专业多个“1+X”证书项目的必修课程。其内容与教育部的“会计实务”“业财税融合大数据应用”等赛项接轨。

本书以任务为引领,通过纳税实务操作的业务流程展示,结合案例资料和业务数据,介绍纳税业务的处理过程,并通过业务处理和实训成果的分析,培养能够进行财税核算、财税代理、税收风控、财税数据分析,适应大数据时代税务信息化要求的高素质技能人才。本书依托国家金税工程四期核心软件平台(浙江衡信教育科技有限公司)的高仿真教学实训平台——衡信税务实训平台,由高校教师和行业专家合作编写,依据会计(税务)行业标准开发。本书实训内容与企业实际税务业务内容基本一致,实训技能与企业(行业)岗位技能要求对接,课程标准与职业标准对接,融合岗、课、赛、证内容。

本书内容涵盖全面数字化的电子发票,增值税、消费税、企业所得税、个人所得税、其他税种等涉税系统的申报表填写,使学生掌握各税种申报表的填写方法、填写逻辑;业务处理与真实涉税系统要求完全一致,使实训练习与岗位要求无缝对接;结构清晰,结合“衡信杯”全国税务技能大赛赛项规程内容,及时反映高等院校教学改革的要求及税收领域改革的最新动态。

本书特色如下：

第一，编写思路具有创新性。 本书按照“项目引导、任务驱动”的编写思路，依据会计(税务)岗位要求及职业标准，以完成企业发票开具或企业的纳税核算与申报流程为主线设计任务，培养学生的税务职业能力。

第二，内容结构合理。 本书各项目以完成某项具体的税务业务为任务，分析该任务的业务要点，结合相关税收政策和税收法规，设计税收案例。通过工作流程图、知识链接和业务资料分析，对案例进行针对性的分析，包括操作步骤及易错点。本书将“教、学、做”一体化，体现工学结合的人才培养模式。

第三，思政特色突出。 本书各项目立足相关专业知识点，将思政元素有机地嵌入其中，各项目的最后设有“思政课堂”，力求培养学生严谨、认真的工作作风，依法纳税的社会责任意识，诚信的职业品质和良好的职业道德，实现专业知识传授与高素质技能人才培养目标的有机统一。

第四，教材内容新颖。 本书以截至2024年2月的税收法规为依据，反映税收领域改革的最新动态，内容不仅包含各个税种的纳税核算和申报，还包含最新的全面数字化的电子发票的填开，以及税收风险控制等，具有实用性、前瞻性等特点。

第五，配套资源丰富。 本书配套资源包括教学课件、动画、教学录像、微课、相关税收法规等。丰富的教学资源为教师提供全面教学支持，为便于用书院校统一组织教学，用书院校可凭书后“软件授权提货单”向浙江衡信教育科技有限公司免费申请安装部分“税务实训平台软件”。

本书是河南交通职业技术学院和浙江衡信教育科技有限公司的校企合作教材，由具有丰富的企业税务实训教学经验及税务大赛辅导经验的专业团队编写，由河南交通职业技术学院的李建丽、刘瑞红任主编，河南交通职业技术学院的夏姝彦、王珊和孙淑娟任副主编，浙江衡信教育科技有限公司的李高齐总经理(注册税务师)任主审。各项目具体撰写分工如下:项目一任务一、项目四由孙淑娟编写;项目二、项目六由王姗编写;项目三由李建丽编写;项目一任务二、任务三，项目五由夏姝彦编写;项目七由刘瑞红编写;项目八由王晓敏编写。

在本书编写过程中，我们除了参考现行最新的税收法规，还参考了一些相关资料和教材，在此向有关专家、作者致以深深的谢意！同时，浙江衡信教育科技有限公司李高齐总经理和袁青青老师对本书的编写提供了大力支持和专业的技术指导，在此一并表示感谢！

本书可以作为高等职业院校财税类专业与会计专业(群)的教学用书，也可以作为企业的财务、税务、审计、贸易等部门专业人员的业务学习用书。

由于编者水平有限，加之税收法规变化较快，本书如有疏漏和不当之处，恳请读者批评指正，以便再版时修订和完善。

编者

2024 年 4 月

目　录

项目一

增值税发票业务办理实训

知识目标

1. 了解发票及增值税的相关知识
2. 熟悉全面数字化的电子发票的基础知识及开票流程
3. 掌握增值税发票综合服务平台进项勾选抵扣的操作流程

技能目标

1. 能够通过电子税务局完成全面数字化的电子发票填开
2. 能够通过税务实训平台完成防伪税控增值税发票填开
3. 能够完成税务实训平台增值税进项抵扣勾选实训

素养目标

1. 通过学习发票开具流程，培养严谨、认真的工作作风
2. 增强社会责任意识，培养依法纳税意识
3. 培养诚信的职业品质和良好的职业道德

任务一　全面数字化的电子发票填开

一、实训目的

熟悉全面数字化的电子发票（以下简称数电发票）的基础知识；了解数电发票的票面信息；掌握数电发票填开的注意事项及开票流程；熟悉旅游服务增值税差额征税政策规定；掌握旅游服务数电发票的填开方式；通过电子税务局完成数电发票填开实训项目。

业务要点

数电发票填开，需要掌握新增项目信息、客户信息的方法，填开折扣发票、红字发票的具体方法，以及增值税差额征税开票的流程。

动画 1-1
认识数电发票

二、实训业务流程和实务操作

（一）实训业务流程

开具增值税数电发票实训业务流程如图 1-1 所示。

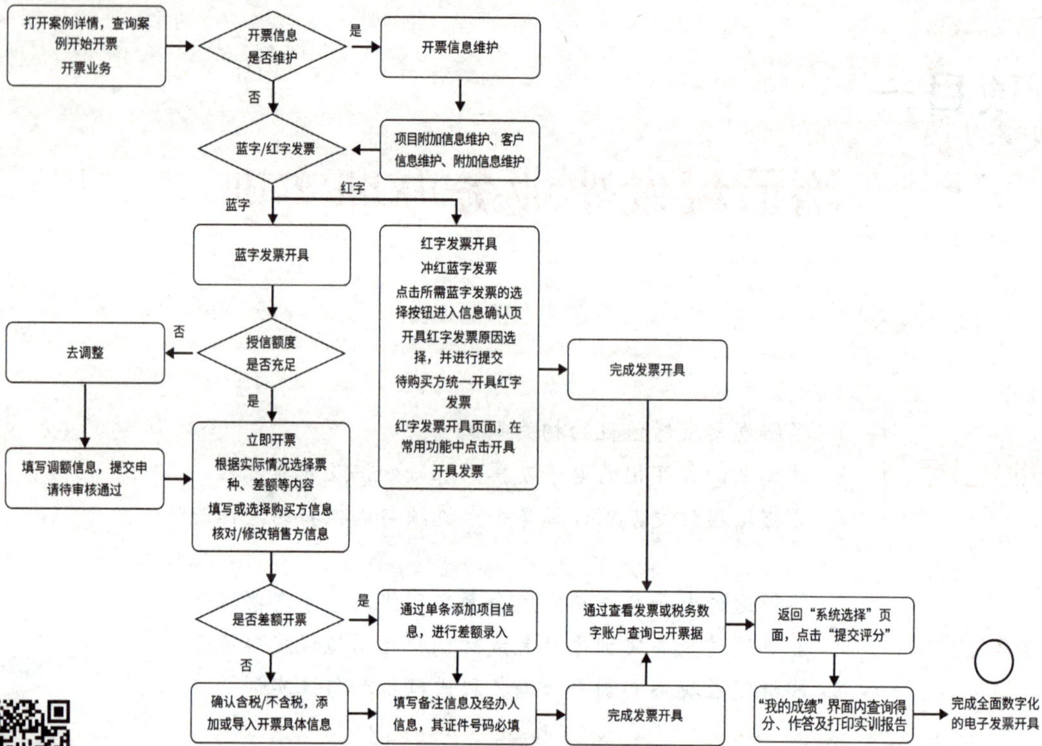

图 1-1　开具增值税数电发票实训业务流程

教学录像 1-1
开具数电发票实训业务流程

（二）实务操作

开具增值税数电发票实务操作如图 1-2 所示。

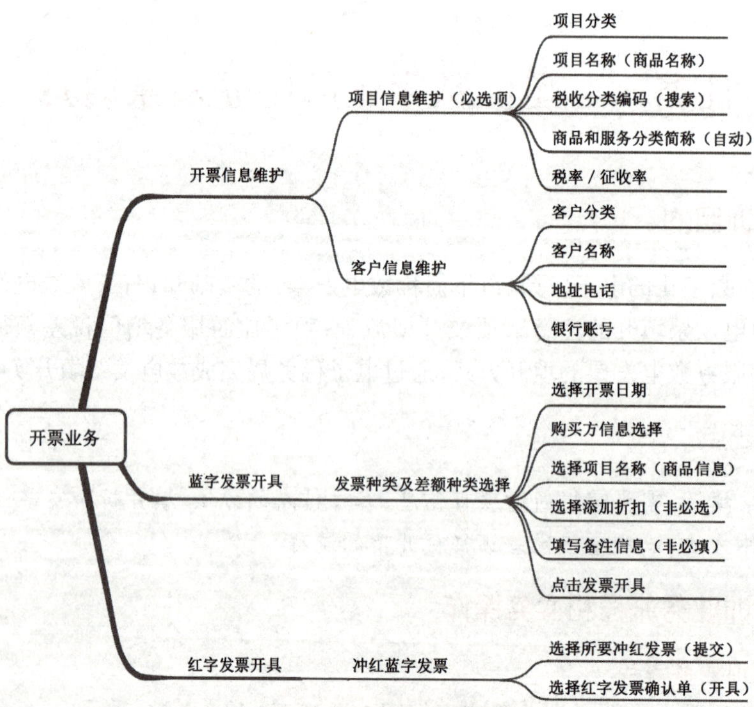

图 1-2　开具增值税数电发票实务操作

三、案例资料和业务数据

动画 1-2
开具数电发票的流程

（一）纳税人基础信息

纳税人名称：杭州安乐达旅游服务有限公司

经济性质：有限责任公司

地址及电话：杭州市滨江区江南大道 2252 号，0571-87586732

法定代表人：潘宇

注册资金：人民币伍佰万元整

成立日期：2016 年 4 月 5 日

统一社会信用代码：913340193372085675

开户行及账号：中国农业银行杭州教工路支行，12020231007581035

生产经营范围：入境旅游业务、国内旅游业务、出境旅游业务；会议展览服务；旅游信息咨询及活动策划；代购代订国内交通客票；汽车租赁；汽车代驾；酒店管理；特产批发零售（上述依法须经批准的项目，经相关部门批准后方可展开经营活动）。

该公司为增值税一般纳税人，税务局给其每月开票授信额度为 500 000 元。

（二）业务资料

（1）2023 年 3 月 2 日，收到深圳龙华科技有限公司（统一社会信用代码：914403008858689212；地址及电话：深圳市福田区香蜜湖街道东海社区红荔西路 8089 号，0755-37654921；开户行及账号：中国农业银行深圳福田口岸支行，030505010400023250）支付的境外旅游服务费用 50 000 元，款项汇入银行，该笔业务符合免税条件，请给对方开具增值税普通发票。

深圳龙华科技有限公司组织优秀员工出境旅游，由杭州安乐达旅游服务有限公司提供在泰国的旅游服务。

（2）2023 年 3 月 6 日，向浙江天风软件有限公司（统一社会信用代码：913301126726802018；地址及电话：杭州市江干区状涛北路 32 号，0571-89971059；开户行及账号：中国银行杭州市江干区支行，621758171586489）销售特产，给予福味山河礼盒 5%的销售折扣，货款已收到，请开具增值税专用发票。商品信息如表 1-1 所示，产成品出库单如表 1-2 所示。

表 1-1　商品信息表

货物名称	规格型号	数量	不含税单价(元)
福味山河礼盒	544 G	20	189.00
桃花酥	225 G	15	48.00
知味观糯米鸭	750 G	10	98.00
知味观东坡酱鸭	673 G	15	68.00
龙井酥	300 G	20	59.00
传统枣泥糕	500 G	16	49.00

（续表）

货物名称	规格型号	数量	不含税单价(元)
高档糕点礼盒	501 G	10	398.00
定胜糕(礼盒)	509 G	20	88.00
桃酥(组合口味)	340 G	10	78.00

表 1-2　产成品出库单

领用单位：浙江天风软件有限公司　　2023 年 03 月 06 日　　编号：001

产品名称	规格型号	数量单位	出库数量	备注
福味山河礼盒	544 G	盒	20	
桃花酥	225 G	盒	15	
知味观糯米鸭	750 G	盒	10	
知味观东坡酱鸭	673 G	盒	15	
龙井酥	300 G	盒	20	
传统枣泥糕	500 G	盒	16	
高档糕点礼盒	501 G	盒	10	
定胜糕(礼盒)	509 G	盒	20	
桃酥(组合口味)	340 G	盒	10	

主管：张涵　　审核：张元　　保管：王远　　经手人：李强

同日，向天津华盛科技有限公司(统一社会信用代码：911202223003318218；地址及电话：天津市武清区石各庄镇石陈路 1 号 305-4，022-43658790；开户行及账号：天津银行万华支行，956488620400021560)销售特产，货款已收到，请开具增值税专用发票。商品信息如表 1-3 所示，产成品出库单如表 1-4 所示。

表 1-3　商品信息表

货物名称	规格型号	数量	不含税单价(元)
知味观糯米鸭	750 G	10	98.00
知味观东坡酱鸭	673 G	15	68.00
龙井酥	300 G	20	59.00

表 1-4　产成品出库单

领用单位：天津华盛科技有限公司　　2023 年 03 月 06 日　　编号：002

产品名称	规格型号	数量单位	出库数量	备注
知味观糯米鸭	750 G	盒	10	
知味观东坡酱鸭	673 G	盒	15	
龙井酥	300 G	盒	20	

主管：张涵　　审核：张元　　保管：王远　　经手人：李强

(3) 2023 年 3 月 10 日，接待北京东奥华雨国际教育科技有限公司（统一社会信用代码：903101080896460856；地址及电话：北京市海淀区中关村南大街甲 38 号，010-53769856；开户行及账号：中国农业银行北京百石桥支行，030505010400021560）旅游业务结束，共接待 10 人，按合同收到旅游团费 52 500 元，支出费用合计 30 800 元，已取得相关扣除凭证。请使用“差额开票”功能开具增值税专用发票。

(4) 2023 年 3 月 12 日，将其闲置的一间办公室转租给杭州三江咨询有限公司（统一社会信用代码：913301063418805728；地址及电话：杭州市上城区中豪望江 3-201 室，0571-88867998；开户行及账号：招商银行望江路支行，110156845397752685）。该办公室于 2022 年 2 月租入，具体地址为杭州市滨江区江南大道 2252 号海星大厦 10 楼 301 室。按合同约定一次性收取杭州三江咨询有限公司 3 个月（2023 年 3 月 10 日至 2023 年 6 月 9 日）的租金 15 000 元。请开具增值税专用发票。

(5) 2023 年 3 月 15 日，浙江天风软件有限公司（统一社会信用代码：913301126726802018；地址及电话：杭州市江干区状涛北路 32 号，0571-89971059；开户行及账号：中国银行杭州市江干区支行，621758171586489）通知 3 月 6 日开具的发票信息有误，其未作用途确认及入账确认。请开具红字增值税专用发票。

四、业务处理和实训成果

（一）业务资料分析

1. 境外旅游服务费开票

2023 年 3 月 2 日，收到深圳龙华科技有限公司支付的境外旅游服务费用 50 000 元，该笔业务符合免税条件，需给对方开具增值税普通发票。

(1) 在开具发票时“发票种类”选择普通发票。

(2) 企业在境外提供旅游服务符合免税条件的，在“项目信息维护”增加商品信息时“税率/征收率”选择免税，项目名称填写“＊旅游服务＊跨境旅游服务”。具体开票结果如图 1-3 所示。

电子发票（普通发票）

发票号码：24100000000000234134
开票日期：2023-03-02 16:08:48

购买方信息	名称：深圳龙华科技有限公司 统一社会信用代码/纳税人识别号：914403008858689212	销售方信息	名称：杭州安乐达旅游服务有限公司 统一社会信用代码/纳税人识别号：913340193372085675

项目名称	规格型号	单位	数量	单价	金额	税率/征收率	税额
*旅游服务*跨境旅游服务			1	50000	50000	免税	***
合计					¥50000.00		***
价税合计（大写）	伍万圆整				（小写）	¥50000.00	

图 1-3　数电发票（普通发票）的开票结果

> **提示** 数电发票的法律效力、基本用途等与纸质发票相同。试点纳税人通过实名认证后，无须使用税控专用设备即可通过电子发票服务平台开具发票，无须进行发票验旧操作。数电发票也无须进行发票票种核定和发票领用。

2. 销售特产开票

2023 年 3 月 6 日，向浙江天风软件有限公司销售特产，对福味山河礼盒给予 5%的销售折扣。

(1) 纸质发票票面最多只支持开具 8 行商品明细，如果超过必须开具销货清单。而数电发票的载体为电子文件，无最大开票行数限制，交易项目明细能够在数电发票中全部展示，无须另外开具销货清单。

(2) 企业可以使用电子发票服务平台中的“基础信息维护”模块，通过单条录入、批量导入或者税控批量导入的方式，对商品名称、规格型号、单位、单价、商品和服务税收分类编码及税率/征收率等信息进行维护。

(3) 因福味山河礼盒给予对方 5%的销售折扣，需要使用“添加折扣”功能。具体开票结果如图 1-4 所示。

电子发票（ 增值税专用发票 ）

发票号码：24106000000000234135
开票日期：2023-03-06 14:24:22

购买方信息	名称：浙江天风软件有限公司 统一社会信用代码/纳税人识别号：913301126726802018	销售方信息	名称：杭州安乐达旅游服务有限公司 统一社会信用代码/纳税人识别号：913340193372085675

项目名称	规格型号	单位	数量	单价	金额	税率/征收率	税额
*焙烤食品*福味山河礼盒	544G	盒	20	189	3780.00	13%	491.40
*焙烤食品*福味山河礼盒					-189.00	13%	-24.57
*焙烤食品*桃花酥	225G	盒	15	48	720.00	13%	93.60
*熟肉制品*知味观糯米鸭	750G	盒	10	98	980.00	13%	127.40
*熟肉制品*知味观东坡酱鸭	673G	盒	15	68	1020.00	13%	132.60
*焙烤食品*龙井酥	300G	盒	20	59	1180.00	13%	153.40
*焙烤食品*传统枣泥糕	500G	盒	16	49	784.00	13%	101.92
*焙烤食品*高档糕点礼盒	501G	盒	10	398	3980.00	13%	517.40
*焙烤食品*定胜糕（礼盒）	509G	盒	20	88	1760.00	13%	228.80
*焙烤食品*桃酥（组合口味）	340G	盒	10	78	780.00	13%	101.40
合计					¥14795.00		¥1923.35
价税合计（大写）	壹万陆仟柒佰壹拾捌圆叁角伍分				（小写）	¥16718.35	

图 1-4 数电发票(增值税专用发票)的开票结果

同日，向天津华盛科技有限公司销售特产。具体开票结果如图 1-5 所示。

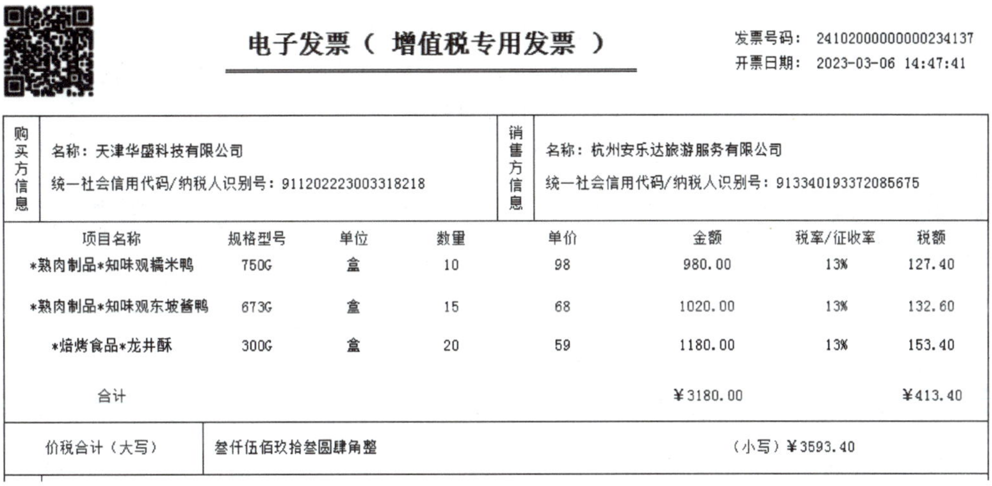

电子发票（增值税专用发票）

发票号码：24102000000000234137
开票日期：2023-03-06 14:47:41

购买方信息	名称：天津华盛科技有限公司 统一社会信用代码/纳税人识别号：911202223003318218	销售方信息	名称：杭州安乐达旅游服务有限公司 统一社会信用代码/纳税人识别号：913340193372085675

项目名称	规格型号	单位	数量	单价	金额	税率/征收率	税额
*熟肉制品*知味观橘米鸭	750G	盒	10	98	980.00	13%	127.40
*熟肉制品*知味观东坡酱鸭	673G	盒	15	68	1020.00	13%	132.60
*焙烤食品*龙井酥	300G	盒	20	59	1180.00	13%	153.40
合计					¥3180.00		¥413.40
价税合计（大写）	叁仟伍佰玖拾叁圆肆角整				（小写）¥3593.40		

图 1-5　数电发票(增值税专用发票)的开票结果

3. 旅游服务增值税差额征税开票

2023 年 3 月 10 日，接待北京东奥华雨国际教育科技有限公司，按合同收到旅游团费 52 500 元，支出费用合计 30 800 元，已取得相关扣除凭证。使用“差额开票”功能开具增值税专用发票。

(1) 选择发票种类为“增值税专用发票”，选择差额功能为“差额征税-差额开票”，如图 1-6 所示。

(2) 选择项目名称后，在差额录入界面录入含税销售额和扣除额等信息，如图 1-7 所示。

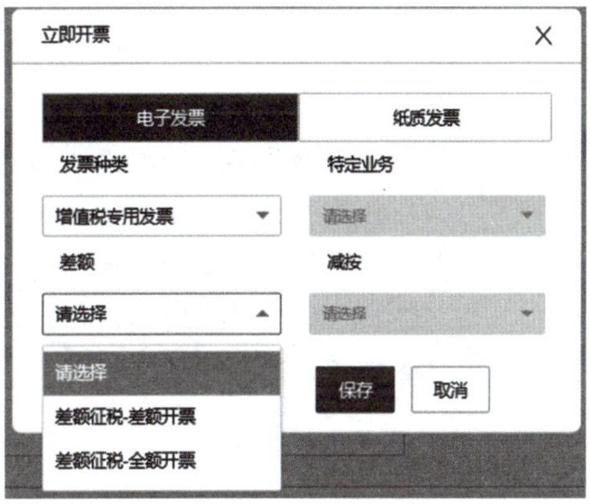

图 1-6　发票种类选择界面

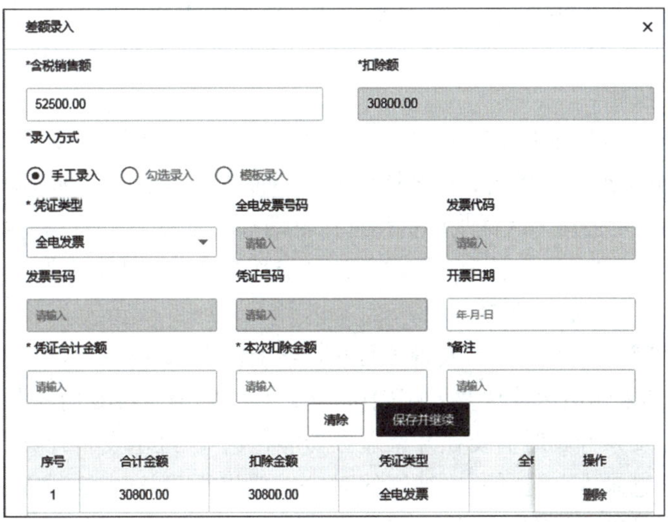

图 1-7　差额录入界面

（3）使用“差额征税-差额开票”功能开具的发票，票面上呈现的税额为体现差额的税额即 1 228.30 元[(52 500－30 800)÷1.06×6%]，而金额部分直接由含税销售额和税额倒算得出 51 271.70 元(52 500－1 228.30)。具体开票结果如图 1-8 所示。

差额征税-差额开票

电子发票（增值税专用发票）

发票号码：24101000000000234144
开票日期：2023-03-10 15:02:08

购买方信息	名称：北京东奥华雨国际教育科技有限公司 统一社会信用代码/纳税人识别号：903101080896460856	销售方信息	名称：杭州安乐达旅游服务有限公司 统一社会信用代码/纳税人识别号：913340193372085675

项目名称	规格型号	单位	数量	单价	金额	税率/征收率	税额
*旅游服务*旅游团费					51271.70	6%	1228.30
合计					¥51271.70		¥1228.30
价税合计（大写）	伍万贰仟伍佰圆整				（小写）	¥52500.00	

图 1-8　数电发票(增值税专用发票)差额的开票结果

提示

差额开票是一种开票方式，按差额部分能否开具专票，可分为两大类型：一种是差额部分不得开具专票；另一种是差额部分可以开具专票。

差额部分不得开具专票的业务。开票方式可由纳税人根据需要自行选择，具体有以下三种：一是差额部分开具普通发票，剩余部分开具专票；二是全额开具增值税普通发票；三是使用差额开票功能开具发票。

4. 出租不动产开票

2023 年 3 月 12 日，转租办公室，按合同约定一次性收取杭州三江咨询有限公司 3 个月(2023 年 3 月 10 日至 2023 年 6 月 9 日)的租金 15 000 元，开具增值税专用发票一张。

（1）一般纳税人出租其 2016 年 5 月 1 日后取得的不动产，适用一般计税方法计税。根据业务资料可知，公司出租的办公室是 2022 年 2 月租入的，因此按一般计税方法，适用 9%的增值税税率。

开具发票时项目名称填写“＊经营租赁＊办公室出租”。根据相关政策规定，出租不动产，纳税人自行开具或者税务机关代开增值税发票时，应在备注栏注明不动产的详细地址。

（2）按合同约定公司一次性收取杭州三江咨询有限公司 3 个月的租金 15 000 元。在开具发票时注意单位为“月”、数量为“3”、单价为每个月的单价。具体开票结果如图 1-9 所示。

5. 红字专用发票开具

2023 年 3 月 15 日，发现 3 月 6 日给浙江天风软件有限公司开具的发票信息有误，其未作用途确认及入账确认，需开具红字增值税专用发票一张。

动画 1-3
数电发票
如何红冲

在发票开具时需要在开票业务功能栏选择“红字发票开具”，点击“红字发票确认信息录入”，选择所要冲红的对应发票进行确认提交，之后找到红字发票确认单开具红字发票。具体开票结果如图 1-10 所示。

不动产经营租赁服务

电子发票（ 增值税专用发票 ）

发票号码：24101000000000234183
开票日期：2023-03-12 15:04:58

购买方信息	名称：杭州三江咨询有限公司 统一社会信用代码/纳税人识别号：913301063418805728	销售方信息	名称：杭州安乐达旅游服务有限公司 统一社会信用代码/纳税人识别号：913340193372085675

项目名称	房屋产权证书/不动产权证号	面积单位	数量	单价	金额	税率/征收率	税额
*经营租赁*办公室出租	无	平方米	3	4587.1559633028	13761.47	9%	1238.53
合计					¥13761.47		¥1238.53
价税合计（大写）	壹万伍仟圆整				（小写）¥15000.00		

备注：不动产地址：浙江省/杭州市/滨江区 杭州市滨江区江南大道2252号海星大厦10楼301室　跨地（市）标志：否　租赁日期起止：2023年3月10日 至 2023年6月9日

图 1-9　数电发票(增值税专用发票)的开票结果

电子发票（ 增值税专用发票 ）

发票号码：24100000000000234232
开票日期：2023-03-15 00:00:00

购买方信息	名称：浙江天风软件有限公司 统一社会信用代码/纳税人识别号：913301126726802018	销售方信息	名称：杭州安乐达旅游服务有限公司 统一社会信用代码/纳税人识别号：913340193372085675

项目名称	规格型号	单位	数量	单价	金额	税率/征收率	税额
*焙烤食品*福味山河礼盒	544G	盒	-20	189	-3780	13%	-491.40
*焙烤食品*福味山河礼盒					189	13%	24.57
*焙烤食品*桃花酥	225G	盒	-15	48	-720	13%	-93.60
*熟肉制品*知味观糯米鸭	750G	盒	-10	98	-980	13%	-127.40
*熟肉制品*知味观东坡酱鸭	673G	盒	-15	68	-1020	13%	-132.60
*焙烤食品*龙井酥	300G	盒	-20	59	-1180	13%	-153.40
*焙烤食品*传统枣泥糕	500G	盒	-16	49	-784	13%	-101.92
*焙烤食品*高档糕点礼盒	501G	盒	-10	398	-3980	13%	-517.40
*焙烤食品*定胜糕（礼盒）	509G	盒	-20	88	-1760	13%	-228.80
*焙烤食品*桃酥（组合口味）	340G	盒	-10	78	-780	13%	-101.40
合计					¥-14795.00		¥-1923.35
价税合计（大写）	(负数)壹万陆仟柒佰壹拾捌圆叁角伍分				（小写）¥-16718.35		

图 1-10　数电发票(增值税专用发票)的开票结果

（二）数电发票开票实训成果

数电发票的开票结果汇总如图 1-11 所示。

票种	数电票号码	发票代码	发...	发票风险...	金额	税额	开票日期
增值税专用发票	24101000000000234183	3301231110		正常	13761.47	1238.53	2023-03-12
增值税专用发票	24101000000000234144	3301231110		正常	51271.70	1228.30	2023-03-10
增值税专用发票	24102000000000234137	3301231110		正常	3180.00	413.40	2023-03-06
增值税专用发票	24106000000000234135	3301231110		正常	14795.00	1923.35	2023-03-06
普通发票	24100000000000234134	3301231110		正常	50000.00	***	2023-03-02
增值税专用发票	24100000000000234232	3301231110		正常	-14795.00	-1923.35	2023-03-15

图 1-11　数电发票的开票结果汇总

注意

试点纳税人发生开票有误、销货退回、服务中止、销售折让等情形，需要通过电子发票服务平台开具红字数电发票或红字纸质发票的，按以下规定执行：①受票方未做用途确认及入账确认的，开票方填开《红字发票信息确认单》（以下简称《确认单》）后全额开具红字数电发票或红字纸质发票，无须受票方确认。②受票方已进行用途确认或入账确认的，开票方或受票方可以填开《确认单》，经对方确认后，开票方依据《确认单》开具红字发票。

受票方已将发票用于增值税申报抵扣的，应当暂依《确认单》所列增值税税额从当期进项税额中转出，待取得开票方开具的红字发票后，与《确认单》一并作为记账凭证。

知识链接

微课 1-1
全面数字化的电子发票认知

微课 1-2
旅游服务业差额征税相关规定

实训操作

根据任务一的案例资料和业务数据在实训平台完成实训，进行系统评分并打印实训报告。

任务二　增值税发票开具

一、实训目的

掌握增值税一般纳税人开票的相关知识点；掌握增值税专用发票、增值税普通发票的开票流程；在税务实训平台完成增值税发票开具。

业务要点

在开具增值税发票时，需要掌握开具折扣发票、清单发票的具体方法，选择正确的税收分类编码开具发票。

二、实训业务流程和实务操作

（一）实训业务流程

开具增值税发票实训业务流程如图 1-12 所示。

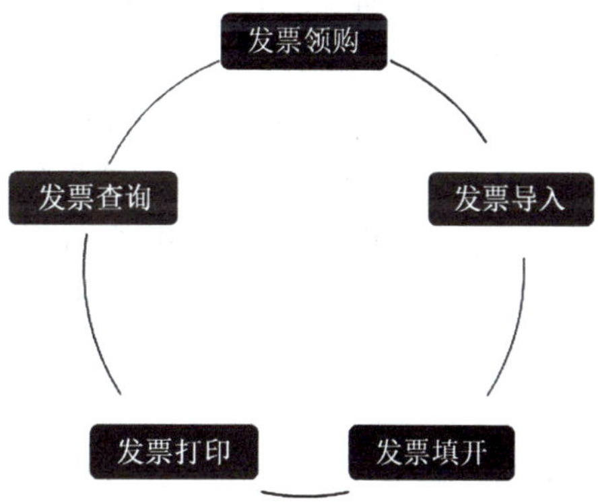

图 1-12　开具增值税发票实训业务流程

（二）实务操作

开具增值税发票实务操作如图 1-13 所示。

- 实务操作
  - 系统设置
    - 客户编码
    - 商品编码
  - 发票填开
    - 增值税专用发票填开
      - 修改开票日期
      - 选择开票客户
      - 填写商品信息
      - 打印保存发票
    - 增值税普通发票填开——操作步骤同增值税专用发票
    - 增值税电子发票填开——操作步骤同增值税专用发票
  - 报税处理——上报汇总——远程清卡

图 1-13　开具增值税发票实务操作

教学录像 1-2
客户及商品编码设置

三、案例资料和业务数据

（一）纳税人基础信息

纳税人名称：浙江雨视科技有限公司

统一社会信用代码：913301097384125541

成立日期：2013 年 6 月 2 日

法定代表人：马芸

经济性质：有限责任公司

开户行及账号：中国农业银行杭州市高新支行，19045301040011352

地址及电话：浙江省杭州市滨江区南环路国丰大厦 1502 号，0571-87857390

所属行业：软件开发

会计主管：张易元

生产经营范围：计算机软件研究开发、软件销售，计算机技术服务，计算机硬件销售，计算机系统集成，以及其他一切无须报经审批的合法项目。

该公司为非汇总纳税企业，增值税一般纳税人，税务局核定增值税专用发票最高开票限额为百万元，增值税普通发票的最高开票限额为百万元。

（二）业务资料

(1) 2023 年 7 月 2 日，向杭州物美超市（统一社会信用代码：9133010932186722X5；地址及电话：杭州市滨江区金城路 23 号，0571-56688401；开户行及账号：杭州银行滨江支行，0690001684）销售 V301 监控摄像头一批，含税价格为 20 000 元；LBP3250 打印机 50 台，不含税价格为 2 000 元/台。银行已收到货款，请开具增值税专用发票。产成品出库单如表 1-5 所示。

表 1-5　产成品出库单

购货单位：杭州物美超市　　2023 年 07 月 02 日　　编号：001

产品名称	规格型号	数量单位	出库数量	备注
监控摄像头	V301	个	20	
打印机	LBP3250	台	50	

主管：张子涵　　审核：张易元　　保管：王志远　　经手人：李强

(2) 2023 年 7 月 3 日，向浙江财会教育科技有限公司（统一社会信用代码：9133010832170622X5；地址及电话：杭州市西湖区天目山路 786 号，0571-85803920；开户行及账号：中国农业银行杭州大厦支行，053461250306）销售计算机硬件设备，对 H8301 摄像头给予对方 2%的销售折扣，货款已收到，请开具增值税专用发票，并在发票备注栏中注明“银行收讫”。商品信息如表 1-6 所示，产成品出库单如表 1-7 所示。

表 1-6　商品信息表

货物名称	规格型号	数量	不含税单价(元)
投影仪	X3250	2	5 000.00
摄像头	H8301	3	1 500.00
存储器	108 G	4	1 500.00

表 1-7　产成品出库单

购货单位：浙江财会教育科技有限公司　　2023 年 07 月 03 日　　编号：002

产品名称	规格型号	数量单位	出库数量	备注
投影仪	X3250	台	2	
摄像头	H8301	台	3	
存储器	108 G	个	4	

主管：张子涵　　审核：张易元　　保管：王志远　　经手人：李强

(3) 2023 年 7 月 4 日，向北京东奥华雨国际教育科技有限公司(统一社会信用代码：903101080896460856；地址及电话：北京市海淀区中关村南大街甲 38 号，010-65786868；开户行及账号：中国农业银行北京百石桥支行，030505010400021560)销售 LBP3250 打印机 50 台，不含税价格为 2 000 元/台，按照总价法给予对方的现金折扣(考虑增值税)为“5/10，1/20，*n*/30”，商品已发出。2023 年 7 月 9 日，银行已收到货款，请开具增值税普通发票。产成品出库单如表 1-8 所示。

表 1-8　产成品出库单

购货单位：北京东奥华雨国际教育科技有限公司　　2023 年 07 月 04 日　　编号：003

产品名称	规格型号	数量单位	出库数量	备注
打印机	LBP3250	台	50	

主管：张子涵　　审核：张易元　　保管：王志远　　经手人：李强

(4) 2023 年 7 月 5 日，与浙江纯光科技有限公司(统一社会信用代码：9133010933830030X3；地址及电话：浙江省杭州市滨江区江汉路 132 号，0571-56645301；开户行及账号：中国建设银行杭州市高新支行，045301040003302)签订购销合同一份，合同编号为 XSJC2023001；合同内容为销售计算机系统集成设备一批，银行已收到货款。请开具带销货清单的增值税专用发票，在备注栏内注明“合同编号 XSJC2023001”。商品信息如表 1-9 所示，产成品出库单如表 1-10 所示。

表 1-9　商品信息表

货物名称	规格型号	数量	含税单价(元)
扫描枪	霍尼维尔	3	980.00
监控摄像头	冠球 207C	5	1 420.00
摄像机	冠球 3	1	5 990.00
存储器	冠球 103	5	1 000.00
投影仪	东芝 3300	1	5 250.00
监视器	冠球 P7510	5	3 000.00
控制台		1	9 200.00
传感器	HC2-104	10	780.00
扫描仪	虹光 830	1	21 200.00

表 1-10　产成品出库单

购货单位：浙江纯光科技有限公司　　2023 年 07 月 05 日　　编号：004

产品名称	规格型号	数量单位	出库数量	备注
扫描枪	霍尼韦尔	把	3	
监控摄像头	冠球 207C	个	5	
摄像机	冠球 3	台	1	

（续表）

产品名称	规格型号	数量单位	出库数量	备注
存储器	冠球 103	个	5	
投影仪	东芝 3300	台	1	
监视器	冠球 P7510	台	5	
控制台		台	1	
传感器	HC2-104	个	10	
扫描仪	虹光 830	台	1	

主管：张子涵　　审核：张易元　　保管：王志远　　经手人：李强

（5）2023 年 7 月 6 日，向杭州颐高数码电子商城（统一社会信用代码：91330103738412558O；地址及电话：浙江省杭州市滨江区上城区浣纱路 32 号，0571-56603320；开户行及账号：中国建设银行杭州市上城区浣纱路支行，040201040003302）销售打印机一批，给予对方 10%的销售折扣，货物已发出，款项暂未收取。请开具增值税专用发票。商品信息如表 1-11 所示，产成品出库单如表 1-12 所示。

表 1-11　商品信息表

货物名称	规格型号	数量	不含税单价(元)
打印机	Ht8000	50	1 000.00
打印机	Epson LQ-590K	20	7 500.00
打印机	Epson LQ-300K	30	5 000.00

表 1-12　产成品出库单

购货单位：杭州颐高数码电子商城　　2023 年 07 月 06 日　　编号：006

产品名称	规格型号	数量单位	出库数量	备注
打印机	Ht8000	台	50	
打印机	Epson LQ-590K	台	20	
打印机	Epson LQ-300K	台	30	

主管：张子涵　　审核：张易元　　保管：王志远　　经手人：李强

四、业务处理和实训成果

教学录像 1-3
增值税防伪税控开票系统——正常发票的填开

（一）业务资料分析

1. 2023 年 7 月 2 日的销售业务

向杭州物美超市销售 V301 监控摄像头一批，含税价格为 20 000 元。

（1）案例中的“一批”在产品出库单中给出了具体数量 20 个，在开具发票时需要填写监控摄像头的具体数量。

（2）案例中给出的监控摄像头价格是含税价格 20 000 元，在开具发票时需要注意该金额是 20 个监控摄像头的总金额，而单价栏里面填写的是单个摄像头价格。此外，开具发票时应注意开票软件中的价格是否为含税金额，可以通过开票软件“价格”功能切换含税价格与不含税价格。

具体开票结果如图 1-14 所示。

实训增值税专用发票

1000231130　　№ 41122237

此联不作报销、扣税凭证使用

开票日期：2023年07月02日

购买方　名　　称：杭州物美超市
纳税人识别号：9133010932186722X5
地 址、电 话：杭州市滨江区金城路23号　0571-56688401
开户行及账号：杭州银行滨江支行　0690001684

密码区

货物或应税劳务、服务名称	规格型号	单位	数量	单价(不含税)	金额(不含税)	税率	税额
*计算机外部设备*监控摄像头	V301	个	20	884.955752	17699.12	13%	2300.88
*计算机外部设备*打印机	LBP3250	台	50	2000.00	100000.00	13%	13000.00
合　　计					¥117699.12		¥15300.88
价税合计（大写）	壹拾叁万叁仟圆整				（小写）¥133000.00		

销售方　名　　称：浙江雨视科技有限公司
纳税人识别号：913301097384125541
地 址、电 话：杭州市滨江区南环路国丰大厦1502号
开户行及账号：19045301040011352

备注

收款人：　　复核：　　开票人：袁青青　　销售方：（章）

税总函[2014]10号海南华森实业公司

第一联：记账联　销售方记账凭证

图 1-14　增值税专用发票的开票结果

教学录像 1-4　增值税防伪税控开票系统——折扣发票的填开

2. 2023 年 7 月 3 日的销售业务

向浙江财会教育科技有限公司销售计算机硬件设备，对 H8301 摄像头给予对方 2% 的销售折扣，开具增值税专用发票，并在发票备注栏中注明“银行收讫”。

(1) 在开具发票时需要在增加 H8301 摄像头商品信息后的下一栏点击“折扣”按钮，填写“折扣行数”和“折扣率”，如图 1-15 所示。（折扣行数填写数字“1”）

(2) 在开具发票时需要在发票备注栏填写“银行收讫”。

具体开票结果如图 1-16 所示。

3. 2023 年 7 月 4 日的销售业务

向北京东奥华雨国际教育科技有限公司销售 LBP3250 打印机 50 台，不含税价格为 2 000 元/台，按照总价法给予现金折扣（考虑增值税），开具增值税普通发票。

(1) 在开具增值税发票时需要注意，现金折扣不影响开票金额，应按给予对方现金折扣前的相关单价及金额开具发票缴纳增值税。

(2) 开具增值税发票时需注意，开具的发票类型为增值税普通发票。

具体开票结果如图 1-17 所示。

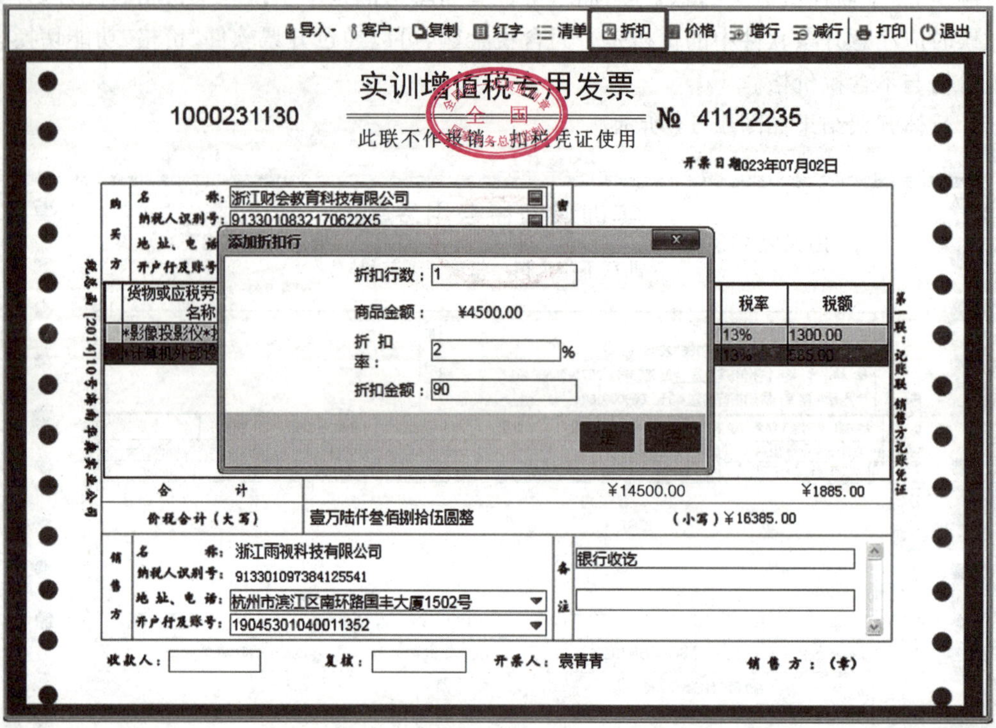
导入 客户 复制 红字 清单 折扣 价格 增行 减行 打印 退出

实训增值税专用发票

1000231130 № 41122235

此联不作报销、扣税凭证使用

开票日期2023年07月02日

购买方 名称：浙江财会教育科技有限公司

纳税人识别号：9133010832170622X5

添加折扣行

折扣行数：1

商品金额：¥4500.00

折扣率：2 %

折扣金额：90

货物或应税劳务名称	税率	税额
*影像投影仪*投	13%	1300.00
*计算机外部设	13%	585.00

合计 ¥14500.00 ¥1885.00

价税合计（大写） 壹万陆仟叁佰捌拾伍圆整 （小写）¥16385.00

销售方 名称：浙江雨视科技有限公司

纳税人识别号：913301097384125541

地址、电话：杭州市滨江区南环路国丰大厦1502号

开户行及账号：19045301040011352

备注 银行收讫

收款人： 复核： 开票人：袁青青 销售方：（章）

图 1-15 增值税专用发票折扣开具界面

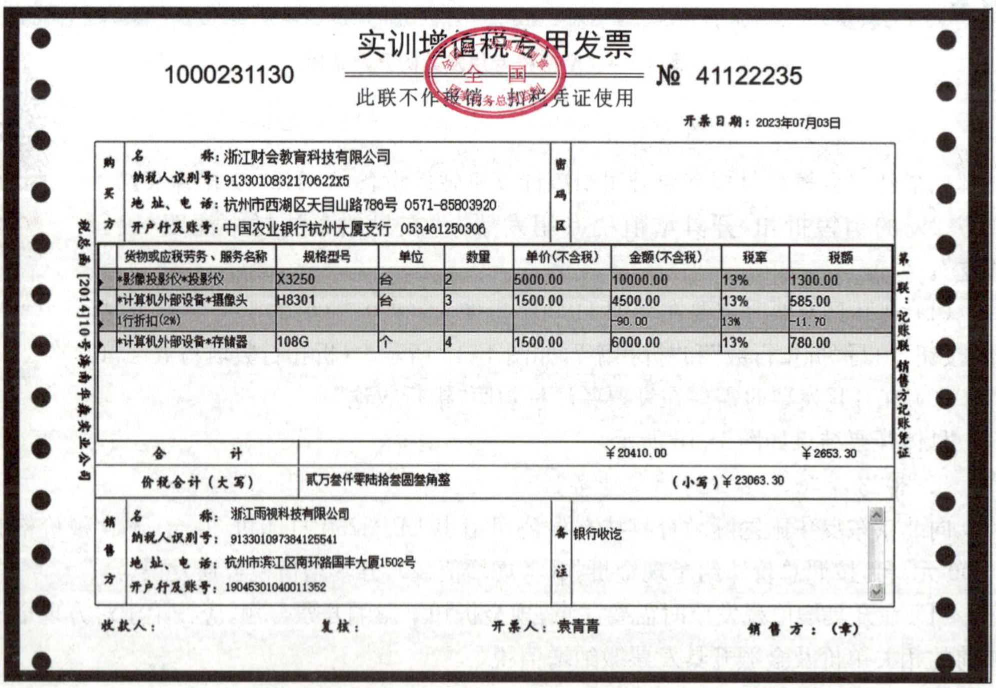
实训增值税专用发票

1000231130 № 41122235

此联不作报销、扣税凭证使用

开票日期：2023年07月03日

购买方 名称：浙江财会教育科技有限公司

纳税人识别号：9133010832170622X5

地址、电话：杭州市西湖区天目山路786号 0571-85803920

开户行及账号：中国农业银行杭州大厦支行 053461250306

货物或应税劳务、服务名称	规格型号	单位	数量	单价(不含税)	金额(不含税)	税率	税额
*影像投影仪*投影仪	X3250	台	2	5000.00	10000.00	13%	1300.00
*计算机外部设备*摄像头	H8301	台	3	1500.00	4500.00	13%	585.00
1行折扣(2%)					-90.00	13%	-11.70
*计算机外部设备*存储器	108G	个	4	1500.00	6000.00	13%	780.00

合计 ¥20410.00 ¥2653.30

价税合计（大写） 贰万叁仟零陆拾叁圆叁角整 （小写）¥23063.30

销售方 名称：浙江雨视科技有限公司

纳税人识别号：913301097384125541

地址、电话：杭州市滨江区南环路国丰大厦1502号

开户行及账号：19045301040011352

备注 银行收讫

收款人： 复核： 开票人：袁青青 销售方：（章）

图 1-16 增值税专用发票的开票结果

实训增值税普通发票

440116132004　　№ 54544548

此联不作报销、扣税凭证使用

开票日期　2023年07月04日

购买方　名　称：北京东奥华雨国际教育科技有限公司
纳税人识别号：903101080896460856
地址、电话：北京市海淀区中关村南大街甲38号 01065786868
开户行及账号：中国农业银行北京百石桥支行 030505010400021560

密码区

货物或应税劳务、服务名称	规格型号	单位	数量	单价(不含税)	金额(不含税)	税率	税额
*计算机外部设备*打印机	LBP3250	台	50	2000.00	100000.00	13%	13000.00
合　计					¥100000.00		¥13000.00

价税合计（大写）　壹拾壹万叁仟圆整　（小写）¥113000.00

销售方　名　称：浙江雨视科技有限公司
纳税人识别号：913301097384125541
地址、电话：杭州市滨江区南环路国丰大厦1502号
开户行及账号：19045301040011352

备注

收款人：　　复核：　　开票人：袁青青　　销售方：（章）

第一联　记账联　销售方记账凭证

税总函[2014]10号橙南华表实业公司

图 1-17　增值税普通发票的开票结果

4. 2023 年 7 月 5 日的销售业务

与浙江纯光科技有限公司签订购销合同一份，销售计算机系统集成设备一批，请开具带销货清单的增值税专用发票，在备注栏内注明“合同编号 XSJC2023001”。

在开具带销货清单的增值税专用发票时需要在增加商品栏次前点击“清单”按钮，在清单里面增加商品，最后生成增值税发票。具体销货清单界面如图 1-18 所示，具体开票结果如图 1-19 所示。

教学录像 1-5
增值税防伪税控开票系统——清单发票的填开

商品名称	规格型号	计量单位	数量	单价（不含税）	金额（不含税）	税率	税额
*计算机外部设备*扫描枪	霍尼维尔	把	3	867.256637	2601.77	13%	338.23
*计算机外部设备*监控摄像头	冠球207C	个	5	1256.637168	6283.19	13%	816.81
*公共安全设备*摄像机	冠球3	台	1	5300.884956	5300.88	13%	689.12
*计算机外部设备*存储器	冠球103	个	5	884.955752	4424.78	13%	575.22
*影像投影仪*投影仪	东芝3300	台	1	4646.017699	4646.02	13%	603.98
*计算机外部设备*监视器	冠球P7510	台	5	2654.867257	13274.34	13%	1725.66
*配电控制设备*控制台		台	1	8141.592920	8141.59	13%	1058.41
*通信设备计算机*传感器	HC2-104	个	10	690.265487	6902.65	13%	897.35
*计算机外部设备*扫描仪	虹光830	台	1	18761.061947	18761.06	13%	2438.94

图 1-18　销货清单界面

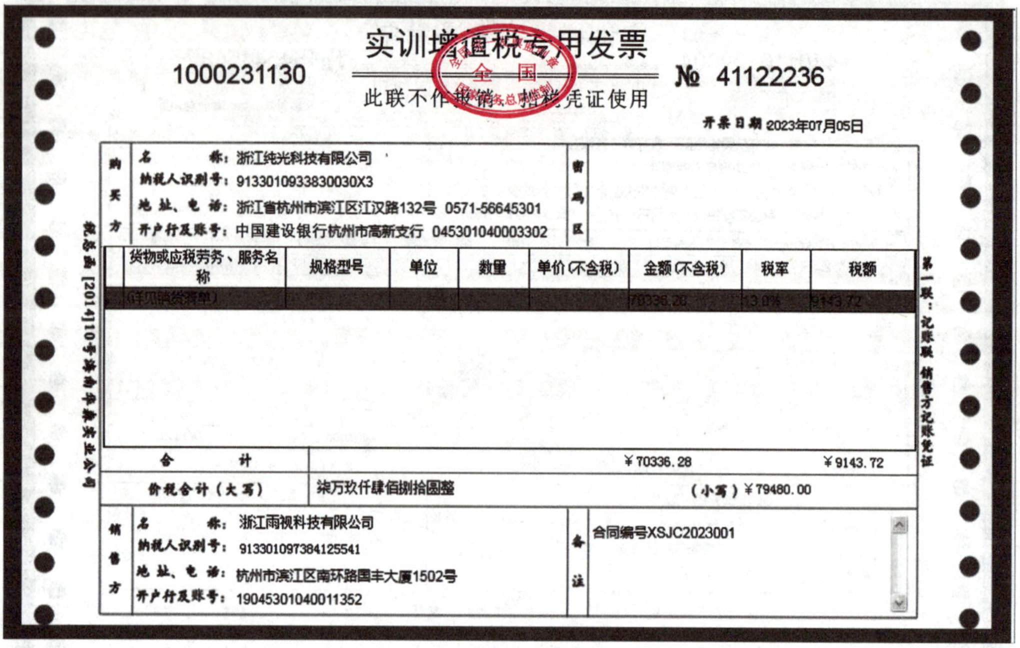

实训增值税专用发票

1000231130　　№ 41122236

此联不作报销、扣税凭证使用

开票日期 2023年07月05日

购买方　名称：浙江纯光科技有限公司
纳税人识别号：9133010933830030X3
地址、电话：浙江省杭州市滨江区江汉路132号 0571-56645301
开户行及账号：中国建设银行杭州市高新支行 045301040003302

密码区

货物或应税劳务、服务名称	规格型号	单位	数量	单价(不含税)	金额(不含税)	税率	税额
(详见销货清单)					70336.28	13.0%	9143.72
合计					¥70336.28		¥9143.72
价税合计(大写)	柒万玖仟肆佰捌拾圆整				(小写)¥79480.00		

销售方　名称：浙江雨视科技有限公司
纳税人识别号：913301097384125541
地址、电话：杭州市滨江区南环路国丰大厦1502号
开户行及账号：19045301040011352

备注：合同编号XSJC2023001

税总函[2014]110号海南华森实业公司

第一联：记账联 销售方记账凭证

图 1-19　增值税专用发票的开票结果

提示

目前，一般纳税人和小规模纳税人均可以开具增值税专用发票，但在以下情形下不得开具增值税专用发票：

(1) 向消费者个人销售货物的（买家为自然人个人）。

(2) 销售货物适用免税规定的（销售自产农产品、批发零售鲜活肉蛋等）。

(3) 零售烟、酒、食品、服装、鞋帽（不包括劳保专用部分）、化妆品等消费品的。

5. 2023 年 7 月 6 日的销售业务

向杭州颐高数码电子商城销售打印机一批，给予对方 10%的销售折扣，开具增值税专用发票。

在开具发票时需要在增加“打印机 Epson LQ－300K”商品信息后的下一栏点击“折扣”按钮，填写“折扣行数”和“折扣率”。（折扣行数填写数字“3”，折扣率填写 10%）。具体开票结果如图 1-20 所示。

(二) 增值税发票开票实训成果

增值税发票的开票结果汇总如图 1-21 所示。

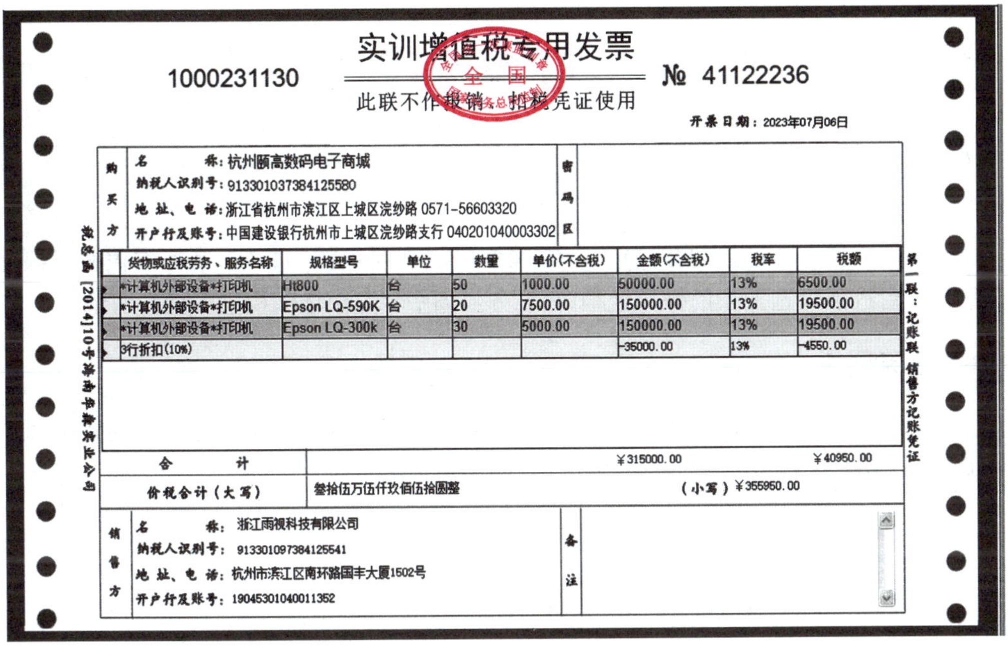

实训增值税专用发票

1000231130　　№ 41122236

此联不作报销、扣税凭证使用

开票日期：2023年07月06日

购买方	
名　　称	杭州颐高数码电子商城
纳税人识别号	913301037384125580
地 址、电 话	浙江省杭州市滨江区上城区浣纱路 0571-56603320
开户行及账号	中国建设银行杭州市上城区浣纱路支行 040201040003302

密码区

货物或应税劳务、服务名称	规格型号	单位	数量	单价(不含税)	金额(不含税)	税率	税额
*计算机外部设备*打印机	Ht800	台	50	1000.00	50000.00	13%	6500.00
*计算机外部设备*打印机	Epson LQ-590K	台	20	7500.00	150000.00	13%	19500.00
*计算机外部设备*打印机	Epson LQ-300k	台	30	5000.00	150000.00	13%	19500.00
3行折扣(10%)					-35000.00	13%	-4550.00
合　计					¥315000.00		¥40950.00
价税合计（大写）	叁拾伍万伍仟玖佰伍拾圆整				（小写）¥355950.00		

销售方	
名　　称	浙江雨视科技有限公司
纳税人识别号	913301097384125541
地 址、电 话	杭州市滨江区南环路国丰大厦1502号
开户行及账号	19045301040011352

备注

第一联：记账联　销售方记账凭证

税总函[2014]10号海南华森实业公司

图 1-20　增值税专用发票的开票结果

开票日期	模拟发票日期	报送状态	所属月份	合计金额	税率	合计税额	主要商品名称
2023-07-17	2023-07-02	未报送	202307	117699.12	13.0%	15300.88	*计算机外部设备*监控摄像头
2023-07-17	2023-07-03	未报送	202307	20410.00	13.0%	2653.30	*影像投影仪*投影仪
2023-07-17	2023-07-04	未报送	202307	100000.00	13.0%	13000.00	*计算机外部设备*打印机
2023-07-17	2023-07-05	未报送	202307	70336.28	13.0%	9143.72	*计算机外部设备*扫描枪
2023-07-17	2023-07-06	未报送	202307	315000.00	13.0%	40950.00	*计算机外部设备*打印机

图 1-21　增值税发票的开票结果汇总

知识链接

微课 1-3
税收分类编码要求

微课 1-4
增值税专用发票填开的相关规定

教学录像 1-6
增值税防伪税控开票系统——红字发票的填开

动画 1-4
发票监制章

实训操作

根据任务二的案例资料和业务数据在实训平台完成实训，进行系统评分并打印实训报告。

任务三 增值税进项发票认证

一、实训目的

了解增值税进项抵扣的合法凭证；掌握增值税进项抵扣的规定；掌握增值税发票综合服务平台进项勾选抵扣的操作流程；在税务实训平台完成增值税进项抵扣勾选。

业务要点

在增值税进项发票勾选认证时，首先需要判断取得的发票是否属于合法的进项抵扣凭证，其次要结合案例资料判断是否属于可抵扣的范围。

二、实训业务流程

增值税进项发票勾选认证实训业务流程如图 1-22 所示。

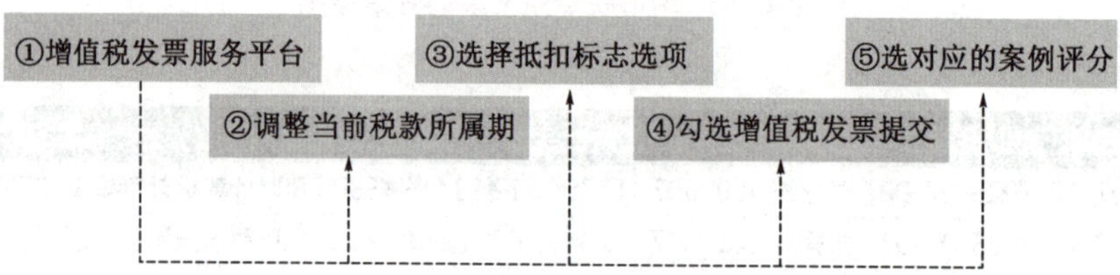

图 1-22 增值税进项发票勾选认证实训业务流程

教学录像 1-7
增值税进项发票认证

三、案例资料和业务数据

（一）纳税人基础信息

纳税人名称：浙江茶颜化妆品股份有限公司

成立日期：2005 年 10 月 5 日

统一社会信用代码：913301083927443226

地址及电话：杭州市西湖区教工路 23 号 10-12 楼，0571-87480661

开户行及账号：中国农业银行杭州教工路支行，12020231007581035

纳税资格：一般纳税人

（二）业务资料

2023 年 7 月，浙江茶颜化妆品股份有限公司发生的购进业务如下：

（1）2023 年 7 月 4 日，从杭州东阳实业有限公司购进包装物一批，包装物已入库，取得增值税专用发票一张，款项已通过银行转账支付。取得的增值税发票的信息如表 1-13 所示。

表 1-13 取得的增值税发票的信息

发票类型	增值税专用发票	开票日期	20230704
发票代码	3301190219	发票号码	NO. 48377002
销售方名称	杭州东阳实业有限公司	纳税人识别号	913301005890500854
货物服务名称	塑料盒	不含税金额(元)	62 500
税率	13%	税额(元)	8 125

(2) 2023 年 7 月 5 日,从杭州文化办公用品有限公司(小规模纳税人)购进标签纸 10 000 张,行政管理部门直接领用,取得增值税普通发票一张,款项已通过现金支付。取得的增值税发票的信息如表 1-14 所示。

表 1-14 取得的增值税发票的信息

发票类型	增值税普通发票	开票日期	20230705
发票代码	033011923102	发票号码	NO. 26340811
销售方名称	杭州文化办公用品有限公司	纳税人识别号	913301090084127521
货物服务名称	标签纸	不含税金额(元)	500
税率	3%	税额(元)	15

(3) 2023 年 7 月 9 日,从新华书店购入美妆相关的书籍,用于职工培训,书籍共计花费 76 845 元,取得增值税专用发票,款项已通过银行转账支付;同时支付杭州长安运输有限公司运费 545 元,取得增值税专用发票,运费已通过现金支付。取得的增值税发票的信息、运费发票的信息分别如表 1-15、表 1-16 所示。

表 1-15 取得的增值税发票的信息

发票类型	增值税专用发票	开票日期	20230709
发票代码	3301190219	发票号码	NO. 99912005
销售方名称	新华书店(杭州分店)	纳税人识别号	913301212554335665
货物服务名称	图书	不含税金额(元)	70 500
税率	9%	税额(元)	6 345

表 1-16 取得的运费发票的信息

发票类型	增值税专用发票	开票日期	20230709
发票代码	3301190219	发票号码	NO. 33775566
销售方名称	杭州长安运输有限公司	纳税人识别号	913302204561280984
货物服务名称	运费	不含税金额(元)	500
税率	9%	税额(元)	45

(4) 2023 年 7 月 10 日，从杭州盛康香料生产有限公司外购高档香水精一批，价款共计 904 000 元，原材料已入库。取得增值税专用发票一张，货款暂未支付。取得的增值税发票的信息如表 1-17 所示。

表 1-17 取得的增值税发票的信息

发票类型	增值税专用发票	开票日期	20230710
发票代码	3301191131	发票号码	NO. 50093618
销售方名称	杭州盛康衣料生产有限公司	纳税人识别号	913309006620179449
货物服务名称	高档香水精	不含税金额(元)	800 000
税率	13%	税额(元)	104 000

(5) 2023 年 7 月 13 日，从杭州盛康香料生产有限公司外购化妆品粉体原料 1 500 千克、油性原料 930 千克。价款共计 462 735 元，原材料已入库。取得增值税专用发票一张，货款已通过银行转账支付。取得的增值税发票的信息如表 1-18 所示。

表 1-18 取得的增值税发票的信息

发票类型	增值税专用发票	开票日期	20230713
发票代码	3300192131	发票号码	NO. 48863044
销售方名称	杭州盛康香料生产有限公司	纳税人识别号	913309006620179449
货物服务名称	粉体原料/油性原料	不含税金额(元)	409 500
税率	13%	税额(元)	53 235

(6) 2023 年 7 月 14 日，收到杭州市绿城水务有限公司开具的水费增值税专用发票一张，本月用水共计 6 780 吨，其中生产车间用水 3 500 吨，行政管理部门用水 1 300 吨，销售部门用水 1 980 吨，水费已通过银行转账支付。取得的增值税发票的信息如表 1-19 所示。

表 1-19 取得的增值税发票的信息

发票类型	增值税专用发票	开票日期	20230714
发票代码	3300192131	发票号码	NO. 58873885
销售方名称	杭州市绿城水务有限公司	纳税人识别号	913301574192816168
货物服务名称	水费	不含税金额(元)	28 476.00
税率	9%	税额(元)	2 562.84

(7) 2023 年 7 月 16 日，使用银行转账支付杭州文传广告有限公司 5 月的广告费，共

计 84 800 元，取得增值税专用发票一张。取得的增值税发票的信息如表 1-20 所示。

表 1-20　取得的增值税发票的信息

发票类型	增值税专用发票	开票日期	20230716
发票代码	3301191131	发票号码	NO. 67774999
销售方名称	杭州文传广告有限公司	纳税人识别号	913301778524852425
货物服务名称	广告费	不含税金额(元)	80 000
税率	6%	税额(元)	4 800

(8) 2023 年 7 月 18 日，从杭州易信打印设备有限公司购入打印机 2 台，货款共计 3 390元，销售部及财务部各直接领用一台，取得增值税专用发票一张，款项暂未支付。取得的增值税发票的信息如表 1-21 所示。

表 1-21　取得的增值税发票的信息

发票类型	增值税专用发票	开票日期	20230718
发票代码	3301192131	发票号码	NO. 77940508
销售方名称	杭州易信打印设备有限公司	纳税人识别号	913301007966904998
货物服务名称	打印机	不含税金额(元)	3 000
税率	13%	税额(元)	390

(9) 2023 年 7 月 20 日，从杭州绿城房地产有限公司购入房产一套，作为仓库使用，价款共计 1 038 770 元，取得增值税专用发票一张，款项已通过银行转账支付。取得的增值税发票的信息如表 1-22 所示。

表 1-22　取得的增值税发票的信息

发票类型	增值税专用发票	开票日期	20230720
发票代码	3301192131	发票号码	NO. 29882919
销售方名称	杭州绿城房地产有限公司	纳税人识别号	913397384180542105
货物服务名称	房屋款	不含税金额(元)	953 000
税率	9%	税额(元)	85 770

(10) 2023 年 7 月 23 日，收到杭州市电力有限公司开具的电费增值税专用发票一张，本月用电共计 14 800 度，其中生产车间用电 8 320 度、行政管理部门用电 2 750 度、销售部门用电 3 730 度，电费已通过银行转账支付。取得的增值税发票的信息如表 1-23 所示。

表 1-23 取得的增值税发票的信息

发票类型	增值税专用发票	开票日期	20230723
发票代码	3300192121	发票号码	NO. 70003004
销售方名称	杭州市电力有限公司	纳税人识别号	913309865434565654
货物服务名称	电费	不含税金额(元)	22 200
税率	13%	税额(元)	2 886

(11) 2023 年 7 月 26 日，通过银行转账支付顺丰物流运输有限公司本月行政管理部门发生的快递费，共计 700 元，取得增值税专用发票一张。取得的增值税发票的信息如表 1-24 所示。

表 1-24 取得的增值税发票的信息

发票类型	增值税专用发票	开票日期	20230726
发票代码	3301191121	发票号码	NO. 65000322
销售方名称	顺丰物流运输有限公司	纳税人识别号	913301152356841016
货物服务名称	快递费	不含税金额(元)	660.38
税率	6%	税额(元)	39.62

四、业务处理和实训成果

(一) 业务资料分析

根据增值税抵扣规定，结合上述业务资料，除了浙江茶颜化妆品股份有限公司于 2023 年 7 月 5 日从杭州文化办公用品有限公司购进标签纸取得增值税普通发票的业务不能勾选抵扣，其他业务均取得增值税专用发票，且均属于可抵扣范围。

(二) 增值税进项发票认证实训成果

增值税进项发票(部分)勾选界面如图 1-23 所示。

发票勾选 (当期可勾选发票的开票日期范围为：2023年07月31日之前)

每页显示 50 条记录

☐ 勾选	发票代码	发票号码	开票日期	销方名称	金额	税额	有效税额	发票状态	发票类型	信息来源	勾选状态
☑	3301191121	65000322	2023-07-26	顺丰物流运输有限公司	660.38	39.62	39.62	正常	增值税专用发票	系统推送	否
☑	3300192121	70003004	2023-07-23	杭州市电力有限公司	22200.00	2886.00	2886.00	正常	增值税专用发票	系统推送	否
☑	3301192131	29882919	2023-07-20	杭州绿城房地产有限公司	953000.00	85770.00	85770.0	正常	增值税专用发票	系统推送	否
☑	3301192131	77940508	2023-07-18	杭州易信打印设备有限公司	3000.00	390.00	390.00	正常	增值税专用发票	系统推送	否
☑	3301191131	67774999	2023-07-16	杭州文传广告有限公司	80000.00	4800.00	4800.00	正常	增值税专用发票	系统推送	否
☑	3300192131	58873885	2023-07-14	杭州市绿城水务有限公司	28476.00	2562.84	2562.84	正常	增值税专用发票	系统推送	否

图 1-23 增值税进项发票(部分)勾选界面

增值税进项发票勾选汇总界面如图 1-24 所示。

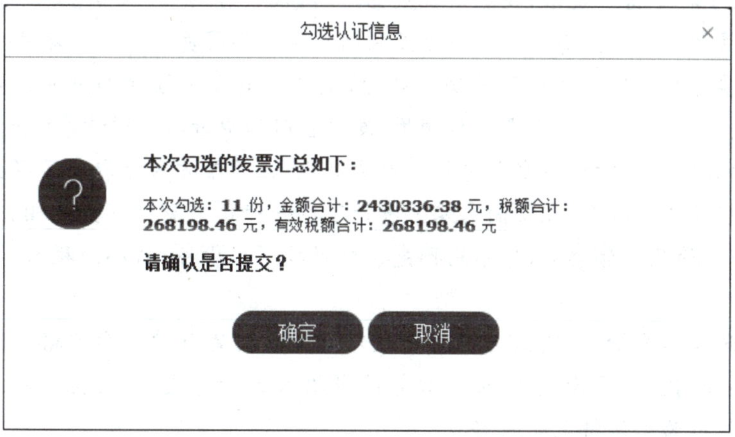

图 1-24　增值税进项发票勾选汇总界面

提示　增值税一般纳税人取得增值税专用发票、海关进口增值税专用缴款书、机动车销售统一发票、收费公路通行费增值税电子普通发票(可抵扣的)，取消认证确认、稽核比对、申报抵扣的期限。纳税人在进行增值税纳税申报前，应当通过增值税发票综合服务平台的"发票抵扣勾选"功能对上述扣税凭证信息进行用途勾选和确认。

知识链接

微课 1-5 增值税进项税额抵扣的相关规定	动画 1-5 增值税发票	动画 1-6 增值税纳税人和扣缴义务人

实训操作

根据任务三的案例资料和业务数据在实训平台完成实训，进行系统评分并打印实训报告。

思政课堂

全国"数电发票"试点逐级落地，助力开启"以数治税"新时代

数电发票自上线以来，税务系统开展全程跟踪"数电发票"落地的各项工作，国内试点纷纷在近期渐次落子。受益于金税工程等政策的快速落地，财税信息化进入全面建设新周期。

"数电发票是电子发票的3.0版本，是现有发票的升级，数电发票票面信息实现了多项优化、破除了特定格式要求，便利财税数据流转，代表着国家'以票管税'向'以数治税'分类精准监管的转变。"上海一家致力于互联网财税的公司负责人向记者讲道。

数电发票与纸质发票具有同等法律效力，是从全电发票演变而来的，具有无需以纸质形式存在、不用介质支撑、无需申请领用、发票验旧和申请增版增量等特点。

"这次的升级改革对现行发票进行了大量优化，在开票方式上取消了税控盘，并针对特定业务对应了不同版面，在票面内容上进行了细分优化，"有试点企业相关税务专员讲道，"去介质化，简化了领票流程，不用预先领取税控专用设备，新办纳税人能够实现开业即开票。"

在以数治税的背景下，国家对企业的规范治理结构的监管趋向严格，企业合规能力也将面临新一轮挑战，虚开发票、公转私等隐匿收入的行为主体，财税关联不一致、社保缴纳不规范等行为主体将无处遁形。

与数电发票相辅相成的则是数据要素确权的兴起，数据作为一个独立的新型生产要素，与资本、劳动、土地、技术等传统要素并驾齐驱，是中国在要素市场化理论方面的重大创新。

"税收制度作为重要的政策环境，对数据要素的发展起着重要的激励和规制作用，是数据要素市场建设的重要基础、支柱和保障。"前述公司负责人讲道。

国家相关部门对"以数治税"的规划也有了明确时间表，根据《关于进一步深化税收征管改革的意见》(以下简称《意见》)，"十四五"期间我国将全面推进税收征管数字化升级和智能化改造。《意见》提到，到2025年，基本建成功能强大的智慧税务，形成国内一流的智能化行政应用系统，全方位提高税务执法、服务、监管能力。

资料来源：中国基金报. 全面数字化！全国"数电票"试点逐级落地，助力开启"以数治税"新时代[EB/OL]. (2023-07-04)[2023-12-19]. https://news.10jqka.com.cn/20230704/c648549537.shtml.

项目二

增值税及附加税费申报实训

知识目标

1. 了解增值税一般纳税人和小规模纳税人
2. 熟悉一般纳税人应纳税额的计算与申报流程
3. 掌握小规模纳税人应纳税额的计算与申报流程

技能目标

1. 能够通过税务实训平台完成一般纳税人增值税及附加税费申报
2. 能够通过税务实训平台完成小规模纳税人增值税及附加税费申报

素养目标

1. 通过学习增值税的计算与申报，培养严谨、认真的工作作风
2. 增强社会责任意识，培养依法纳税意识
3. 培养诚信的职业品质和良好的职业道德

任务一　一般纳税人增值税及附加税费申报

一、实训目的

掌握增值税进项税额、销项税额和应纳税额的计算；掌握增值税视同销售的情形及计税依据；熟悉增值税及附加税费纳税申报流程；熟练填写增值税及附加税费申报表；在税务实训平台完成一般纳税人增值税及附加税费申报。

业务要点

一般纳税人申报增值税及附加税费时不要忘记无票收入和视同销售收入。一般纳税人若采用简易征税方式，则相应的进项不得抵扣。一般纳税人若存在应税服务，则需要将对应的含税销售额填写《增值税及附加税费申报表附列资料（三）》的第一列，即使不存在扣除项目。

教学录像 2-1
增值税一般纳税人网上申报实训系统操作

二、实训业务流程和实务操作

（一）实训业务流程

增值税一般纳税人网上申报实训业务流程如图 2-1 所示。

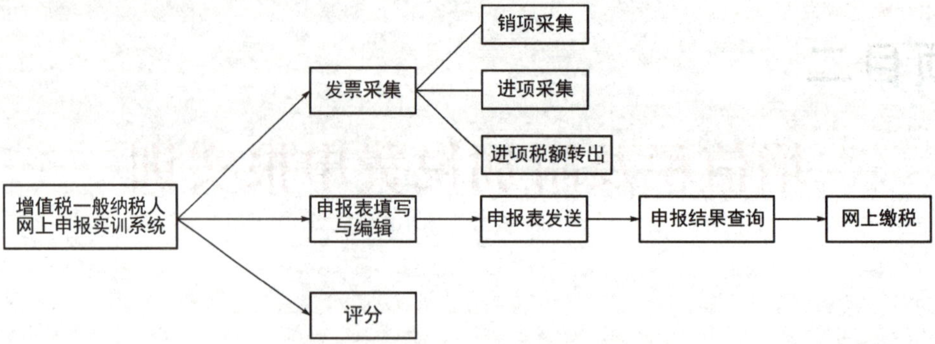

图 2-1　增值税一般纳税人网上申报实训业务流程

(二) 实务操作

增值税一般纳税人申报实务操作如图 2-2 所示。

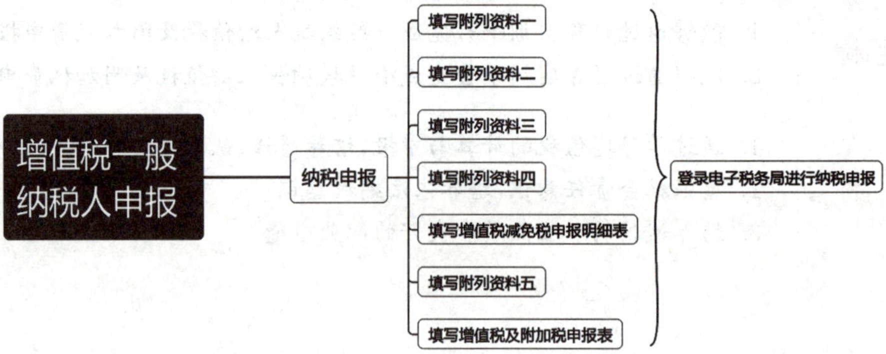

图 2-2　增值税一般纳税人申报实务操作

三、案例资料和业务数据

(一) 纳税人基础信息

纳税人名称：贝尔斯照明灯具制造有限公司

法定代表人：张云胜

注册地址：深圳市宝安区西乡街 328 号

统一社会信用代码：914489430284900129

生产经营范围：主营各类家和节能灯产品、商家灯具产品、景观灯笼产品的加工生产，兼营各类灯具配件，提供运输服务。

成立日期：2016 年 2 月 1 日

所属行业：加工制造业

纳税人资格：一般纳税人

(二) 业务资料

1. 经济业务 1

2023 年 7 月 4 日，从山东聊城灯笼材料有限公司购入材料一批，所购原材料已验收入库，款项通过银行存款划转，取得增值税专用发票一张，如图 2-3 所示。

3700194140　山东增值税专用发票　NO 01468359

3700194140
01468359

发票联

开票日期：2023年07月04日

购买方	名　称：贝尔斯照明灯具制造有限公司 纳税人识别号：914489430284900129 地址、电话：深圳市宝安区西乡街328号 0755-25941111 开户行及账号：徽商银行松岗支行 1506080988830290	密码区	03》21*&25*2/26-141\61 21350332132132100.-**6 23/031**212/-0313-03133 23203***/>055—03*2223

货物或应税劳务、服务名称	规格型号	单位	数量	单价	金额	税率	税额
*文具*灯笼专用胶水		瓶	400	6.80	2720.00	13%	353.60
*竹制品*灯笼专用竹条		副	2500	4.80	12000.00	13%	1560.00
*纺织产品*精编布料		米	3000	3.80	11400.00	13%	1482.00
*纺织产品*低圈棉线		个	8000	0.80	6400.00	13%	832.00
*模具*灯笼底座		个	10000	1.00	10000.00	13%	1300.00
*金属制品*灯笼钢丝		吨	5	4200.00	21000.00	13%	2730.00
合　计					¥63520.00		¥8257.60
价税合计（大写）	⊗柒万壹仟柒佰柒拾柒圆陆角整				（小写）¥71777.60		

销售方	名　称：山东聊城灯笼材料有限公司 纳税人识别号：913789430280654318 地址、电话：聊城市工业园区跃进路8号 84841111 开户行及账号：中国工商银行聊城运行 120602029200030285	备注	913789430280654318 发票专用章

收款人：　复核：　开票人：宁军　销售方：（章）

税总函[2017]001号衡信印刷厂　第三联：发票联　购买方记账凭证

图 2-3　增值税专用发票

2. 经济业务 2

2023年7月5日，销售投光灯200个给芜湖巨龙灯具商城，每个投光灯的单价为300元，增值税发票列明价款60 000元、增值税销项税额7 800元。贝尔斯照明灯具制造有限公司开具的增值税专用发票如图2-4所示。另发生运费1 090元，由贝尔斯照明灯具制造有限公司承担，以转账支票支付，取得的增值税专用发票如图2-5所示。

4400194140　广东增值税专用发票　NO 00652320

4400194140
00652320

此联不作报销、扣税凭证使用

开票日期：2023年07月05日

购买方	名　称：芜湖巨龙灯具商城 纳税人识别号：913415217263257523 地址、电话：芜湖市九华山路428号 2212062 开户行及账号：徽商银行九华路支行 736263826008	密码区	03》21*&25*2/26-141\61 21350332132132100.-**6 23/031**212/-0313-03133 23203***/>055—03*2223

货物或应税劳务、服务名称	规格型号	单位	数量	单价	金额	税率	税额
*照明装置*投光灯		个	200	300.00	60000.00	13%	7800.00
合　计					¥60000.00		¥7800.00
价税合计（大写）	⊗陆万柒仟捌佰圆整				（小写）¥67800.00		

销售方	名　称：贝尔斯照明灯具制造有限公司 纳税人识别号：914489430284900129 地址、电话：深圳市宝安区西乡街328号 0755-25941111 开户行及账号：徽商银行松岗支行 1506080988830290	备注	

收款人：　复核：　开票人：董诗妍　销售方：（章）

税总函[2017]001号衡信印刷厂　第一联：记账联　销售方记账凭证

图 2-4　增值税专用发票

4400194170 广东增值税专用发票 NO 00540128 4400194170 00540128

此联不作报销、扣税凭证使用

开票日期：2023 年 7 月 05 日

购买方	名称：贝尔斯照明灯具制造有限公司 纳税人识别号：914489430284900129 地址、电话：深圳市宝安区西乡街 328 号 0755-25941111 开户行及账号：徽商银行松岗支行 1506080988830290	密码区	03》21*&25*2/26-141\61 21350332132132100.-**6 23/031**212/-0313-03133 23203***/>055—03*2223

货物或应税劳务、服务名称	规格型号	单位	数量	单价	金额	税率	税额
*运输服务*运费				1000.00	1000.00	9%	90.00
合计					¥1000.00		¥90.00
价税合计（大写）	⊗壹仟零玖拾圆整				（小写）¥1090.00		

销售方	名称：深圳四方货物运输有限公司 纳税人识别号：914402388016030445 地址、电话：深圳市龙华新区龙梅龙路 88 号 0755-26453008 开户行及账号：平安银行（龙华支行）1109383010394908	备注	起运地：深圳市宝安区 到达地：深圳市宝安区

收款人： 复核： 开票人：小章 销售方：（章）

银行付讫

图 2-5　增值税专用发票

3. 经济业务 3

2023 年 7 月 5 日，从四川好明亮灯具配件有限公司购入玻璃 50 000 千克，单价为 2.8元；涂料 1 500 升，单价为 21 元；塑料 45 000 千克，单价为 3.2 元；税率为 13%，货款为 315 500 元，税款为 41 015 元。以上原材料已验收入库，款项通过银行存款划转。取得增值税专用发票一张，如图 2-6 所示。

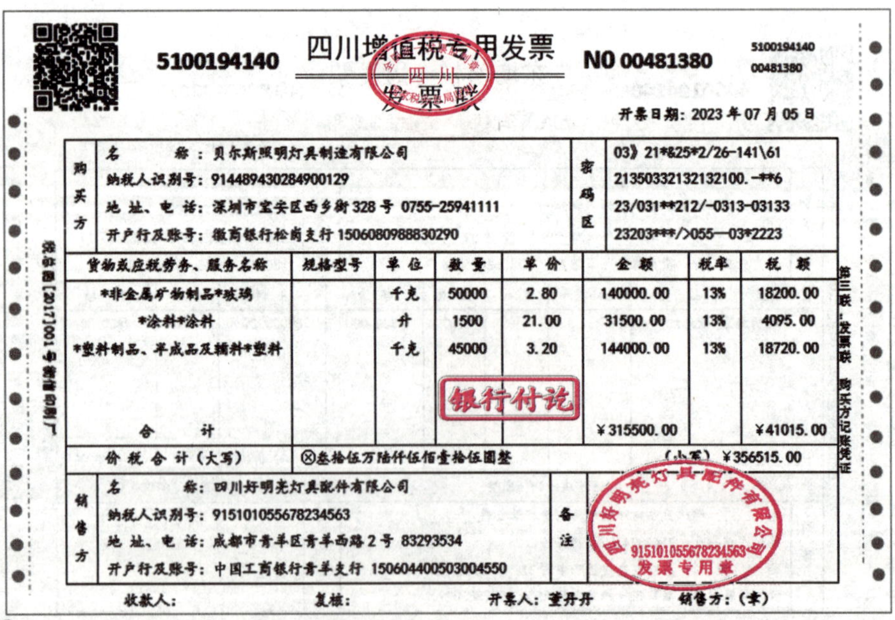

5100194140 四川增值税专用发票 NO 00481380 5100194140 00481380

发票联

开票日期：2023 年 07 月 05 日

购买方	名称：贝尔斯照明灯具制造有限公司 纳税人识别号：914489430284900129 地址、电话：深圳市宝安区西乡街 328 号 0755-25941111 开户行及账号：徽商银行松岗支行 1506080988830290	密码区	03》21*&25*2/26-141\61 21350332132132100.-**6 23/031**212/-0313-03133 23203***/>055—03*2223

货物或应税劳务、服务名称	规格型号	单位	数量	单价	金额	税率	税额
*非金属矿物制品*玻璃		千克	50000	2.80	140000.00	13%	18200.00
*涂料*涂料		升	1500	21.00	31500.00	13%	4095.00
*塑料制品、半成品及辅料*塑料		千克	45000	3.20	144000.00	13%	18720.00
合计					¥315500.00		¥41015.00
价税合计（大写）	⊗叁拾伍万陆仟伍佰壹拾伍圆整				（小写）¥356515.00		

销售方	名称：四川好明亮灯具配件有限公司 纳税人识别号：915101055678234563 地址、电话：成都市青羊区青羊西路 2 号 83293534 开户行及账号：中国工商银行青羊支行 150604400503004550	备注	

收款人： 复核： 开票人：董丹丹 销售方：（章）

银行付讫

图 2-6　增值税专用发票

4. 经济业务 4

2023 年 7 月 5 日，出售给个体户许珊珊报废的生产边角钢材余料，价款为 150 元，现金收取。开具收款收据一张，如图 2-7 所示。

收款收据　　No 00033191

2023 年 7 月 05 日

今收到 许珊珊购买报废的生产边角料的现金货款150元整。

金额大写　⊗佰 ⊗拾 ⊗万 ⊗仟 壹 佰 伍 拾 零 元 零 角 零 分

¥：150.00　　（单位盖章）

贝尔斯照明灯具制造有限公司财务专用章

核准：　会计：　记账：　出纳：黄迎春　经手人：

图 2-7　收款收据

5. 经济业务 5

2023 年 7 月 6 日，销售给芜湖康源美家居商城水晶灯 100 个，不含税单价为 1 500 元；景观灯 100 个，不含税单价为 200 元；税率为 13%，双方当初签订合同约定了现金折扣方案为“2/10，1/20，n/30”。货已发出且开出增值税专用发票，货款尚未收到。开具的增值税专用发票如图 2-8 所示。

4403193140　　**广东增值税专用发票**　　NO 00652321　　4403193140 00652321

此联不作报销、扣税凭证使用

开票日期：2023 年 07 月 06 日

购买方	名　称：芜湖康源美家居商城 纳税人识别号：913402027890456784 地址、电话：芜湖市北京路 10 号 0553-66667703 开户行及账号：中国农业银行康源支行 150608378855884				密码区	03》21*&25*2/26-141\61 21350332132132100.-**6 23/031**212/-0313-03133 23203***/>055—03*2223		
货物或应税劳务、服务名称		规格型号	单位	数量	单价	金额	税率	税额
*照明装置*水晶灯			个	100	1500.00	150000.00	13%	19500.00
*照明装置*景观灯			个	100	200.00	20000.00	13%	2600.00
合　计						¥170000.00		¥22100.00
价税合计（大写）		⊗壹拾玖万贰仟壹佰圆整				（小写）¥192100.00		
销售方	名　称：贝尔斯照明灯具制造有限公司 纳税人识别号：914489430284900129 地址、电话：深圳市宝安区西乡街 328 号 0755-25941111 开户行及账号：徽商银行松岗支行 1506080988830290				备注			

收款人：　复核：　开票人：董诗妍　销售方：（章）

税总函[2017]001 号衡信印刷厂　　第一联：记账联　销售方记账凭证

图 2-8　增值税专用发票

6. 经济业务 6

2023 年 7 月 7 日，销售给安徽铁路（集团）有限公司隧道灯 150 个，不含税单价为 580 元，税率为 13%，货已发出且开具增值税专用发票，销售当日收到广州铁路（集团）公司开出并承兑的面值为 98 310 元的银行承兑汇票，汇票期限为 6 个月，票面利率为 6%。开具的增值税专用发票如图 2-9 所示。

4403193140　　**广东增值税专用发票**　　NO 00652322　　4403193140 00652322

此联不作报销、扣税凭证使用

开票日期：2023 年 07 月 07 日

购买方	名　　称：安徽铁路（集团）有限公司 纳税人识别号：913402027658901125 地 址、电 话：芜湖市九华山路 428 号 0553-22120625 开户行及账号：中国农业银行九华行 154008368885543	密码区	03》21*&25*2/26-141\61 21350332132132100.-**6 23/031**212/-0313-03133 23203***/>055—03*2223

货物或应税劳务、服务名称	规格型号	单位	数量	单价	金额	税率	税额
*照明装置*隧道灯		个	150	580.00	87000.00	13%	11310.00
合　计					¥87000.00		¥11310.00
价税合计（大写）	ⓧ玖万捌仟叁佰壹拾圆整				（小写）¥98310.00		

销售方	名　　称：贝尔斯照明灯具制造有限公司 纳税人识别号：914489430284900129 地 址、电 话：深圳市宝安区西乡街 328 号 0755-25941111 开户行及账号：徽商银行松岗支行 1506080988830290	备注	

收款人：　　复核：　　开票人：董诗妍　　销售方：（章）

税总函[2017]001 号衡信印刷厂

第一联：记账联　销售方记账凭证

图 2-9　增值税专用发票

7. 经济业务 7

2023 年 7 月 9 日，从马鞍山玉龙金属材料有限公司购入铜材料 28 吨，不含税单价为 1 650 元；钢材料 10 吨，不含税单价为 1 850 元；税率为 13%，增值税专用发票所列材料价款为 64 700 元，税额为 8 411 元，材料已验收入库。货款通过银行转账支付。取得的增值税专用发票如图 2-10 所示。

3400194140　　**安徽增值税专用发票**　　NO 00481813　　3400194140 00481813

发票联

开票日期：2023 年 07 月 09 日

购买方	名　　称：贝尔斯照明灯具制造有限公司 纳税人识别号：914489430284900129 地 址、电 话：深圳市宝安区西乡街 328 号 0755-25941111 开户行及账号：徽商银行松岗支行 1506080988830290	密码区	03》21*&25*2/26-141\61 21350332132132100.-**6 23/031**212/-0313-03133 23203***/>055—03*2223

货物或应税劳务、服务名称	规格型号	单位	数量	单价	金额	税率	税额
*铜材*铜材料		吨	28	1650.00	46200.00	13%	6006.00
*钢材*钢材料		吨	10	1850.00	18500.00	13%	2405.00
合　计					¥64700.00		¥8411.00
价税合计（大写）	ⓧ柒万叁仟壹佰壹拾壹圆整				（小写）¥73111.00		

银行付讫

销售方	名　　称：马鞍山玉龙金属材料有限公司 纳税人识别号：913408823283763304 地 址、电 话：马鞍山市昆山区红旗北路 326 号 028-83292534 开户行及账号：中国工商银行花园支行 1206020483777705405	备注	马鞍山玉龙金属材料有限公司 913408823283763304 发票专用章

收款人：　　复核：　　开票人：宁伟　　销售方：（章）

税总函[2017]001 号衡信印刷厂

第三联：发票联　购买方记账凭证

图 2-10　增值税专用发票

8. 经济业务 8

2023 年 7 月 9 日，总经理张云胜报销支付的广告费 10 000 元，从总经理张云胜的借款中抵销。取得的增值税专用发票如图 2-11 所示。

4403193140 **广东增值税专用发票** NO 07823282 4403193140 07823282

此联不作报销、扣税凭证使用

开票日期：2023 年 7 月 09 日

购买方	名　称：贝尔斯照明灯具制造有限公司 纳税人识别号：914489430284900129 地 址、电 话：深圳市宝安区西乡街 328 号 0755-25941111 开户行及账号：徽商银行松岗支行 1506080988830290	密码区	03》21*&25*2/26-141\61 21350332132132100.-**6 23/031**212/-0313-03133 23203***/>055—03*2223

货物或应税劳务、服务名称	规格型号	单位	数量	单价	金额	税率	税额
*广告代理服务*广告发布费					9433.96	6%	566.04
合　计					¥9433.96		¥566.04
价税合计（大写）	⊗壹万圆整				（小写）¥10000.00		

销售方	名　称：深圳正元文化创意有限公司 纳税人识别号：91440300169017782 地 址、电 话：深圳市宝安区东乡路 128 号 0755-25842274 开户行及账号：中国工商银行东乡支行 1506483000348	备注	91440300169017782 发票专用章

收款人：　　复核：　　开票人：周丽　　销售方：（章）

税总函[2017]001 号郑信印制厂

第三联：发票联 购买方记账凭证

图 2-11　增值税专用发票

9. 经济业务 9

2023 年 7 月 11 日，对外提供运输服务，取得收入 18 348.62 元，增值税税率为 9%，增值税税额为 1 651.38 元，收到银行存款 20 000 元。开具的增值税专用发票如图 2-12 所示。

4400194140 **广东增值税专用发票** NO 00652323 4400194140 00652323

此联不作报销、扣税凭证使用

开票日期：2023 年 7 月 11 日

购买方	名　称：芜湖巨龙灯具商城 纳税人识别号：913415217263257523 地 址、电 话：芜湖市九华山路 428 号 2212062 开户行及账号：徽商银行九华路支行 736263826008	密码区	03》21*&25*2/26-141\61 21350332132132100.-**6 23/031**212/-0313-03133 23203***/>055—03*2223

货物或应税劳务、服务名称	规格型号	单位	数量	单价	金额	税率	税额
*运输服务*运费			1	18348.62	18348.62	9%	1651.38
合　计					¥18348.62		¥1651.38
价税合计（大写）	⊗贰万圆整				（小写）¥20000.00		

销售方	名　称：贝尔斯照明灯具制造有限公司 纳税人识别号：914489430284900129 地 址、电 话：深圳市宝安区西乡街 328 号 0755-25941111 开户行及账号：徽商银行松岗支行 1506080988830290	备注	起运地：深圳市宝安区 到达地：芜湖市九华山路

收款人：　　复核：　　开票人：董诗妍　　销售方：（章）

税总函[2017]001 号郑信印制厂

第一联：记账联 销售方记账凭证

图 2-12　增值税专用发票

10. 经济业务 10

2023 年 7 月 13 日，向珠海市金太阳灯饰有限公司销售吸顶灯 65 只，每只不含税售价为 346 元；投光灯 85 只，每只不含税售价为 185 元。以上价款共计 38 215 元，增值税销项税额为 4 967.95 元，产品已发出，增值税专用发票已开，并向银行办理了托收承付手续。开具的增值税专用发票如图 2-13 所示。

广东增值税专用发票

4403193140　NO 00652324　4403193140 00652324

此联不作报销、扣税凭证使用

开票日期：2023 年 07 月 13 日

购买方　名　称：珠海市金太阳灯饰有限公司
纳税人识别号：914402204748929485
地址、电话：珠海市珠南路 2021 号 0756-22568803
开户行及账号：中国工商银行珠南支行 332455309020345776

密码区　03》21*&25*2/26-141\61　21350332132132100.-**6　23/031**212/-0313-03133　23203***/>055—03*2223

货物或应税劳务、服务名称	规格型号	单位	数量	单价	金额	税率	税额
*照明装置*吸顶灯		只	65	346.00	22490.00	13%	2923.70
*照明装置*投光灯		只	85	185.00	15725.00	13%	2044.25
合　计					¥38215.00		¥4967.95
价税合计（大写）	⊗肆万叁仟壹佰捌拾贰圆玖角伍分				（小写）¥43182.95		

销售方　名　称：贝尔斯照明灯具制造有限公司
纳税人识别号：914489430284900129
地址、电话：深圳市宝安区西乡街 328 号 0755-25941111
开户行及账号：徽商银行松岗支行 1506080988830290

备注

收款人：　复核：　开票人：董诗妍　销售方：（章）

税总函[2017]001 号衡信印刷厂　第一联：记账联　销售方记账凭证

图 2-13　增值税专用发票

11. 经济业务 11

2023 年 7 月 13 日，开给珠海振鑫灯具批发市场增值税发票，货已发出，货款已通过银行转账支付。其中，投光灯 150 只，不含税单价为 495 元；庭院灯 160 只，不含税单价为 308 元；吸顶灯 165 只，不含税单价为 350 元；路灯 115 只，不含税单价为 95 元；所列价款为 192 205 元，所列税款为 24 986.65 元。开具的增值税专用发票如图 2-14 所示。

广东增值税专用发票

4403193140　NO 00652325　4403193140 00652324

此联不作报销、扣税凭证使用

开票日期：2023 年 07 月 13 日

购买方　名　称：珠海振鑫灯具批发市场
纳税人识别号：914402204748929486
地址、电话：珠海市珠南路 2021 号 0756-22568803
开户行及账号：中国银行珠南支行 25654100135656022

密码区　03》21*&25*2/26-141\61　21350332132132100.-**6　23/031**212/-0313-03133　23203***/>055—03*2223

货物或应税劳务、服务名称	规格型号	单位	数量	单价	金额	税率	税额
*照明装置*投光灯		只	150	495.00	74250.00	13%	9652.50
*照明装置*庭院灯		只	160	308.00	49280.00	13%	6406.40
*照明装置*吸顶灯		只	165	350.00	57750.00	13%	7507.50
*照明装置*路灯		只	115	95.00	10925.00	13%	1420.25
合　计					¥192205.00		¥24986.65
价税合计（大写）	⊗贰拾壹万柒仟壹佰玖拾壹圆陆角伍分				（小写）¥217191.65		

销售方　名　称：贝尔斯照明灯具制造有限公司
纳税人识别号：914489430284900129
地址、电话：深圳市宝安区西乡街 328 号 0755-25941111
开户行及账号：徽商银行松岗支行 1506080988830290

备注

收款人：　复核：　开票人：董诗妍　销售方：（章）

税总函[2017]001 号衡信印刷厂　第一联：记账联　销售方记账凭证

图 2-14　增值税专用发票

12. 经济业务 12

2023 年 7 月 14 日，向四川好明亮灯具配件有限公司购入铝材料 20 吨，每吨不含税价格为 6 000 元，增值税发票列明价款 120 000 元和税款 15 600 元，货已验收入库，此款项尚未支付。取得的增值税专用发票如图 2-15 所示。

5100194140 四川增值税专用发票 NO 00448130

5100194140 00448130

发票联

开票日期：2023 年 7 月 14 日

购买方	名称：贝尔斯照明灯具制造有限公司 纳税人识别号：914489430284900129 地址、电话：深圳市宝安区西乡街 328 号 0755-25941111 开户行及账号：徽商银行松岗支行 1506080988830290	密码区	03》21*&25*2/26-141\61 21350332132132100.-**6 23/031**212/-0313-03133 23203***/>055—03*2223

货物或应税劳务、服务名称	规格型号	单位	数量	单价	金额	税率	税额
*铝材*铝材料		吨	20	6000.00	120000.00	13%	15600.00
合计					¥120000.00		¥15600.00
价税合计（大写）	ⓧ壹拾叁万伍仟陆佰圆整				（小写）¥135600.00		

销售方	名称：四川好明亮灯具配件有限公司 纳税人识别号：915101055678234563 地址、电话：成都市青羊区青羊西路 2 号 83293534 开户行及账号：中国工商银行青羊支行 150604400503004550	备注	

收款人： 复核： 开票人：董丹丹 销售方：（章）

第三联：发票联 购买方记账凭证

图 2-15 增值税专用发票

13. 经济业务 13

2023 年 7 月 16 日，向南京易亮照明灯具科技有限公司购入塑料包装物 6 500 只，价款为 39 000 元，增值税税额为 5 070 元，货物已验收入库，此款项尚未支付。取得的增值税专用发票如图 2-16 所示。

3200191230 江苏增值税专用发票 NO 00457832

3200191230 00457832

发票联

开票日期：2023 年 7 月 16 日

购买方	名称：贝尔斯照明灯具制造有限公司 纳税人识别号：914489430284900129 地址、电话：深圳市宝安区西乡街 328 号 0755-25941111 开户行及账号：徽商银行松岗支行 1506080988830290	密码区	03》21*&25*2/26-141\61 21350332132132100.-**6 23/031**212/-0313-03133 23203***/>055—03*2223

货物或应税劳务、服务名称	规格型号	单位	数量	单价	金额	税率	税额
*塑料包装箱及容器*塑料包装物		只	6500	6.00	39000.00	13%	5070.00
合计					¥39000.00		¥5070.00
价税合计（大写）	ⓧ肆万肆仟零柒拾圆整				（小写）¥44070.00		

销售方	名称：南京易亮照明灯具科技有限公司 纳税人识别号：913203001690144435 地址、电话：南京市太平北路 60 号 025-21588885 开户行及账号：中国工商银行太平北路支行 1206433388830235	备注	

收款人： 复核： 开票人：王平 销售方：（章）

第三联：发票联 购买方记账凭证

图 2-16 增值税专用发票

14. 经济业务 14

2023 年 7 月 17 日，生产部马俞斌报销 16 日发生的设备维修费 1 085 元，出纳以现金付讫。取得的增值税专用发票如图 2-17 所示。

4400194140　　广东增值税专用发票　　NO 00481385　　4400194140 00481385

此联不作报销、扣税凭证使用

开票日期：2023 年 7 月 17 日

购买方	名　　称：贝尔斯照明灯具制造有限公司 纳税人识别号：914489430284900129 地 址、电 话：深圳市宝安区西乡街 328 号 0755-25941111 开户行及账号：徽商银行松岗支行 1506080988830290					密码区	03》21*&25*2/26-141\61 21350332132132100.-**6 23/031**212/-0313-03133 23203***/>055—03*2223	
货物或应税劳务、服务名称	规格型号	单 位	数 量	单 价	金 额	税率	税 额	
*加工劳务*维修费			1	960.18	960.18	13%	124.82	
合　　计					¥960.18		¥124.82	
价税合计（大写）	⊗壹仟零捌拾伍圆整				（小写）¥1085.00			
销售方	名　　称：深圳市想成设备维修有限公司 纳税人识别号：914401010556782377 地 址、电 话：深圳市宝安路西乡路 128 号 0755-25945546377 开户行及账号：中国工商银行宝安支行 06080988830338					备注	914401010556782377 发票专用章	

收款人：　　复核：　　开票人：小吴　　销售方：（章）

现金付讫

第三联：发票联　购买方记账凭证

图 2-17　增值税专用发票

15. 经济业务 15

2023 年 7 月 19 日，从浙江金苹果布艺有限公司购入布料 448 米，价款为 12 800 元；购入装饰物 300 个，价款为 7 650 元；床头灯底座 300 个，价款为 9 600 元。以上价款共计 30 050 元，增值税税额为 3 906.5 元，货已验收入库，此款项尚未支付。取得的增值税专用发票如图 2-18 所示。

3300194140　　浙江增值税专用发票　　NO 00381582　　3300194140 00381582

发票联

开票日期：2023 年 7 月 19 日

购买方	名　　称：贝尔斯照明灯具制造有限公司 纳税人识别号：914489430284900129 地 址、电 话：深圳市宝安区西乡街 328 号 0755-25941111 开户行及账号：徽商银行松岗支行 1506080988830290					密码区	03》21*&25*2/26-141\61 21350332132132100.-**6 23/031**212/-0313-03133 23203***/>055—03*2223
货物或应税劳务、服务名称	规格型号	单 位	数 量	单 价	金 额	税率	税 额
*纺织产品*布料		米	448	28.5714	12800.00	13%	1664.00
*成匹编带、装饰带及类似品*装饰物		个	300	25.50	7650.00	13%	994.50
*配电或电器控制设备专用零件*床头灯底座		个	300	32.00	9600.00	13%	1248.00
合　　计					¥30050.00		¥3906.50
价税合计（大写）	⊗叁万叁仟玖佰伍拾陆圆伍角整				（小写）¥33956.50		
销售方	名　　称：浙江金苹果布艺有限公司 纳税人识别号：913301077633455795 地 址、电 话：杭州市滨江区解放路 209 号 0571-83298856 开户行及账号：杭州银行解放路支行 120206004500358					备注	913301077633455795 发票专用章

收款人：　　复核：　　开票人：吴明　　销售方：（章）

第三联：发票联　购买方记账凭证

图 2-18　增值税专用发票

16. 经济业务 16

2023 年 7 月 19 日,支付配件维修款 9 300 元。取得的增值税专用发票如图 2-19 所示。

044031845003 广东增值税专用发票 NO 00673670 044031845003 00673670

此联不作报销、扣税凭证使用

开票日期: 2023 年 7 月 19 日

购买方	名 称: 贝尔斯照明灯具制造有限公司 纳税人识别号: 914489430284900129 地 址、电 话: 深圳市宝安区西乡街 328 号 0755-25941111 开户行及账号: 徽商银行松岗支行 1506080988830290	密码区	03》21*&25*2/26-141\61 21350332132132100.-**6 23/031**212/-0313-03133 23203***/>055—03*2223

货物或应税劳务、服务名称	规格型号	单位	数量	单价	金额	税率	税额
*加工劳务*维修费			1	9029.13	9029.13	3%	270.87
合 计					¥9029.13		¥270.87
价税合计(大写)	ⓧ玖仟叁佰圆整				(小写) ¥9300.00		

销售方	名 称: 深圳三义修配有限公司 纳税人识别号: 914403017604887625 地 址、电 话: 深圳市福田区深南西路红牌大厦 1516 室 0755-88520899 开户行及账号: 中国农业银行福田支行 622150582201536453	备注	

收款人: 复核: 开票人: 董明丽 销售方:(章)

税总函[2017]001 号深圳印制厂 第二联:发票联 购买方记账凭证

图 2-19 增值税专用发票

17. 经济业务 17

2023 年 7 月 19 日,收到电、水费用发票,分别以银行存款支付。取得的增值税专用发票如图 2-20、图 2-21 所示。

4400194140 广东增值税专用发票 NO 00408133 4400194140 00408133

此联不作报销、扣税凭证使用

开票日期: 2023 年 7 月 19 日

购买方	名 称: 贝尔斯照明灯具制造有限公司 纳税人识别号: 914489430284900129 地 址、电 话: 深圳市宝安区西乡街 328 号 0755-25941111 开户行及账号: 徽商银行松岗支行 1506080988830290	密码区	03》21*&25*2/26-141\61 21350332132132100.-**6 23/031**212/-0313-03133 23203***/>055—03*2223

货物或应税劳务、服务名称	规格型号	单位	数量	单价	金额	税率	税额
*供电*电费		度	3500	0.58	2030.00	13%	263.90
合 计					¥2030.00		¥263.90
价税合计(大写)	ⓧ贰仟贰佰玖拾叁圆玖角整				(小写) ¥2293.90		

银行付讫

销售方	名 称: 深圳市电力公司 纳税人识别号: 914403001690187245 地 址、电 话: 深圳市宝安区西乡街 115 号 0755-25942256 开户行及账号: 中国工商银行宝安支行 120365500043345	备注	

收款人: 复核: 开票人: 吴楠 销售方:(章)

税总函[2017]001 号深圳印制厂 第三联:发票联 购买方记账凭证

图 2-20 增值税专用发票

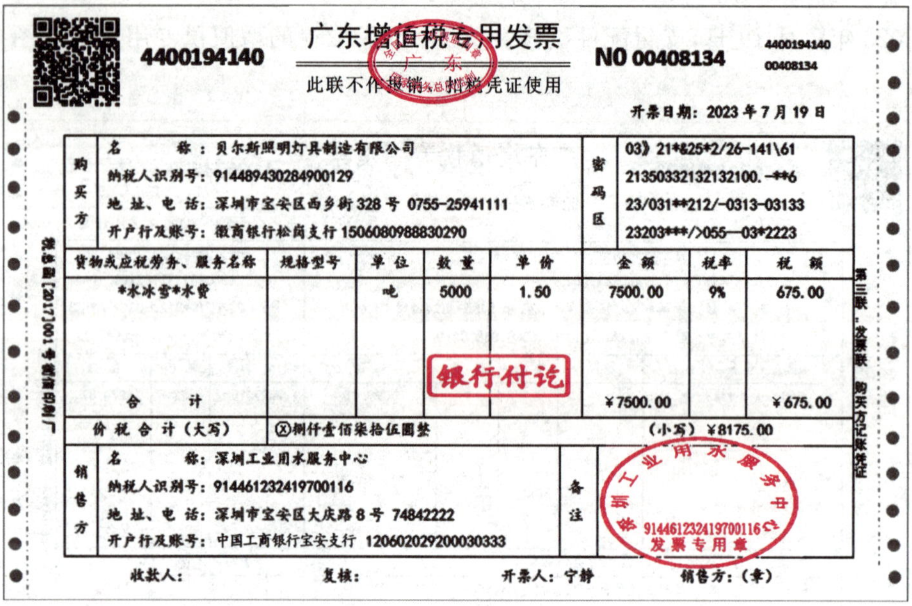

4400194140　　广东增值税专用发票　　NO 00408134　　4400194140 00408134

此联不作报销、扣税凭证使用

开票日期：2023年7月19日

购买方	名　　称：贝尔斯照明灯具制造有限公司 纳税人识别号：914489430284900129 地 址、电 话：深圳市宝安区西乡街328号 0755-25941111 开户行及账号：徽商银行松岗支行 1506080988830290	密码区	03》21*&25*2/26-141\61 21350332132132100.-**6 23/031**212/-0313-03133 23203***/>055—03*2223

货物或应税劳务、服务名称	规格型号	单位	数量	单价	金额	税率	税额
*水冰雪*水费		吨	5000	1.50	7500.00	9%	675.00
合　　计					¥7500.00		¥675.00
价税合计（大写）	⊗捌仟壹佰柒拾伍圆整				（小写）¥8175.00		

销售方	名　　称：深圳工业用水服务中心 纳税人识别号：914461232419700116 地 址、电 话：深圳市宝安区大庆路8号 74842222 开户行及账号：中国工商银行宝安支行 120602029200030333	备注	

收款人：　　复核：　　开票人：宁静　　销售方：（章）

第三联：发票联　购买方记账凭证

图 2-21　增值税专用发票

18. 经济业务 18

2023年7月20日，销售给芜湖康源美家居商城投光灯50只，每只不含税售价为268元；水晶灯70只，每只不含税售价为960元；计价为80 600元，增值税税额为10 478元，已开出增值税专用发票，货已发出，货款尚未收到。开具的增值税专用发票如图2-22所示。

4403193140　　广东增值税专用发票　　NO 00652326　　4403193140 00652326

此联不作报销、扣税凭证使用

开票日期：2023年07月20日

购买方	名　　称：芜湖康源美家居商城 纳税人识别号：913402027890456784 地 址、电 话：芜湖市北京路10号 0553-66667703 开户行及账号：中国农业银行康源支行 150608378855884	密码区	03》21*&25*2/26-141\61 21350332132132100.-**6 23/031**212/-0313-03133 23203***/>055—03*2223

货物或应税劳务、服务名称	规格型号	单位	数量	单价	金额	税率	税额
*照明装置*投光灯		个	50	268.00	13400.00	13%	1742.00
*照明装置*水晶灯		个	70	960.00	67200.00	13%	8736.00
合　　计					¥80600.00		¥10478.00
价税合计（大写）	⊗玖万壹仟零柒拾捌圆整				（小写）¥91078.00		

销售方	名　　称：贝尔斯照明灯具制造有限公司 纳税人识别号：914489430284900129 地 址、电 话：深圳市宝安区西乡街328号 0755-25941111 开户行及账号：徽商银行松岗支行 1506080988830290	备注	

收款人：　　复核：　　开票人：董诗妍　　销售方：（章）

第一联：记账联　销售方记账凭证

图 2-22　增值税专用发票

19. 经济业务 19

2023 年 7 月 25 日，以自产景观灯 2 000 只对深圳鸿泰商场投资，经确认，该批产品最近的平均销售价格为 1 695 000 元(含税金额)，增值税税率为 13%。产品出库单如图 2-23所示。

产品出库单　　No 0949862

2023 年 07 月 25 日

发货单位：贝尔斯照明灯具制造有限公司

请领单位：深圳鸿泰商场　　发货仓库：产成品库

类别	品名及规格	单位	数量	单位成本	总成本	用途	备注
产成品	景观灯	只	2000	700.00	1400000.00		
合计金额：壹佰肆拾万圆整							

图 2-23　产品出库单

四、业务处理和实训成果

(一) 业务资料分析

对上述 19 笔业务进行分析，按销售业务和采购业务分别进行汇总统计。其中，销售业务需要根据销售货物和销售服务、发票开具情况，以及适用的增值税税率进行统计；采购业务根据取得的进项发票类型及是否准予抵扣进行汇总统计。

以经济业务 1、经济业务 2 和经济业务 19 的业务资料为例：

(1) 经济业务 1：2023 年 7 月 4 日，从山东聊城灯笼材料有限公司购入材料一批。此业务属于采购业务，取得增值税专用发票一张，准予抵扣的进项税额为 8 257.6 元。税务实训时需要在“发票采集”模块进行进项税额采集。

(2) 经济业务 2：2023 年 7 月 5 日，销售投光灯 200 个给芜湖巨龙灯具商城，发生运费 1 090 元，支付的运费已取得增值税专用发票。此笔业务既涉及销售商品，又涉及购进服务。销售业务为销售商品，适用 13%的增值税税率，已开具增值税专用发票，销项税额为 7 800 元。采购业务为采购运输服务，取得增值税专用发票，准予抵扣的进项税额为 90 元。税务实训时分别进行销项发票采集和进项发票采集。

(3) 经济业务 19：2023 年 7 月 25 日，以自产景观灯 2 000 只对深圳鸿泰商场投资。以自产货物对外投资需要视同销售，并且视同销售的销售额应按纳税人最近时期同类货物的平均销售价格确定，因此视同销售的不含税销售额为 1 500 000 元(1 695 000÷1.13)，销项税额为 195 000 元(1 500 000×13%)。

销售业务明细如表 2-1 所示。

表 2-1　销售业务明细表

经济业务	销售项目	适用税率	发票开具	销售额(元)	销项税额(元)
2	销售货物	13%	增值税专用发票	60 000.00	7 800.00
4	销售货物	13%	未开具发票	132.74	17.26
5	销售货物	13%	增值税专用发票	170 000.00	22 100.00
6	销售货物	13%	增值税专用发票	87 000.00	11 310.00
9	运输服务	9%	增值税专用发票	18 348.62	1 651.38
10	销售货物	13%	增值税专用发票	38 215.00	4 967.95
11	销售货物	13%	增值税专用发票	192 205.00	24 986.65
18	销售货物	13%	增值税专用发票	80 600.00	10 478.00
19	视同销售货物	13%	未开具发票	1 500 000.00	195 000.00
销项汇总统计					
汇总情况	销售货物	13%	增值税专用发票	628 020.00	81 642.60
	销售货物	13%	未开具发票	1 500 132.74	195 017.26
	运输服务	9%	增值税专用发票	18 348.62	1 651.38

将适用 13%增值税税率，且开具增值税专用发票的销售货物的合计销售额 628 020 元填入《增值税及附加税费申报表附列资料(一)》的第 1 行第 1 列，对应的销项(应纳)税额 81 642.6 元填入该表的第 1 行第 2 列。

将适用 13%增值税税率，且未开具发票的销售货物的合计销售额 1 500 132.74 元填入《增值税及附加税费申报表附列资料(一)》的第 1 行第 5 列，对应的销项(应纳)税额 195 017.26 元填入该表的第 1 行第 6 列。

将适用 9%增值税税率，且开具增值税专用发票的运输服务的合计销售额 18 348.62 元填入《增值税及附加税费申报表附列资料(一)》的第 4 行第 1 列，对应的销项(应纳)税额 1 651.38 元填入该表的第 4 行第 2 列。同时还需在《增值税及附加税费申报表附列资料(三)》第 2 行第 1 列填写提供运输服务收取的价税合计金额 20 000 元。

采购业务明细如表 2-2 所示。

表 2-2　采购业务明细表

经济业务	采购项目	取得的发票类型	准予抵扣进项税额(元)	金额(元)
1	货物	增值税专用发票	8 257.60	63 520.00
2	运输服务	增值税专用发票	90.00	1 000.00
3	货物	增值税专用发票	41 015.00	315 500.00
7	货物	增值税专用发票	8 411.00	64 700.00

（续表）

经济业务	采购项目	取得的发票类型	准予抵扣进项税额（元）	金额（元）
8	广告服务	增值税专用发票	566.04	9 433.96
12	货物	增值税专用发票	15 600.00	120 000.00
13	货物	增值税专用发票	5 070.00	39 000.00
14	维修服务	增值税专用发票	124.82	960.18
15	货物	增值税专用发票	3 906.50	30 050.00
16	维修服务	增值税普通发票	不予抵扣	—
17	电	增值税专用发票	263.90	2 030.00
17	水	增值税专用发票	675.00	7 500.00
进项抵扣汇总统计				
汇总情况	11 份	增值税专用发票	83 979.86	653 694.14

根据表 2-2，填写《增值税及附加税费申报表附列资料（二）》，在第 1、第 2 栏的“份数”列均填写 11，“金额”列填写 653 694.14，“税额”列填写 83 979.86。

（二）2023 年 7 月增值税及附加税费应纳税额的计算

本期增值税应纳税额＝（81 642.60＋195 017.26＋1 651.38）（销项税额）－83 979.86（准予抵扣的进项税额）＝194 331.38（元）

本期应交城市维护建设税＝194 331.38×7％＝13 603.20（元）

本期应交教育费附加＝194 331.38×3％＝5 829.94（元）

本期应交地方教育附加＝194 331.38×2％＝3 886.63（元）

（三）一般纳税人增值税及附加税费申报实训成果

（1）《增值税及附加税费申报表附列资料（一）》的填写结果如图 2-24 所示。

税款所属时间：2023年07月01日 至 2023年07月31日

纳税人名称：（公章）贝尔斯照明灯具制造有限公司

项目及栏次				开具税控增值税专用发票		开具其他发票		未开具发票	
				销售额	销项（应纳）税额	销售额	销项（应纳）税额	销售额	销项（应纳）税额
				1	2	3	4	5	6
一、一般计税方法计税	全部征税项目	13%税率的货物及加工修理修配劳务	1	628,020.00	81,642.60	0.00	0.00	1,500,132.74	195,017.26
		13%税率的服务、不动产和无形资产	2	0.00	0.00	0.00	0.00	0.00	0.00
		9%税率的货物及加工修理修配劳务	3	0.00	0.00	0.00	0.00	0.00	0.00
		9%税率的服务、不动产和无形资产	4	18,348.62	1,651.38	0.00	0.00	0.00	0.00
		6%税率	5	0.00	0.00	0.00	0.00	0.00	0.00

图 2-24　《增值税及附加税费申报表附列资料（一）》的填写结果

（2）《增值税及附加税费申报表附列资料(二)》的填写结果如图 2-25 所示。

一、申报抵扣的进项税额				
项目	栏次	份数	金额	税额
（一）认证相符的增值税专用发票	1=2+3	11	653,694.14	83,979.86
其中：本期认证相符且本期申报抵扣	2	11	653,694.14	83,979.86
前期认证相符且本期申报抵扣	3	0	0.00	0.00
（二）其他扣税凭证	4=5+6+7+8a+8b	0	0.00	0.00
其中：海关进口增值税专用缴款书	5	0	0.00	0.00
农产品收购发票或者销售发票	6	0	0.00	0.00
代扣代缴税收缴款凭证	7	0	—	0.00
加计扣除农产品进项税额	8a	—	—	0.00
其他	8b	0	0.00	0.00
（三）本期用于购建不动产的扣税凭证	9	0	0.00	0.00
（四）本期用于抵扣的旅客运输服务扣税凭证	10	0	0.00	0.00
（五）外贸企业进项税额抵扣证明	11	—	—	0.00
当期申报抵扣进项税额合计	12=1+4+11	11	653,694.14	83,979.86

图 2-25 《增值税及附加税费申报表附列资料(二)》的填写结果

（3）《增值税及附加税费申报表附列资料(三)》的填写结果如图 2-26 所示。

项目及栏次		本期服务、不动产和无形资产价税合计额（免税销售额）	服务、不动产和无形资产扣除项目			
			期初余额	本期发生额	本期应扣除金额	本期实际扣除金额
		1	2	3	4=2+3	5(5≤1且5≤4)
13%税率的项目	1	0.00	0.00	0.00	0.00	0.00
9%税率的项目	2	20,000.00	0.00	0.00	0.00	0.00
6%税率的项目（不含金融商品转让）	3	0.00	0.00	0.00	0.00	0.00
6%税率的金融商品转让项目	4	0.00	0.00	0.00	0.00	0.00
5%征收率的项目	5	0.00	0.00	0.00	0.00	0.00
3%征收率的项目	6	0.00	0.00	0.00	0.00	0.00

图 2-26 《增值税及附加税费申报表附列资料(三)》的填写结果

（4）《增值税及附加税费申报表附列资料(五)》的填写结果如图 2-27 所示。

被冲红所属期起				被冲红所属期止			
税（费）种		计税（费）依据				税（费）率（征收率）	本期应纳税（费）额
		增值税税额	增值税限额减免金额	增值税免抵税额	留抵退税本期扣除额		
		1	2	3	4	5	6=（1+2+3-4）×5
城市维护建设税	1	194331.38	0.00	0.00	0.00	7.0000%	13603.20
教育费附加	2	194331.38	0.00	0.00	0.00	3.0000%	5829.94
地方教育附加	3	194331.38	0.00	0.00	0.00	2.0000%	3886.63
合计	4	—	—	—	—	—	23319.77

图 2-27 《增值税及附加税费申报表附列资料(五)》的填写结果

（5）《增值税及附加税费申报表(一般纳税人适用)》的填写结果如表 2-3 所示。

表 2-3　增值税及附加税费申报表

（一般纳税人适用）

根据国家税收法律法规及增值税相关规定制定本表。纳税人不论有无销售额，均应按税务机关核定的纳税期限填写本表，并向当地税务机关申报。

税款所属时间：自 2023 年 07 月 01 日至 2023 年 07 月 31 日　　　　金额单位：元(列至角分)

项　目		栏次	一般项目		即征即退项目	
			本月数	本年累计	本月数	本年累计
销售额	(一) 按适用税率计税销售额	1	2 146 501.36	2 146 501.36		
	其中：应税货物销售额	2	2 128 152.74	2 128 152.74		
	应税劳务销售额	3				
	纳税检查调整的销售额	4				
	(二) 按简易办法计税销售额	5				
	其中：纳税检查调整的销售额	6				
	(三) 免、抵、退办法出口销售额	7			—	—
	(四) 免税销售额	8			—	—
	其中：免税货物销售额	9			—	—
	免税劳务销售额	10			—	—
税款计算	销项税额	11	278 311.24	278 311.24		
	进项税额	12	83 979.86	83 979.86		
	上期留抵税额	13				—
	进项税额转出	14				
	免、抵、退应退税额	15			—	—
	按适用税率计算的纳税检查应补缴税额	16			—	—
	应抵扣税额合计	17＝12＋13－14－15＋16	83 979.86	83 979.86		—
	实际抵扣税额	18(如 17＜11，则为 17，否则为 11)	83 979.86	83 979.86		
	应纳税额	19＝11－18	194 331.38	194 331.38		
	期末留抵税额	20—17　18				—
	简易计税办法计算的应纳税额	21				
	按简易计税办法计算的纳税检查应补缴税额	22			—	—
	应纳税额减征额	23				
	应纳税额合计	24＝19＋21－23	194 331.38	194 331.38		

（续表）

项 目		栏次	一般项目		即征即退项目	
			本月数	本年累计	本月数	本年累计
税款缴纳	期初未缴税额（多缴为负数）	25				
	实收出口开具专用缴款书退税额	26			—	—
	本期已缴税额	27＝28＋29＋30＋31				
	①分次预缴税额	28				—
	②出口开具专用缴款书预缴税额	29			—	—
	③本期缴纳上期应纳税额	30				
	④本期缴纳欠缴税额	31				
	期末未缴税额（多缴为负数）	32＝24＋25＋26－27	194 331.38	194 331.38		
	其中：欠缴税额（≥0）	33＝25＋26－27				—
	本期应补（退）税额	34＝24－28－29	194 331.38	194 331.38		—
	即征即退实际退税额	35	—	—		
	期初未缴查补税额	36			—	—
	本期入库查补税额	37			—	—
	期末未缴查补税额	38＝16＋22＋36－37			—	—
附加税费	城市维护建设税本期应补（退）税额	39	13 603.20	13 603.20	—	—
	教育费附加本期应补（退）费额	40	5 829.94	5 829.94	—	—
	地方教育附加本期应补（退）费额	41	3 886.63	3 886.63	—	—

提示

增值税一般纳税人应纳税额及其相关计算公式如下：

增值税应纳税额＝当期销项税额－当期准予抵扣的进项税额

销项税额＝不含税销售额×增值税税率

或　　销项税额＝含税销售额÷（1＋增值税税率）×增值税税率

进项税额为企业购进货物、劳务、服务等支付或负担的增值税税额。计算应纳税额时会出现当期销项税额小于当期进项税额，即不足抵扣的情况。根据税法规定，当期进项税额不足抵扣的部分可以结转下期继续抵扣。

知识链接

微课 2-1 增值税视同销售

动画 2-1 增值税认知

动画 2-2 增值税税率和征收率

动画 2-3 增值税的征税范围

动画 2-4 增值税应纳税额的计算

实训操作

根据任务一的案例资料和业务数据在实训平台完成实训，进行系统评分并打印实训报告。

任务二　小规模纳税人增值税及附加税费申报

一、实训目的

掌握小规模纳税人的标准；掌握小规模纳税人增值税计算方法及征收率；熟悉小规模纳税人增值税及附加税费申报流程；正确填写《增值税及附加税费申报表（小规模纳税人适用）》；了解小规模纳税人增值税税收政策的相关规定、计算及缴纳。

业务要点

在进行小规模纳税人增值税及附加税费申报时应注意含税销售额与不含税销售额的换算、增值税减免税等情形；明确《增值税及附加税费申报表（小规模纳税人适用）》“小微企业免税销售额”栏次的填写、《增值税减免税申报明细表》的填写，以及《增值税及附加税费申报表（小规模纳税人适用）》“本期应纳税额减征额”栏次的填写。

二、实训业务流程和实务操作

（一）实训业务流程

增值税小规模纳税人网上申报实训业务流程如图 2-28 所示。

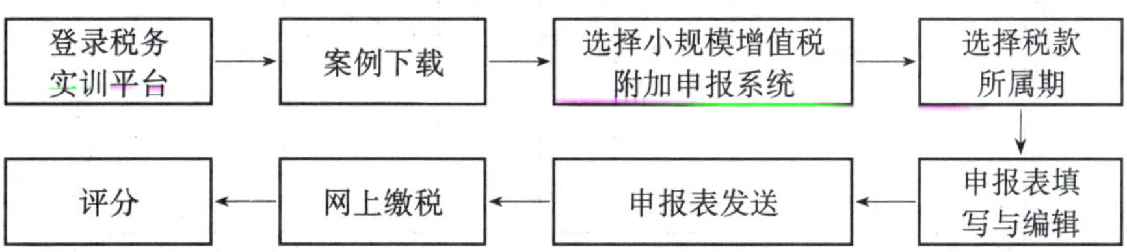

图 2-28　增值税小规模纳税人网上申报实训业务流程

教学录像 2-2 增值税小规模纳税人网上申报实训系统操作

（二）实务操作

《增值税及附加税费申报表（小规模纳税人适用）》的填报顺序如图 2-29 所示。

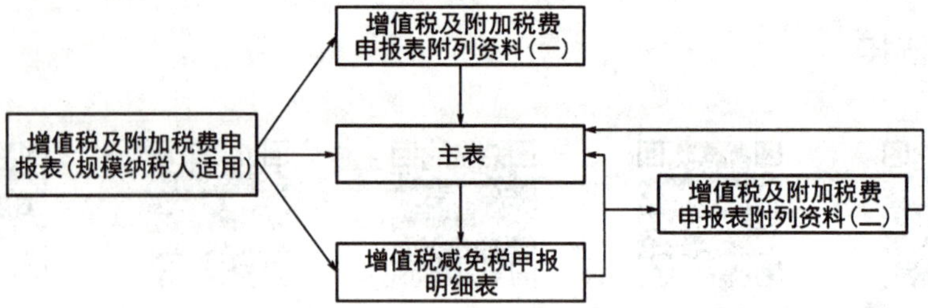

图 2-29 《增值税及附加税费申报表(小规模纳税人适用)》的填报顺序

三、案例资料和业务数据

(一) 纳税人基础信息

纳税人名称：北京市菱电制冷设备销售有限公司

成立日期：2023 年 9 月 28 日

统一社会信用代码：911138322031501245

地址及电话：北京市朝阳路 604 号，010-2158342

开户行及账号：中国银行朝阳路朝阳支行，1263840567890125908

纳税人资格：小规模纳税人

纳税期限：按季度申报增值税

(二) 业务资料

北京市菱电制冷设备销售有限公司 2023 年第四季度的销售情况如下：

(1) 2023 年 10 月，销售货物，取得不含税销售额为 305 000 元，均开具增值税普通发票。

(2) 2023 年 11 月，销售货物，取得不含税销售额为 120 000 元，均开具增值税普通发票。

(3) 2023 年 12 月 7 日，向深圳市大正集团有限公司销售空调过滤网，开具增值税专用发票一张，款项通过银行收讫。开具的增值税专用发票如图 2-30 所示。

1100193160 北京增值税专用发票 NO 01108137 1100193160 01108137

此联不作报销、扣税凭证使用

开票日期：2023 年 12 月 07 日

购买方
名 称：深圳市大正集团有限公司
纳税人识别号：914401305196202015
地 址、电 话：深圳市龙华新区建观西路 0755-65421230
开户行及账号：中国银行丽江路丽江支行 1820660321033

密码区
03》21*&25*2/26-141\61
21350332132132100.-**6
23/031**212/-0313-03133
23203***/>055—03*2223

货物或应税劳务、服务名称	规格型号	单位	数量	单价	金额	税率	税额
*家用电器配件*空调过滤网		套	300	316.8317	95049.50	1%	950.50
合计					¥95049.50		¥950.50

价税合计（大写） ⊗玖万陆仟圆整 （小写）¥96000.00

销售方
名 称：北京市菱电制冷设备销售有限公司
纳税人识别号：911138322031501245
地 址、电 话：北京市朝阳路 604 号 010-2158342
开户行及账号：中国银行朝阳路朝阳支行 1263840567890125908

收款人：王勉 复核：陈数 开票人：陈欣 销售方：（章）

第一联：记账联 销售方记账凭证

税总函[2017]001 号衡信印刷厂

图 2-30 增值税专用发票

(4) 2023 年 12 月 12 日，向荆州市益星集团有限公司销售空调不锈钢加厚支架并进行空调移机安装，取得含税收入 7 130 元，并开具增值税普通发票。（此业务的发票因操作简单，故不再展示票面）

(5) 2023 年 12 月 16 日，向北京中兴公司销售空调，并向其开具了含税价为 15 000 元的增值税普通发票一张，款项通过银行收讫。开具的增值税普通发票如图 2-31 所示。

北京增值税普通发票

011001938350　　NO 01003019　　011001938350 01003019

此联不作报销、扣税凭证使用

开票日期：2023 年 12 月 16 日

购买方　名称：北京中兴公司
纳税人识别号：911125051962635603
地址、电话：北京市中兴路 28 号 010-86324425
开户行及账号：中国银行中兴路中兴支行 12020002374808

密码区：03》21*&25*2/26-141\61 21350332132132100.-**6 23/031**212/-0313-03133 23203***/>055—03*2223

货物或应税劳务、服务名称	规格型号	单位	数量	单价	金额	税率	税额
*空调*空调		台	3	4950.4950	14851.49	1%	148.51
合计					¥14851.49		¥148.51
价税合计（大写）	⊗壹万伍仟圆整				（小写）¥15000.00		

销售方　名称：北京市菱电制冷设备销售有限公司
纳税人识别号：911138322031501245
地址、电话：北京市朝阳路 604 号 010-2158342
开户行及账号：中国银行朝阳路朝阳支行 1263840567890125908

备注：

收款人：王勉　复核：陈数　开票人：陈欣　销售方：（章）

税总函[2017]001 号衡信印刷

第一联：记账联　销售方记账凭证

图 2-31　增值税普通发票

(6) 2023 年 12 月 20 日，从北京百赋科技有限公司购买鼠标一个，取得增值税专用发票一张。取得的增值税专用发票如图 2-32 所示。

北京增值税专用发票

1100193350　　NO 00112534　　1100193350 00112534

发票联

开票日期：2023 年 12 月 20 日

购买方　名称：北京市菱电制冷设备销售有限公司
纳税人识别号：911138322031501245
地址、电话：北京市朝阳路 604 号 010-2158342
开户行及账号：中国银行朝阳路朝阳支行 1234567890125

密码区：03》21*&25*2/26-141\61 21350332132132100.-**6 23/031**212/-0313-03133 23203***/>055—03*2223

货物或应税劳务、服务名称	规格型号	单位	数量	单价	金额	税率	税额
*计算机配套产品*鼠标	TCP-01	个	1	433.63	433.63	13%	56.37
合计					¥433.63		¥56.37
价税合计（大写）	⊗肆佰玖拾圆整				（小写）¥490.00		

销售方　名称：北京百赋科技有限公司
纳税人识别号：911100007699051365
地址、电话：北京市朝阳区化工路 59 号 101 室 010-21593421
开户行及账号：中国建设银行北京支行 430015302754354

备注：北京百赋科技有限公司 911100007699051365 发票专用章

收款人：　复核：　开票人：张玮　销售方：（章）

税总函[2017]001 号衡信印刷厂

第三联：发票联　购买方记账凭证

图 2-32　增值税专用发票

四、业务处理和实训成果

（一）业务资料分析

1. 计算2023年第四季度销售额

(1) 2023年10月，销售货物取得的不含税销售额为305 000元。

(2) 2023年11月，销售货物取得的不含税销售额为120 000元。

(3) 2023年12月7日，向深圳市大正集团有限公司销售空调过滤网，取得96 000元。这里的96 000元为含税销售额，需要换算成不含税销售额。根据政策规定，2023年增值税小规模纳税人适用3%征收率的应税销售收入，减按1%征收率征收增值税。含税销售额换算成不含税销售额为95 049.5元(96 000÷1.01)。

(4) 2023年12月12日，向荆州市益星集团有限公司销售空调不锈钢加厚支架并进行空调移机安装，取得含税销售额7 130元，换算成不含税销售额为7 059.41元(7 130÷1.01)。

(5) 2023年12月16日，向北京中兴公司销售空调，并向其开具了含税销售额为15 000元的增值税普通发票一张，换算成不含税销售额为14 851.49元(15 000÷1.01)。

通过计算可知，北京市菱电制冷设备销售有限公司2023年第四季度不含税销售额为541 960.4元(305 000+120 000+95 049.5+7 059.41+14 851.49)。

自2023年1月1日至2023年12月31日，增值税小规模纳税人发生增值税应税销售行为，合计季度销售额未超过300 000元的，免征增值税。由于北京市菱电制冷设备销售有限公司2023年第四季度不含税销售额541 960.4元已超过300 000元，因此无法享受免税政策。

2. 小规模纳税人不得抵扣进项税额

2023年12月20日，从北京百赋科技有限公司购买鼠标一个，取得增值税专用发票一张。由于北京市菱电制冷设备销售有限公司是小规模纳税人，增值税采用简易计税方式，即使该笔采购业务取得了增值税专用发票也不得抵扣进项税额。

3. 增值税税额的计算

北京市菱电制冷设备销售有限公司增值税应纳税额的计算如下：

2023年第四季度增值税应纳税额=541 960.4×1%=5 419.6(元)

4. 城市维护建设税、教育费附加和地方教育附加的计算

北京市菱电制冷设备销售有限公司城市维护建设税、教育费附加和地方教育附加的计算如下：

应交城市维护建设税=5 419.6×7%=379.37(元)

应交教育费附加=5 419.6×3%=162.59(元)

应交地方教育附加=5 419.6×2%=108.39(元)

根据小微企业“六税两费”减免政策，自2022年1月1日至2024年12月31日，对增值税小规模纳税人在50%的税额幅度内减征城市维护建设税、教育费附加和地方教育附加。

2023 年第四季度应补城市维护建设税＝379.37×50％＝189.69(元)

2023 年第四季度应补教育费附加＝162.59×50％＝81.3(元)

2023 年第四季度应补地方教育附加＝108.39×50％＝54.2(元)

(二) 增值税申报表填写说明

1. 2023 年第四季度销售情况及发票开具

北京市菱电制冷设备销售有限公司 2023 年第四季度的销售情况如表 2-4 所示。

表 2-4　2023 年第四季度的销售情况表

业务类型	开票情况	不含税销售额(元)	征收率	备注
销售货物	增值税普通发票	446 910.90	1％	除了 2023 年 12 月 7 日的销售业务开具的增值税专用发票,其余均开具了增值税普通发票
	增值税专用发票	95 049.50	1％	
合计		541 960.40		

2. 增值税及附加税费申报表(小规模纳税人适用)的填写说明

(1) 全部的不含税销售额 541 960.4 元填写在主表第 1 栏“应征增值税不含税销售额(3％征收率)”的“货物及劳务”列次。

(2) 增值税专用发票不含税销售额 95 049.5 元填入主表第 2 栏“增值税专用发票不含税销售额”。

(3) 开具普通发票的不含税金额 446 910.9 元填入主表第 3 栏“其他增值税发票不含税销售额”。

(4) 主表第 15 栏“本期应纳税额”会自动填写 16 258.81 元(541 960.4×3％)。虽然 2023 年度减按 1％征收率,但此处仍然按 3％计算,减征部分在第 16 栏填写。

(5) 主表第 16 栏“本期应纳税额减征额”填写纳税人本期按照税法规定减征的增值税应纳税额。3％减按 1％征收,相当于减免了 2％。该栏数据应填写 10 839.21 元(541 960.4×2％)。

减征部分另需填写《增值税减免税申报明细表》,在“一、减税项目”中选择减税性质代码及名称“0001011608|SXA031901121 小规模纳税人减按 1％征收率征收增值税”,填写本期发生减征额及本期实际抵减税额 10 839.21 元,如图 2-33 所示。

一、减税项目						
减税性质代码及名称	栏次	期初余额	本期发生额	本期应抵减税额	本期实际抵减税额	期末余额
		1	2	3=1+2	4≤3	5=3-4
合计	1	0.00	10839.21	10839.21	10839.21	0.00
0001011608|SXA031901121|小规模纳税人减按1%征收率征收增值税|《财政部 税务总局关于支持个体工商户复工复业增值税政策的公告》 财政部税务总局公告2020年第13号	2		10839.21	10839.21	10839.21	0.00
	3			0.00		0.00

图 2-33　《增值税减免税申报明细表》的填写界面

(三) 增值税申报表实训成果

《增值税及附加税费申报表(小规模纳税人适用)》的填写结果如表 2-5 所示。

表 2-5 增值税及附加税费申报表

（小规模纳税人适用）

纳税人识别号(统一社会信用代码)：911138322031501245

纳税人名称：北京市菱电制冷设备销售有限公司　　　　金额单位：元(列至角分)

税款所属期：2023 年 10 月 01 日至 2023 年 12 月 31 日　　　　填表日期：2024 年 01 月 12 日

	项　目	栏次	本期数		本年累计	
			货物及劳务	服务、不动产和无形资产	货物及劳务	服务、不动产和无形资产
一、计税依据	(一) 应征增值税不含税销售额(3%征收率)	1	541 960. 40		541 960. 40	
	增值税专用发票不含税销售额	2	95 049. 50		95 049. 50	
	其他增值税发票不含税销售额	3	446 910. 90		446 910. 90	
	(二) 应征增值税不含税销售额(5%征收率)	4	—		—	
	增值税专用发票不含税销售额	5	—		—	
	其他增值税发票不含税销售额	6	—		—	
	(三) 销售使用过的固定资产不含税销售额	7(7≥8)		—		—
	其中：其他增值税发票不含税销售额	8		—		—
	(四) 免税销售额	9 = 10 + 11+12				
	其中：小微企业免税销售额	10				
	未达起征点销售额	11				
	其他免税销售额	12				
	(五) 出口免税销售额	13 (13 ≥ 14)				
	其中：其他增值税发票不含税销售额	14				
二、税款计算	本期应纳税额	15	16 258. 81		16 258. 81	
	本期应纳税额减征额	16	10 839. 21		10 839. 21	
	本期免税额	17				
	其中：小微企业免税额	18				
	未达起征点免税额	19				
	应纳税额合计	20 = 15 − 16	5 419. 60		5 419. 60	
	本期预缴税额	21				—
	本期应补(退)税额	22 = 20 − 21	5 419. 60		5 419. 60	—

（续表）

	项 目	栏次	本期数		本年累计	
			货物及劳务	服务、不动产和无形资产	货物及劳务	服务、不动产和无形资产
三、附加税费	城市维护建设税本期应补(退)税额	23	189.68		189.68	
	教育费附加本期应补(退)费额	24	81.29		81.29	
	地方教育附加本期应补(退)费额	25	54.19		54.19	

注意

根据《中华人民共和国增值税暂行条例》的规定，小规模纳税人发生应税行为，按简易方法计算，即按销售额和规定征收率计算应纳税额，不得抵扣进项税额。其计算公式为：

应纳税额＝销售额×征收率

上式中销售额与增值税一般纳税人销售额的内容一致，是发生应税行为向购买方收取的全部价款和价外费用。

另外，自2023年1月1日至2027年12月31日，增值税小规模纳税人发生增值税应税销售行为，合计月销售额未超过10万元(以1个季度为1个纳税期的，季度销售额未超过30万元，下同)的，免征增值税。增值税小规模纳税人适用3%征收率的应税销售收入，减按1%征收率征收增值税；适用3%预征率的预缴增值税项目，减按1%预征率预缴增值税。适用对月销售额10万元以下(含本数)免征增值税政策的，纳税人可就该笔销售收入选择放弃免税并开具增值税专用发票。

知识链接

微课 2-2
增值税小规模纳税人的相关政策

微课 2-3
一般纳税人和小规模纳税人的认定

实训操作

根据任务二的案例资料和业务数据在实训平台完成实训，进行系统评分并打印实训报告。

思政课堂

中国的稳与进——税费优惠政策精准直达，为经营主体添动能

我国继续对增值税小规模纳税人免征增值税、持续优化研发费用加计扣除政策、创新推出税务与金融部门“税银互动”举措……自 2023 年以来，为推动经济稳步回升，多项税费优惠政策相继落地。截至 2023 年 10 月底，我国共出台延续、优化、完善税费优惠政策 77 项，惠企政策精准直达、精细滴灌，进一步稳定了市场预期，有力地激发了经营主体活力，提振了发展信心。

国家税务总局的最新统计数据显示，2023 年 1 月至 2023 年 11 月，全国新增减税降费及退税缓费 18 125.09 亿元。其中，民营经济纳税人新增减税降费及退税缓费 13 371 亿元，占比 73.8%；中小微企业受益最明显，新增减税降费及退税缓费 11 203.37 亿元，占比 61.8%。政策精准直达，超 1.8 万亿元税惠“红包”落袋，让经营主体收获了真金白银的支持。

作为国民经济的“毛细血管”，小微企业在促进就业、改善民生方面发挥着不可替代的重要作用。为支持小微企业和个体工商户发展，我国 2023 年年初明确继续对月销售额 10 万元以下的增值税小规模纳税人免征增值税，对适用 3%征收率的增值税小规模纳税人减按 1%征收率征收增值税。2023 年 8 月 1 日，按照国务院部署，将上述政策执行期限延长至 2027 年 12 月 31 日。

“小微企业在我国经济中占据重要地位，是推动经济增长的重要力量。通过减税降费，能够降低其运营成本，增强其盈利能力和竞争力，从而促进整体经济的增长，”中信证券首席经济学家明明在接受央广网记者采访时表示，“通过税费优惠政策，小微企业可以把更多资源投入到技术创新和产业升级中，进一步激发小微企业的创业创新活力，促进多元化经营主体的健康发展。”

“税务部门将及时跟进梳理相关政策，不断更新完善支持小微企业和个体工商户发展的税费优惠政策指引。”税务总局政策法规司司长、总局减税办常务副主任戴诗友表示，同时，进一步优化升级优惠政策精准推送机制，积极开展延续政策的“一对一”精准推送，切实做到“政策找人”，不断提升税费优惠政策落实工作质效，助力企业健康发展。

国家税务总局相关负责人还表示，将认真落实并不断完善重点支持科技创新和制造业发展的结构性减税降费政策，持续健全完善绿色税制体系，按照“谋划新一轮财税体制改革”的要求，深入研究推进税收制度改革、税收征管改革等税务领域重点改革，加大对高质量发展的税收支持力度。

资料来源：央广网. 中国的稳与进 · 税费优惠政策精准直达为经营主体添动能[EB/OL]. (2024-01-15)[2024-02-18]. http://heilongjiang.chinatax.gov.cn/art/2024/1/15/art_8169_496857.html.

项目三

消费税及附加税费申报实训

知识目标

1. 了解消费税及附加税费的基本知识
2. 熟悉烟类消费税应纳税额的核算及申报流程
3. 熟悉酒类消费税应纳税额的核算及申报流程

技能目标

1. 能够通过税务实训平台完成烟类消费税及附加税费的申报
2. 能够通过税务实训平台完成酒类消费税及附加税费的申报

素养目标

1. 通过学习消费税应纳税额的核算，培养严谨、认真的工作作风
2. 增强社会责任意识，培养依法纳税意识
3. 培养诚信的职业品质和良好的职业道德

任务一　烟类消费税及附加税费申报

一、实训目的

掌握卷烟消费税的计算方法；熟悉卷烟消费税申报程序；正确填写《消费税及附加税费申报表》；在税务实训平台完成烟类消费税及附加税费申报。

业务要点

申报烟类消费税及附加税费时，需要知晓我国目前对卷烟采用复合计征的方法计算消费税，在计算时需要确定应税消费品的销售额、销售数量和消费税税率，确定准予扣除的销售额。

二、实训业务流程和实务操作

(一) 实训业务流程

消费税及附加税费申报实训业务流程如图 3-1 所示。

动画 3-1
消费税认知

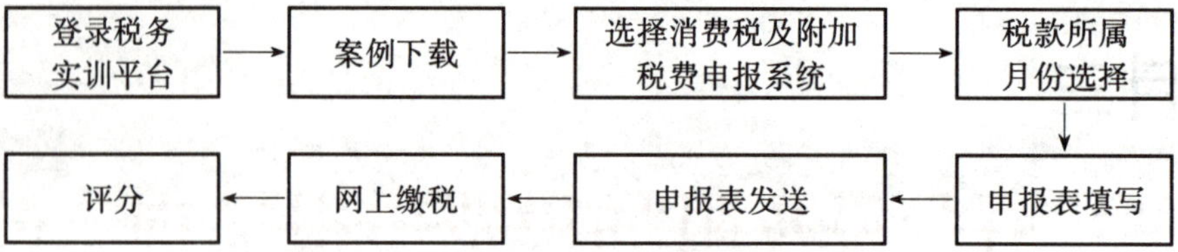

图 3-1　消费税及附加税费申报实训业务流程

（二）实务操作

烟类消费税及附加税费网上申报的实务操作如图 3-2 所示。

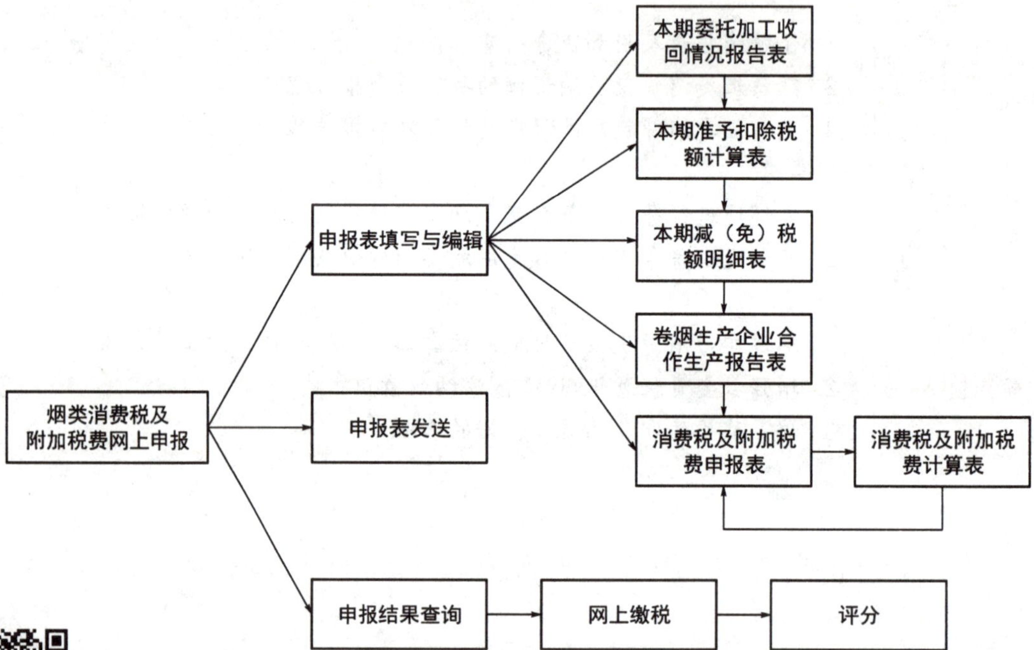

图 3-2　烟类消费税及附加税费网上申报的实务操作

教学录像 3-1
烟类消费税及附加税费网上申报

三、案例资料和业务数据

杭州瑞得烟草有限公司是增值税一般纳税人，主营烟类产品的生产销售。其 2023 年发生的经济业务如下：

（1）2023 年 1 月，期初无外购烟丝，当期购进烟丝的买价为 120 万元，期末库存外购烟丝的买价为 40 万元。

（2）2023 年 1 月，销售情况汇总如表 3-1 所示。

表 3-1　销售情况汇总表

商品名称	单价（不含增值税）	销量	销售额（不含增值税）
卷烟 A	350 元/条	1 500 条	525 000 元
卷烟 B	65 元/条	4 900 条	318 500 元

备注：1 条=200 支

提示

卷烟消费税采用复合计征方法，相关计算公式如下：

应纳税额＝应税销售数量×定额税率＋应税销售额×比例税率

应税消费品的销售额＝含增值税的销售额÷(1＋增值税税率或征收率)

生产销售卷烟以从量定额计税依据为实际销售数量。进口、委托加工、自产自用卷烟的从量定额计税依据分别为海关核定的进口征税数量、委托方收回数量、移送使用数量。

四、业务处理和实训成果

(一) 判断适用的消费税税率

(1) 根据表 3-1 可知，卷烟 A 的不含增值税销售价格为 350 元/条，已超过 70 元/条，属于甲类卷烟，适用的消费税税率为 56%加 0.003 元/支。

(2) 根据表 3-1 可知，卷烟 B 的不含增值税销售价格为 65 元/条，小于 70 元/条，属于乙类卷烟，适用的消费税税率为 36%加 0.003 元/支。

(二) 本期应纳消费税税额及附加税费的计算

1. 本期销售卷烟 A 应纳消费税税额的计算

销售卷烟 A 从价计征应纳消费税税额＝525 000×56%＝294 000(元)

销售卷烟 A 从量计征应纳消费税税额＝1 500×200×0.003＝900(元)

销售卷烟 A 应纳消费税税额＝294 000＋900＝294 900(元)

2. 本期销售卷烟 B 应纳消费税税额的计算

销售卷烟 B 从价计征应纳消费税税额＝318 500×36%＝114 660(元)

销售卷烟 B 从量计征应纳消费税税额＝4 900×200×0.003＝2 940(元)

销售卷烟 B 应纳消费税税额＝114 660＋2 940＝117 600(元)

3. 当期准予扣除的外购应税消费品已纳税款的计算

当期准予扣除的外购应税消费品买价＝期初库存的外购应税消费品的买价＋当期购进的应税消费品的买价－期末库存的外购应税消费品的买价＝1 200 000－400 000＝800 000(元)

当期准予扣除的外购应税消费品已纳税款＝当期准予扣除的外购应税消费品买价×外购应税消费品适用税率＝800 000×30%＝240 000(元)

4. 本期应纳消费税税额的计算

本期应纳消费税税额＝294 900＋117 600－240 000＝172 500(元)

5. 消费税附加税费的计算

本期应纳城市维护建设税＝172 500×7%＝12 075(元)

本期应纳教育费附加＝172 500×3%＝5 175(元)

本期应纳地方教育附加＝172 500×2%＝3 450(元)

(三) 实训成果

在税务实训平台完成消费税申报实训，《消费税及附加税费申报表》的填表结果如表

3-2 所示，《本期准予扣除税额计算表》的填表结果如表 3-3 所示，《消费税附加税费计算表》的填表结果如表 3-4 所示。

表 3-2　消费税及附加税费申报表

税款所属期：自 2023 年 1 月 1 日至 2023 年 1 月 31 日

纳税人识别号(统一社会信用代码)：□□□□□□□□□□□□□□□□□□□□

纳税人名称：杭州瑞得烟草有限公司　　　　金额单位：人民币元(列至角分)

项目 应税消费品名称	适用税率		计量单位	本期销售数量	本期销售额	本期应纳税额
	定额税率	比例税率				
	1	2	3	4	5	6＝1×4＋2×5
A类卷烟	0.6	56%	元/条	1 500	525 000	294 900
B类卷烟	0.6	36%	元/条	4 900	318 500	117 600
合计	—	—	—	—	—	412 500

	栏次	本期税费额
本期减(免)税额	7	0
期初留抵税额	8	0
本期准予扣除税额	9	240 000
本期应扣除税额	10＝8＋9	240 000
本期实际扣除税额	11[10＜(6－7)，则为 10，否则为 6－7]	240 000
期末留抵税额	12＝10－11	0
本期预缴税额	13	0
本期应补(退)税额	14＝6－7－11－13	172 500
城市维护建设税本期应补(退)税额	15	12 075
教育费附加本期应补(退)费额	16	5 175
地方教育附加本期应补(退)费额	17	3 450

声明：此表是根据国家税收法律法规及相关规定填写的，本人(单位)对填报内容(及附带资料)的真实性、可靠性、完整性负责。

纳税人(签章)：

年　月　日

经办人： 经办人身份证号： 代理机构签章： 代理机构统一社会信用代码：	受理人： 受理税务机关(章)： 受理日期：　年　月　日

表 3-3　本期准予扣除税额计算表　　　　金额单位：元(列至角分)

准予扣除项目 \ 应税消费品名称				烟丝			合计
一、本期准予扣除的委托加工应税消费品已纳税款计算		期初库存委托加工应税消费品已纳税款	1				
		本期收回委托加工应税消费品已纳税款	2				
		期末库存委托加工应税消费品已纳税款	3				
		本期领用不准予扣除委托加工应税消费品已纳税款	4				
		本期准予扣除委托加工应税消费品已纳税款	5=1+2−3−4				
二、本期准予扣除的外购应税消费品已纳税款计算	(一) 从价计税	期初库存外购应税消费品买价	6	0			
		本期购进应税消费品买价	7	1 200 000			
		期末库存外购应税消费品买价	8	400 000			
		本期领用不准予扣除外购应税消费品买价	9	0			
		适用税率	10	30%			
		本期准予扣除外购应税消费品已纳税款	11=(6+7−8−9)×10	240 000			
	(二) 从量计税	期初库存外购应税消费品数量	12				
		本期外购应税消费品数量	13				
		期末库存外购应税消费品数量	14				
		本期领用不准予扣除外购应税消费品数量	15				
		适用税率	16				
		数量单位	17				
		本期准予扣除的外购应税消费品已纳税款	18=(12+13−14−15)×16				
三、本期准予扣除税款合计			19=5+11+18	240 000			

表 3-4 消费税附加税费计算表 金额单位：元(列至角分)

税(费)种	计税(费)依据	税(费)率	本期应纳税(费)额	本期减免税(费)额		本期是否适用增值税小规模纳税人“六税两费”减征政策 □是 ☑否		本期已缴税(费)额	本期应补(退)税(费)额
	消费税税额			减免性质代码	减免税(费)额	减征比例	减征额		
	1	2	3=1×2	4	5	6	7=(3−5)×6	8	9=3−5−7−8
城市维护建设税	172 500	7%	12 075				0		12 075
教育费附加	172 500	3%	5 175				0		5 175
地方教育附加	172 500	2%	3 450				0		3 450
合计	—	—		—		—			

提示

根据《国家税务总局关于增值税 消费税与附加税费申报表整合有关事项的公告》(国家税务总局2021年第20号)的规定，自2021年8月1日起，增值税、消费税分别与城市维护建设税、教育费附加、地方教育附加申报表整合，启用《增值税及附加税费申报表(一般纳税人适用)》《增值税及附加税费申报表(小规模纳税人适用)》《增值税及附加税费预缴表》及其附列资料和《消费税及附加税费申报表》。

知识链接

微课 3-1 烟类消费税相关规定

动画 3-2 消费税的纳税人

动画 3-3 消费税的征税范围

动画 3-4 消费税的税目和税率

实训操作

根据任务一的案例资料和业务数据在实训平台完成实训，进行系统评分并打印实训报告。

任务二　酒类消费税及附加税费申报

一、实训目的

掌握消费税的税目酒的范围；熟悉酒类消费税的税率；掌握酒类视同销售应纳消费税的计算及缴纳；熟悉酒类消费税申报程序；正确填写《消费税及附加税费申报表》；在税务实训平台完成酒类消费税及附加税费申报。

业务要点

申报酒类消费税及附加税费时，需要明确消费税的计算方式，根据不同酒类产品，确定应税消费品的销售数量或者销售额。

二、实训业务流程和实务操作

动画 3-5
消费税应纳税额的计算

（一）实训业务流程

消费税及附加税费申报实训业务流程见本项目任务一“烟类消费税及附加税费申报”中图 3-1。

（二）实务操作

教学录像 3-2
酒类消费税及附加税费网上申报

酒类消费税及附加税费网上申报的实务操作如图 3-3 所示。

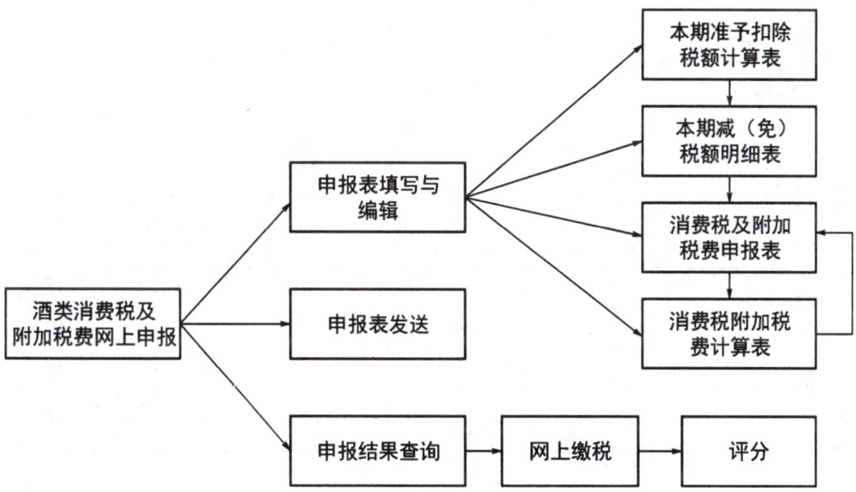

图 3-3　酒类消费税及附加税费网上申报的实务操作

三、案例资料和业务数据

宏远集团公司为增值税一般纳税人，生产经营业务包括生产粮食白酒、薯类白酒、各类酒及酒精产品和饮料制造。2023 年 1 月，其发生如下经济业务：

（1）向苏州瑞德酒业有限公司销售瓶装粮食白酒 20 000 斤[①]，款项已通过银行收讫。开具的增值税专用发票如图 3-4 所示。

3300191130　　浙江增值税专用发票　　NO 89173625　　3300191130 89173625

此联不作报销、扣税凭证使用

开票日期：2023 年 01 月 01 日

购买方	名称：苏州瑞德酒业有限公司 纳税人识别号：913201001615141318 地址、电话：苏州市工业园区星湖路 1008 号 0572-56603320 开户行及账号：中国农业银行苏州工业园区支行 622848564540323879				密码区	03》21*&25*2/26-141\61 213503321321321 00.-**6 23/031**212/-0313-03133 23203***/>055—03*2223	
货物或应税劳务、服务名称	规格型号	单位	数量	单价	金额	税率	税额
*酒*粮食白酒		斤	20000	17.00	340000.00	13%	44200.00
合　计					¥340000.00		¥44200.00
价税合计（大写）	ⓧ叁拾捌万肆仟贰佰圆整				（小写）¥384200.00		
销售方	名称：宏远集团公司 纳税人识别号：913301211969081812 地址、电话：杭州市六一路 9999 号 0571-56688106 开户行及账号：中国农业银行滨江支行 622848564540320354				备注		

收款人：　　复核：　　开票人：张易　　销售方：（章）

税总函[2017]001 号浙信印刷厂　　第一联：记账联　销售方记账凭证

图 3-4　增值税专用发票

（2）向杭州市三和粮油开发有限公司销售散装薯类白酒 20 000 斤，款项未收。开具的增值税专用发票如图 3-5 所示。

3300191130　　浙江增值税专用发票　　NO 89173626　　3300191130 89173626

此联不作报销、扣税凭证使用

开票日期：2023 年 01 月 05 日

购买方	名称：杭州市三和粮油开发有限公司 纳税人识别号：913301001615141568 地址、电话：杭州市上城区浣纱路 78 号 0571-56609980 开户行及账号：中国建设银行浣纱路支行 623848564540329079				密码区	03》21*&25*2/26-141\61 213503321321321 00.-**6 23/031**212/-0313-03133 23203***/>055—03*2223	
货物或应税劳务、服务名称	规格型号	单位	数量	单价	金额	税率	税额
*酒*薯类白酒		斤	20000	10.50	210000.00	13%	27300.00
合　计					¥210000.00		¥27300.00
价税合计（大写）	ⓧ贰拾叁万柒仟叁佰圆整				（小写）¥237300.00		
销售方	名称：宏远集团公司 纳税人识别号：913301211969081812 地址、电话：杭州市六一路 9999 号 0571-56688106 开户行及账号：中国农业银行滨江支行 622848564540320354				备注		

收款人：　　复核：　　开票人：张易　　销售方：（章）

税总函[2017]001 号浙信印刷厂　　第一联：记账联　销售方记账凭证

图 3-5　增值税专用发票

① 1 斤=0.5 千克。

(3) 将自产的一批 1 000 斤红酒发给职工作为福利，该批同类产品销售价格为 2 万元（不含增值税），实际成本为 1.4 万元。

提示

消费税的税目酒包括白酒、黄酒、啤酒、其他酒，不包括酒精、调味料酒。

其他酒是指除粮食白酒、薯类白酒、黄酒、啤酒以外，酒度在 1 度以上的各种酒。其征收范围包括糠麸白酒、其他原料白酒、土甜酒、复制酒、果木酒、汽酒、药酒等。

四、业务处理和实训成果

(一) 本期应纳消费税税额及附加税费的计算

1. 本期销售粮食白酒应纳消费税税额的计算

销售瓶装粮食白酒从价计征应纳消费税税额＝340 000×20%＝68 000(元)

销售瓶装粮食白酒从量计征应纳消费税税额＝20 000×0.5＝10 000(元)

销售瓶装粮食白酒应纳消费税税额＝68 000＋10 000＝78 000(元)

2. 本期散装薯类白酒应纳消费税税额的计算

销售散装薯类白酒从价计征应纳消费税税额＝210 000×20%＝42 000(元)

销售散装薯类白酒从量计征应纳消费税税额＝20 000×0.5＝10 000(元)

销售散装薯类白酒应纳消费税税额＝42 000＋10 000＝52 000(元)

3. 视同销售应纳消费税税额的计算

将自产的应税消费品发给职工作为福利，在移送使用时纳税，按照纳税人生产的同类消费品的销售价格计税。

视同销售应纳消费税税额＝20 000×10%＝2 000(元)

4. 本期应纳消费税税额的计算

本期应纳消费税税额－78 000＋52 000＋2 000＝132 000(元)

5. 消费税附加税费的计算

本期应纳城市维护建设税＝132 000×7%＝9 240(元)

本期应纳教育费附加＝132 000×3%＝3 960(元)

本期应纳地方教育附加＝132 000×2%＝2 640(元)

(二) 实训成果

在税务实训平台完成消费税申报实训，《消费税及附加税费申报表》《消费税附加税费计算表》的填写结果分别如表 3-5、表 3-6 所示。

表 3-5　消费税及附加税费申报表

税款所属期：自 2023 年 1 月 1 日至 2023 年 1 月 31 日

纳税人识别号(统一社会信用代码)：□□□□□□□□□□□□□□□□□□□□□□

纳税人名称：宏远集团公司　　　　金额单位：人民币元(列至角分)

项目 应税消费品名称	适用税率		计量单位	本期销售数量	本期销售额	本期应纳税额
	定额税率	比例税率				
	1	2	3	4	5	6=1×4+2×5
白酒	0.5	20%	元/500 克	40 000	550 000	130 000
红酒		10%			20 000	2 000
合计	—	—	—	—	—	132 000

	栏次	本期税费额
本期减(免)税额	7	0
期初留抵税额	8	0
本期准予扣除税额	9	0
本期应扣除税额	10=8+9	0
本期实际扣除税额	11[10＜(6－7),则为 10,否则为 6－7]	0
期末留抵税额	12=10－11	0
本期预缴税额	13	0
本期应补(退)税额	14=6－7－11－13	132 000
城市维护建设税本期应补(退)税额	15	9 240
教育费附加本期应补(退)费额	16	3 960
地方教育附加本期应补(退)费额	17	2 640

声明：此表是根据国家税收法律法规及相关规定填写的，本人(单位)对填报内容(及附带资料)的真实性、可靠性、完整性负责。

纳税人(签章)：

年　月　日

经办人： 经办人身份证号： 代理机构签章： 代理机构统一社会信用代码：	受理人： 受理税务机关(章)： 受理日期：　年　月　日

表 3-6　消费税附加税费计算表　　　　金额单位：元(列至角分)

税(费)种	计税(费)依据	税(费)率	本期应纳税(费)额	本期减免税(费)额		本期是否适用增值税小规模纳税人“六税两费”减征政策		本期已缴税(费)额	本期应补(退)税(费)额
						□是　☑否			
	消费税税额			减免性质代码	减免税(费)额	减征比例	减征额		
	1	2	3=1×2	4	5	6	7=(3−5)×6	8	9=3−5−7−8
城市维护建设税	132 000	7%	9 240				0		9 240
教育费附加	132 000	3%	3 960				0		3 960
地方教育附加	132 000	2%	2 640				0		2 640
合计	—	—		—		—			

知识链接

微课 3-2
酒类消费税相关规定

动画 3-6
已纳消费税的扣除

动画 3-7
消费税的申报与缴纳

实训操作

根据任务二的案例资料和业务数据在实训平台完成实训，进行系统评分并打印实训报告。

思政课堂

用“筷子”守护绿水青山

2011 年 9 月 24 日，一组由六棵没有绿叶的“大树”、一颗没有绿色的“地球”以及代表苏州元素的园林式拱门组成的环保作品——“我本是一棵树”，亮相苏州工业园区圆融时代广场。这组发人深思的作品，引起了大家的关注。

相关数据显示，3 000～5 000 双一次性筷子等于一棵长了 20 年的大树。我国每年消耗约 450 亿双一次性筷子和 166 万立方米木材，需要砍伐约 2 500 万棵大树，减少森林面积 200 万平方米，相当于一片片的森林在消失……

为引导全民树立环保意识、资源节约意识和正确的消费观，发挥消费税政策对保护环境的积极作用，根据我国税法规定，木质一次性筷子属于消费税征税范围，在生产销售、委托加工和进口环节缴纳消费税，税率为5%。

中国森林具有面积小、资源数量少、地区分布不均的特点。为了改善水土流失、沙尘天气、雾霾天等问题，我国出台了各项措施，保护森林，严禁乱砍滥伐，并不断扩大种植面积。据全国绿化委员会办公室发布的《2022年中国国土绿化状况公报》显示，全年完成造林383万公顷[①]，种草改良321.4万公顷，治理沙化、石漠化土地184.73万公顷；全年发布"互联网＋全民义务植树"各类尽责活动262个。截至2022年，我国森林面积为2.31亿公顷，森林覆盖率达24.02%；草地面积为2.65亿公顷，草原综合植被盖度达50.32%。

保护环境，人人有责。大学生是经济发展和消费品的主力军，应以国家政策为引领，建立良好的消费行为和生活习惯，杜绝浪费资源，为子孙后代留下绿水青山。

资料来源：国家税务总局六盘水市水务局. 六盘水税务：趣味税收入童心认知"筷子"护青山[EB/OL]. (2021-05-19)[2023-12-18]. https://guizhou.chinatax.gov.cn/sjpd/lpss/gzdt_59873/202105/t20210519_68151219.html.

① 1公顷=10 000平方米。

项目四

企业所得税申报实训

知识目标

1. 熟悉企业所得税的基本知识
2. 掌握企业所得税应纳税所得额及应纳税额的计算方法
3. 熟悉企业所得税应纳税额的核算及申报流程

技能目标

1. 能够通过税务实训平台完成查账征收企业所得税季度申报实训
2. 能够通过税务实训平台完成查账征收企业所得税汇算清缴实训
3. 能够通过税务实训平台完成核定征收企业所得税汇算清缴实训

素养目标

1. 通过学习企业所得税应纳税额的核算,培养严谨、认真的工作作风
2. 增强社会责任意识,培养依法纳税意识
3. 培养诚信的职业品质和良好的职业道德

任务一　查账征收企业所得税季度预缴申报

一、实训目的

掌握企业所得税季度预缴方法及计算;熟悉企业所得税季度预缴申报程序;正确填写《中华人民共和国企业所得税月(季)度预缴纳税申报表(A类)》;在税务实训平台完成企业所得税季度预缴申报。

业务要点

企业所得税季度预缴申报时,需要明确哪些企业所得税优惠政策可以在季度预缴时享受,哪些优惠政策只能在汇算清缴时享受。

超过税法规定扣除限额的支出及不得在税前扣除的支出无须在季度预缴时作纳税调整,在汇算清缴时再作调整处理。

动画 4-1
认识企业所得税

二、实训业务流程和实务操作

（一）实训业务流程

查账征收企业所得税月（季）度预缴申报实训业务流程如图 4-1 所示。

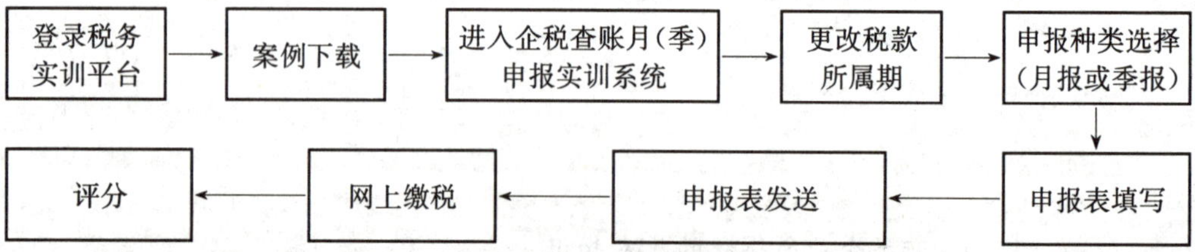

图 4-1　查账征收企业所得税月（季）度预缴申报实训业务流程

（二）实务操作

查账征收企业所得税月（季）度预缴纳税申报表的填报流程如图 4-2 所示。

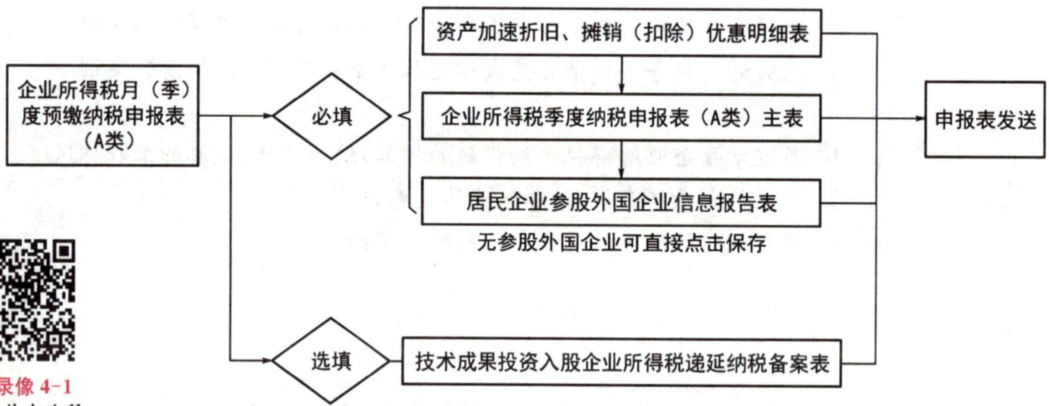

图 4-2　查账征收企业所得税月（季）度预缴纳税申报表的填报流程

教学录像 4-1
查账征收企业所得税月（季）度申报实训系统操作

三、案例资料和业务数据

（一）纳税人基础信息

纳税人名称：天津诚豆跨境电子商务有限公司

纳税人识别号：91120118030625881Q

纳税人资格：一般纳税人

企税核定类型：查账征收

企业所得税申报期限：季度

成立日期：2020 年 6 月 18 日

生产经营范围：网上贸易代理；日用百货，计算机软、硬件批发兼零售；自营和代理货物及技术进出口；计算机软、硬件技术开发；海上、陆路、航空国际货物运输代理；翻译服务；商务信息咨询等相关业务。

（二）业务资料

天津诚豆跨境电子商务有限公司属于增值税一般纳税人，税务机关核定该公司所得税征收方式为查账征收，按照实际利润额预缴方式预缴企业所得税。该公司为非汇总企业，无分支机构，执行《企业会计准则》。

该公司 2023 年第一季度从业人数季初为 51 人，季末为 51 人；资产总额季初为 5 011.26万元，季末为 5 026.47 万元。

该公司 2023 年第二季度从业人数季初为 51 人，季末为 55 人；资产总额季初为 5 026.47万元，季末为 5 010.56 万元。

该公司 2023 年第三季度从业人数季初为 55 人，季末为 54 人；资产总额季初为 5 010.56万元，季末为 5 012.32 万元。

该公司 2023 年第四季度从业人数季初为 54 人，季末为 49 人；资产总额季初为 5 012.32万元，季末为 5 629.98 万元。

该公司现进行 2023 年第四季度企业所得税预缴申报，本年累计实际已缴纳所得税额 1 112 825.3 元，其他相关资料如下。

1. 利润表

天津诚豆跨境电子商务有限公司 2023 年利润表如表 4-1 所示。

表 4-1 利润表

会企 02 表

编制单位：天津诚豆跨境电子商务有限公司 2023 年 单位：元

项目	本期金额	上期金额
一、营业收入	7 862 987.93	6 290 390.34
减：营业成本	3 705 894.75	2 964 715.80
税金及附加	64 850.65	51 880.52
销售费用	724 796.36	579 837.08
管理费用	582 352.51	465 882.00
研发费用		
财务费用	664 135.58	654 135.58
其中：利息费用	664 135.58	654 135.58
利息收入		
加：其他收益	4 600 000.00	
投资收益（损失以"－"号填列）		
其中：对联营企业和合营企业的投资收益		
以摊余成本计量的金融资产终止确认收益（损失以"－"号填列）		
净敞口套期收益（损失以"－"号填列）		

（续表）

项目	本期金额	上期金额
公允价值变动收益（损失以“－”号填列）		
信用减值损失（损失以“－”号填列）		
资产减值损失（损失以“－”号填列）	－586 522.68	－336 256.36
资产处置收益（损失以“－”号填列）		
二、营业利润（亏损以“－”号填列）	6 134 435.40	1 237 683.00
加：营业外收入		
减：营业外支出	84 420.51	68 255.63
三、利润总额（亏损总额以“－”号填列）	6 050 014.89	1 169 427.37
减：所得税费用	1 512 503.72	292 356.84
四、净利润（净亏损以“－”号填列）	4 537 511.17	877 070.53
（一）持续经营净利润（净亏损以“－”号填列）		
（二）终止经营净利润（净亏损以“－”号填列）		
五、其他综合收益的税后净额		
（一）不能重分类进损益的其他综合收益		
1. 重新计量设定受益计划变动额		
2. 权益法下不能转损益的其他综合收益		
3. 其他权益工具投资公允价值变动		
4. 企业自身信用风险公允价值变动		
……		
（二）将重分类进损益的其他综合收益		
1. 权益法下可转损益的其他综合收益		
2. 其他债权投资公允价值变动		
3. 金融资产重分类计入其他综合收益的金额		
4. 其他债券投资信用减值准备		
5. 现金流量套期储备		
6. 外币财务报表折算差额		
……		
六、综合收益总额		
七、每股收益：		
（一）基本每股收益		
（二）稀释每股收益		

2. 购入固定资产

天津诚豆跨境电子商务有限公司于2023年10月购入一批电脑设备，选择一次性扣除，不含税总价为12万元，11月正式投入使用，会计上按照2年计提折旧，税法规定电子设备最低折旧年限为3年，不考虑残值。

3. 无票支出

表4-1中的销售费用中有386 553.22元为天津诚豆跨境电子商务有限公司发生在境外的仓储费、配送费及亚马逊等海外网购平台收取的销售佣金，截至12月底仍未取得这些费用境外具有发票性质的收款凭证。

4. 行政罚款、滞纳金及违约金

表4-1中的营业外支出中有14 420.51元为税务机关对天津诚豆跨境电子商务有限公司作出的税务行政处罚罚款及滞纳金，70 000元为因违反购货合约向其供应商支付的违约金。

四、业务处理和实训成果

（一）判断相关资料对企业所得税预缴的影响

1. 固定资产一次性扣除处理

2023年11月，投入使用新购入的电脑设备选择一次性扣除，次月开始计提折旧，即12月开始计提折旧，2023年该批电脑设备在会计上只能计提一个月的折旧。会计上按照2年计提折旧，税法规定电子设备最低折旧年限为3年，不考虑残值。相关计算如下：

会计上计提的折旧额＝120 000（原值）÷2（会计折旧年限）÷12（月）＝5 000（元/月）

税前可一次性扣除120 000元，且季度预缴时可以享受，因此预缴时可纳税调减115 000元（120 000－5 000）。

享受资产加速折旧、摊销和一次性扣除优惠政策的纳税人季度预缴时需要填报A201020《资产加速折旧、摊销（扣除）优惠明细表》。

1）第2列“账载折旧\摊销金额”

本列填报纳税人按照相关文件规定享受资产加速折旧、摊销和一次性扣除优惠政策的资产，会计核算的本年资产折旧额、摊销额。由于该电脑于12月开始计提折旧，故该列填写会计计提的12月折旧额5 000元。

2）第3列“按照税收一般规定计算的折旧\摊销金额”

本列填报纳税人按照相关文件规定享受资产加速折旧、摊销优惠政策的资产，按照税收一般规定计算的允许税前扣除的本年资产折旧、摊销额；享受一次性扣除的资产，本列填报该资产按照税法一般规定计算的一个月的折旧、摊销金额，即为3 333.33元。具体计算如下：

按照税法一般规定计算的折旧额＝120 000（原值）÷3（税法规定最低折旧年限）÷12（月）＝3 333.33（元/月）

3）第 4 列“享受加速政策计算的折旧\摊销金额”

本列填报纳税人按照相关文件规定享受资产加速折旧、摊销和一次性扣除优惠政策的资产，按照税收规定的加速折旧、摊销方法计算的本年资产折旧、摊销额和按上述文件规定一次性税前扣除的金额。该案例符合一次性扣除，即该列填写 120 000 元。

4）第 5 列“纳税调减金额”

纳税人按照相关文件规定享受资产加速折旧、摊销和一次性扣除优惠政策的资产，在列次填报时间口径规定的期间内，根据会计折旧、摊销金额与税收加速折旧、摊销金额填报：

当会计折旧、摊销金额小于等于税收折旧、摊销金额时，该项资产的“纳税调减金额”=“享受加速政策计算的折旧\摊销金额”−“账载折旧\摊销金额”。

当会计折旧、摊销金额大于税收折旧、摊销金额时，该项资产的“纳税调减金额”按 0 填报。

本案例第 5 列填写 115 000 元（120 000−5 000）。

具体填报界面如图 4-3 所示。

报表列表 | 资产加速折旧、摊销(扣除)优惠明细表

资产加速折旧、摊销（扣除）优惠明细表

行次	优惠代码	优惠事项	本年享受优惠的资产原值	本年累计折旧、摊销（扣除）金额				
				账载折旧\摊销金额	按照税收一般规定计算的折旧\摊销金额	享受加速政策计算的折旧\摊销金额	纳税调减金额	享受加速政策优惠金额
			1	2	3	4	5	6（4-3）
1	一、加速折旧、摊销（不含一次性扣除，1.1+1.2+……）		0.00	0.00	0.00	0.00	0.00	0.00
1.1			0.00	0.00	0.00	0.00	0.00	0.00
1.2			0.00	0.00	0.00	0.00	0.00	0.00
1.3			0.00	0.00	0.00	0.00	0.00	0.00
1.4			0.00	0.00	0.00	0.00	0.00	0.00
2	二、固定资产、无形资产一次性扣除（2.1+2.2+……）		120,000.00	5,000.00	3,333.33	120,000.00	115,000.00	116,666.67
2.1	500万元以下设备器具一次性扣除		120,000.00	5,000.00	3,333.33	120,000.00	115,000.00	116,666.67

图 4-3 《资产加速折旧、摊销（扣除）优惠明细表》（部分）的填报界面

2. 无票支出处理

《企业所得税税前扣除凭证管理办法》（国家税务总局公告 2018 年第 28 号）第六条规定，企业应在当年度企业所得税法规定的汇算清缴期结束前取得税前扣除凭证；第十一条规定，企业从境外购进货物或者劳务发生的支出，以对方开具的发票或者具有发票性质的收款凭证、相关税费缴纳凭证作为税前扣除凭证。因此，若 2024 年 5 月 31 日前公司就上述境外支出业务仍未取得收款凭证，则需要在企业所得税汇算清缴时对该部分支出进行纳税调增，但季度预缴时企业无须纳税调整。

3. 行政罚款、滞纳金及违约金处理

根据企业所得税政策的规定，税务行政处罚罚款及滞纳金不得在企业所得税前扣除，但因违反购货合约支付给供应商的违约金可以在企业所得税前扣除。行政罚款和滞纳金需要在汇算清缴时纳税调增，季度预缴无须纳税调整。

提示

企业所得税的基本税率为25%。按年计征，分月或者分季度预缴，年终汇算清缴，多退少补。按月或按季预缴的，应当月份或者季度终了之日起15日内，向税务机关报送预缴企业所得税纳税申报表，预缴税款。相关计算公式如下：

$$\text{本季度应补(退)所得税额}=\text{实际利润额}\times\text{适用税率}-\text{减免所得税额}-\text{本年实际已缴纳所得税额}-\text{特定业务预缴(征)所得税额}$$

$$\text{实际利润额}=\text{利润总额}+\text{特定业务计算的应纳税所得额}-\text{资产加速折旧、摊销(扣除)调减额}-\text{不征税收入}-\text{免税收入、减计收入、加计扣除}-\text{所得减免}-\text{弥补以前年度亏损}$$

(二) 本季度预缴所得税额的计算

1. 小型微利企业的判断

从业务资料可知，天津诚豆跨境电子商务有限公司的从业人数不超过300人，符合小型微利企业的条件，但其资产总额已经超过5 000万元，因此判断其不符合小型微利企业的条件。以资产总额为例，季度平均值计算如下：

第一季度平均值＝(5 011.26＋5 026.47)÷2＝5 018.865(万元)

第二季度平均值＝(5 026.47＋5 010.56)÷2＝5 018.515(万元)

第三季度平均值＝(5 010.56＋5 012.32)÷2＝5 011.44(万元)

第四季度平均值＝(5 012.32＋5 629.98)÷2＝5 321.15(万元)

季度平均值＝(5 018.865＋5 018.515＋5 011.44＋5 321.15)÷4＝5 092.49(万元)

2. 本期应补税额的计算

实际利润额＝6 050 014.89(利润总额本年累计数)－115 000(固定资产一次性扣除调减额)＝5 935 014.89(元)

本期应补所得税额＝5 935 014.89×25%－1 112 825.30(本年实际已预缴税额)＝370 928.42(元)

提示

小型微利企业是指从事国家非限制和禁止行业，且同时符合年度应纳税所得额不超过300万元、从业人数不超过300人、资产总额不超过5 000万元三个条件的企业。

(三) 实训成果

在税务实训平台完成企业所得税季度预缴申报实训，《中华人民共和国企业所得税月(季)度预缴纳税申报表(A类)》(部分)的填写结果如图4-4所示。

	预缴税款计算	本年累计
1	营业收入	7 862 987.93
2	营业成本	3 705 894.75
3	利润总额	6 050 014.89
4	加：特定业务计算的应纳税所得额	
5	减：不征税收入	
6	减：资产加速折旧、摊销(扣除)调减额(填写 A201020)	115 000.00
7	减：免税收入、减计收入、加计扣除(7.1+7.2+…)	
7.1	(填写优惠事项名称)	
7.2	(填写优惠事项名称)	
8	减：所得减免(8.1+8.2+…)	
8.1	(填写优惠事项名称)	
8.2	(填写优惠事项名称)	
9	减：弥补以前年度亏损	
10	实际利润额(3+4−5−6−7−8−9)\按照上一纳税年度应纳税所得额平均额确定的应纳税所得额	5 935 014.89
11	税率(25%)	25%
12	应纳所得税额(10×11)	1 483 753.72
13	减：减免所得税额(13.1+13.2+…)	
13.1	(填写优惠事项名称)	
13.2	(填写优惠事项名称)	
14	减：本年实际已缴纳所得税额	1 112 825.30
15	减：特定业务预缴(征)所得税额	
16	本期应补(退)所得税额(12−13−14−15)\税务机关确定的本期应纳所得税额	370 928.42

图 4-4 《中华人民共和国企业所得税月(季)度预缴纳税申报表(A 类)》(部分)的填写结果

知识链接

微课 4-1 企业的不征税收入和免税收入

动画 4-2 企业所得税纳税人

动画 4-3 企业所得税征税对象

实训操作

根据任务一的案例资料和业务数据在实训平台完成实训，进行系统评分并打印实训报告。

任务二　查账征收企业所得税汇算清缴

一、实训目的

掌握查账征收方式下企业所得税的计算方法；熟悉《中华人民共和国企业所得税年度纳税申报表(A类)》的填写方法；掌握查账征收企业所得税年度申报程序；在税务实训平台完成企业所得税年度申报。

业务要点

收入类项目纳税调整及报表填报；扣除类项目纳税调整及报表填报；资产类项目纳税调整及报表填报；企业所得税税收优惠及报表填报。

动画 4-4
企业所得税扣除项目

二、实训业务流程和实务操作

(一) 实训业务流程

查账征收企业所得税汇算清缴实训业务流程如图 4-5 所示。

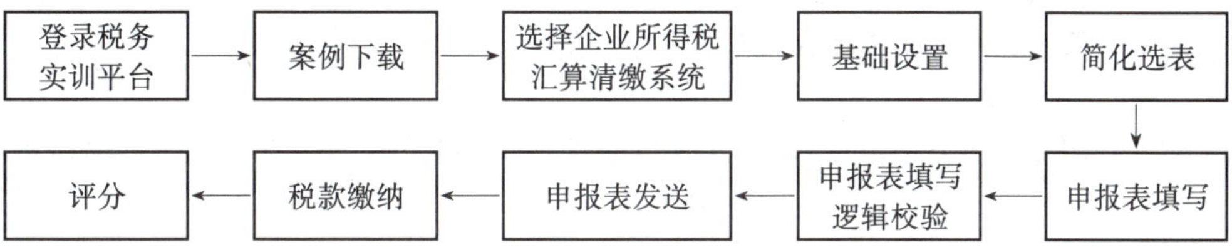

图 4-5　查账征收企业所得税汇算清缴实训业务流程

(二) 实务操作

查账征收《中华人民共和国企业所得税年度纳税申报表(A类)》的填写顺序如图 4-6 所示。

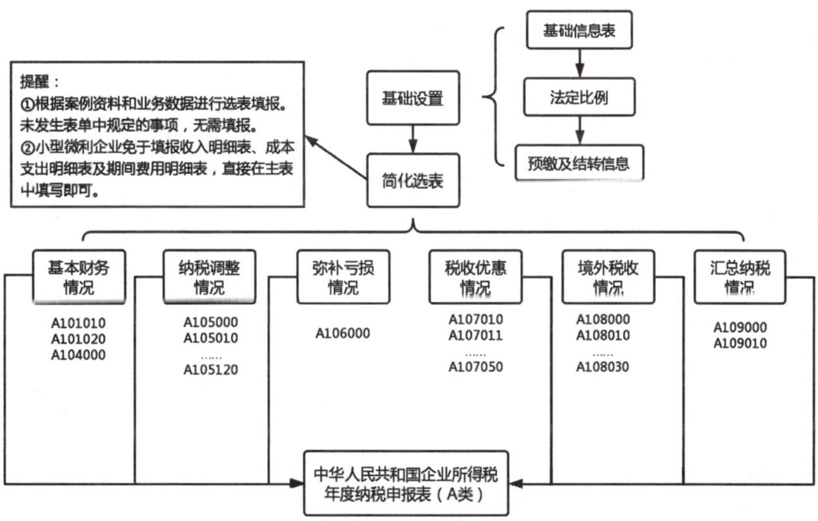

图 4-6　查账征收《中华人民共和国企业所得税年度纳税申报表(A类)》的填写顺序

教学录像 4-2
查账征收企业所得税汇算清缴

三、案例资料和业务数据

(一) 纳税人基础信息

衡信日用品有限公司是A市重点企业，税务登记日期为2016年3月12日，属于增值税一般纳税人，税务机关核定的企业所得税征收方式为查账征收，按照实际利润预缴方式预缴企业所得税。该公司为非跨地区经营企业，非上市公司；资产总额为800万元，从业人数为312人（无残疾人员、无国家鼓励安置的其他就业人员）。

股东信息：周凯（中国国籍，身份证号：330101196011120101），投资比例60%；李雅欣（中国国籍，身份证号：330101196505065233），投资比例40%。

所属行业：其他日用杂品制造

会计主管：方易元

适用的会计准则：企业会计准则（一般企业）

记账本位币：人民币

会计政策和估计是否发生变化：否

固定资产折旧方法：年限平均法

存货成本计价方法：先进先出法

坏账损失核算方法：备抵法

采用一般企业财务报表格式（2019年版）：是

(二) 业务资料

衡信日用品有限公司拟进行2022年度企业所得税汇算清缴，季度已经预缴所得税额1 826 581.38元。其他相关资料如下。

1. 利润表

衡信日用品有限公司2022年12月利润表如表4-2所示。

表4-2 利润表

会企02表

编制单位：衡信日用品有限公司　　2022年12月　　单位：元

项目	本期金额	上期金额
一、营业收入	122 088 000.00	11 100 000.00
减：营业成本	61 644 240.00	5 153 000.00
税金及附加	10 025 301.00	854 415.00
销售费用	19 180 000.00	1 683 300.00
管理费用	15 332 000.00	1 280 000.00
研发费用		
财务费用	847 754.79	72 325.00
其中：利息费用		
利息收入		
加：其他收益		

（续表）

项目	本期金额	上期金额
投资收益(损失以“－”号填列)	3 161 221.83	4 330 765.87
其中：对联营企业和合营企业的投资收益		
以摊余成本计量的金融资产终止确认收益(损失以“－”号填列)		
净敞口套期收益(损失以“－”号填列)		
公允价值变动收益(损失以“－”号填列)		
信用减值损失(损失以“－”号填列)		
资产减值损失(损失以“－”号填列)	－377 542.83	－288 546.77
资产处置收益(损失以“－”号填列)		30 900.00
二、营业利润(亏损以“－”号填列)	17 842 383.21	6 130 079.10
加：营业外收入	180 000	
减：营业外支出	648 000.00	68 255.63
三、利润总额(亏损总额以“－”号填列)	17 374 383.21	6 061 823.47
减：所得税费用	1 826 581.38	1 515 455.87
四、净利润(净亏损以“－”号填列)	15 547 801.83	4 546 367.60
(一) 持续经营净利润(净亏损以“－”号填列)		
(二) 终止经营净利润(净亏损以“－”号填列)		
五、其他综合收益的税后净额		
(一) 不能重分类进损益的其他综合收益		
1. 重新计量设定受益计划变动额		
2. 权益法下不能转损益的其他综合收益		
3. 其他权益工具投资公允价值变动		
4. 企业自身信用风险公允价值变动		
……		
(二) 将重分类进损益的其他综合收益		
1. 权益法下可转损益的其他综合收益		
2. 其他债权投资公允价值变动		
3. 金融资产重分类计入其他综合收益的金额		
4. 其他债权投资信用减值准备		
5. 现金流量套期储备		
6. 外币财务报表折算差额		
……		
六、综合收益总额		
七、每股收益：		
(一) 基本每股收益		
(二) 稀释每股收益		

2. 收入明细表

衡信日用品有限公司 2022 年收入明细如表 4-3 所示。

表 4-3 收入明细表

一级科目	明细科目	账载金额(元)	备注
主营业务收入	销售货物	121 200 000.00	
劳务收入	提供劳务	888 000.00	
营业外收入	政府补助收入	180 000.00	企业不能提供规定资金专项用途的资金拨付文件

3. 成本明细表

衡信日用品有限公司 2022 年成本明细如表 4-4 所示。

表 4-4 成本明细表

一级科目	明细科目	账载金额(元)	备注
主营业务成本	销售货物	61 440 000.00	
劳务成本	提供劳务	204 240.00	
营业外支出	捐赠支出	500 000.00	通过市人民政府向灾区捐赠现金 500 000 元
	赞助支出	100 000.00	
	罚金、罚款	30 000.00	
	其他	18 000.00	违反借款合同规定支付银行罚款 18 000 元

4. 销售费用明细表

衡信日用品有限公司 2022 年销售费用明细如表 4-5 所示。

表 4-5 销售费用明细表

序号	项目明细	账载金额(元)	备注
1	差旅费	2 136 000.00	
2	广告费	17 044 000.00	本年发生广告宣传费支出 17 044 000元，其中不符合条件的广告支出为 44 000 元
合计		19 180 000.00	

表 4-5 中，广告费包括 2022 年公司将一批自产产品(适用的增值税税率为 13%)用于市场推广，该批自产产品不含税公允价值为 120 000 元，生产成本为 90 000 元。

5. 管理费用明细表

衡信日用品有限公司 2022 年管理费用明细如表 4-6 所示。

表 4-6　管理费用明细表

序号	项目明细	账载金额(元)	备注
1	工资	6 888 000.00	
2	职工福利费	1 015 000.00	
3	职工教育经费	193 010.00	
4	工会经费	137 760.00	
5	折旧费	200 000.00	
6	无形资产摊销	275 300.00	
7	办公费	1 454 230.00	
8	差旅费	1 150 000.00	
9	房租费	800 000.00	
10	基本社会保险	750 000.00	
11	资产维修费	450 000.00	
12	业务招待费	1 200 000.00	
13	其他费用	818 700.00	
合计		15 332 000.00	

6. 财务费用明细表

衡信日用品有限公司 2022 年财务费用明细如表 4-7 所示。

表 4-7　财务费用明细表

序号	项目明细	账载金额(元)	备注
1	利息支出	500 000.00	向银行借款产生
2	手续费	347 754.79	
合计		847 754.79	

7. 投资收益明细表

衡信日用品有限公司 2022 年投资收益明细如表 4-8 所示。

表 4-8　投资收益明细表

一级科目	项目明细	账载金额(元)	备注
投资收益	国债利息收入	1 503 021.62	
	股息	1 658 200.21	2020 年 7 月 5 日，衡信日用品有限公司直接投资 B 企业（统一社会信用代码：91330900265408290８)500 万元，占股 5%。2022 年 12 月 25 日，B 企业公布利润分配决定，衡信日用品有限公司获得股利 1 658 200.21 元

8. 资产折旧/摊销调整表

衡信日用品有限公司 2022 年资产折旧/摊销调整如表 4-9 所示。

表 4-9　资产折旧/摊销调整表　　金额单位：元

资产项目	会计				税法			
	初始成本	折旧年限（年）	折旧（摊销）额	累计折旧（摊销）额	计税基础	折旧年限（年）	折旧（摊销）额	累计折旧（摊销）额
办公家具	600 000	5	95 000.00	399 000.00	600 000	5	95 000.00	399 000.00
生产设备	1 050 000	10	105 000.00	483 000.00	1 550 000	10	155 000.00	697 500.00
无形资产（专利权）	4 130 000	15	275 333.33	1 101 333.32	4 130 000	15	275 333.33	1 101 333.32

9. 资产减值情况表

衡信日用品有限公司 2022 年资产减值情况如表 4-10 所示。

表 4-10　资产减值情况表　　单位：元

准备科目	期初余额	本期计提	本期转回	期末余额
坏账准备	154 150.00	377 542.83		531 692.83

10. 人工费用明细表

衡信日用品有限公司 2022 年人工费用明细如表 4-11 所示。

表 4-11　人工费用明细表　　单位：元

序号	费用项目	账载金额	实际发生额
1	工资、薪金支出	6 888 000.00	6 888 000.00
2	福利费用支出	1 015 000.00	1 015 000.00
3	职工教育经费支出	193 010.00	193 010.00
4	工会经费	137 760.00	137 760.00
5	基本社会保险	750 000.00	750 000.00

11. 其他费用调整明细表

衡信日用品有限公司 2022 年其他费用调整明细如表 4-12 所示。

表 4-12　其他费用调整明细表　　单位：元

项目	账载金额	税法	备注
罚金、罚款	30 000.00	0	工商罚款 30 000 元
赞助支出	100 000.00	0	关联企业赞助支出 100 000 元
与收入无关的支出	120 000.00	0	给购货方回扣 120 000 元

12. 以前年度盈亏情况表

衡信日用品有限公司以前年度盈亏情况如表 4-13 所示。

表 4-13 以前年度盈亏情况表

年度	盈利额(元)
2017	86 000.00
2018	25 000.00
2019	1 695 600.00
2020	2 805 822.00
2021	1 865 800.00

四、业务处理和实训成果

(一) 业务资料分析

1. 政府补助收入分析

根据表 4-3,公司取得的政府补助收入为 180 000 元,但无法提供资金专项用途的资金拨付文件,因此可以判断其不符合不征税收入的条件,该部分政府补助收入需要并入企业所得税应税收入,无须特殊处理。

2. 捐赠支出业务分析

根据表 4-4,公司通过市人民政府向灾区捐赠现金 500 000 元,属于公益性捐赠,在年度利润总额 12%以内的部分,准予在计算当年应纳税所得额时扣除。公司 2022 年利润总额为 17 374 383.21 元,因此当年公益性捐赠支出扣除限额为 2 084 925.99 元(17 374 383.21×12%)。公司捐赠的 500 000 元小于扣除限额 2 084 925.99 元,无须作纳税调整。捐赠支出在 A105070《捐赠支出及纳税调整明细表》填报。

3. 赞助支出分析

《中华人民共和国企业所得税法》(以下简称《企业所得税法》)规定赞助支出不得在企业所得税前扣除,根据表 4-4 可知 2022 年公司发生的赞助支出为 100 000 元,因此需要作纳税调增 100 000 元。

赞助支出纳税调增需要在 A105000《纳税调整项目明细表》第 21 行“(九)赞助支出”填写。

4. 工商罚款、银行罚款分析

《企业所得税法》规定罚金、罚款不得在企业所得税前扣除。但应注意区分行政罚款、罚金和经济罚款的区别。行政罚款、罚金和被没收财物的损失违反了国家相关法律,不允许在企业所得税前扣除,应作纳税调增处理;经济罚款,如合同违约金(包括银行罚息)、赔偿金、罚款和诉讼费等,只是不符合交易双方经济合同的约定,并且与生产经营相关,应允许在企业所得税前扣除,无须作纳税调整。

由表 4-4 和表 4-12 可知,2022 年公司有工商罚款 30 000 元、银行罚款 18 000 元。工商罚款是行政性罚款,因此无法在企业所得税前扣除,需要作纳税调增 30 000 元;而违反借款合同规定支付给银行的罚款可以在企业所得税前扣除，无须作纳税调整。

工商罚款纳税调增需要在A105000《纳税调整项目明细表》第19行"(七)罚金、罚款和被没收财产的损失"填写。

5. 广告费分析

1) 视同销售填报

根据业务资料可知，广告费中包括自产产品用于市场推广产生的费用，该部分广告费的账载金额为105 600元(120 000×13%+90 000)。自产产品用于市场推广，增值税和企业所得税都需要视同销售，企业所得税视同销售收入为其不含税公允价值120 000元，视同销售成本为90 000元，需要填写A105010《视同销售和房地产开发企业特定业务纳税调整明细表》，将视同销售收入120 000元填写在第3行"(二)用于市场推广或销售视同销售收入"，同时将视同销售成本90 000元填写在第13行"(二)用于市场推广或销售视同销售成本"。视同销售纳税调增30 000元(120 000－90 000)。

同时，根据《国家税务总局关于修订企业所得税年度纳税申报表有关问题的公告》(国家税务总局公告2019年第41号)的规定，企业将货物、财产、劳务用于捐赠、广告等用途时，进行视同销售纳税调整后，对应支出的会计处理与税收规定有差异需纳税调整的金额填报在A105000《纳税调整项目明细表》第30行"(十七)其他"，因此应将上述视同销售纳税调增的30 000元在A105000《纳税调整项目明细表》第30行"(十七)其他"中作相应的纳税调减。

2) 广告费扣除限额的计算

企业发生的符合条件的广告费和业务宣传费支出，除国务院财政、税务主管部门另有规定外，不超过当年销售(营业)收入15%的部分，准予扣除；超过部分，准予在以后纳税年度结转扣除。

企业在计算业务招待费、广告费和业务宣传费等费用扣除限额时，其销售(营业)收入额应包括视同销售(营业)收入额。

从上述政策可知，计算广告费限额的基数为当年的营业收入与视同销售收入之和，表4-2已给出营业收入为122 088 000元，视同销售收入为120 000元，因此广告费扣除限额的基数为122 208 000元(122 088 000+120 000)。

2022年广告费扣除限额的计算如下：

2022年广告费扣除限额＝122 208 000×15%＝18 331 200(元)

因此，2022年发生的广告费并未超过扣除限额，但是表4-5的备注显示本年的广告费中不符合条件的广告支出为44 000元，因此广告费需要作纳税调增44 000元。

公司应通过填写A105060《广告费和业务宣传费等跨年度纳税调整明细表》作纳税调整。

6. 业务招待费分析

企业发生的与生产经营活动有关的业务招待费支出，按照发生额的60%扣除，但最高不得超过当年销售(营业)收入的5‰。

根据表4-6可知，公司2022年发生的业务招待费为1 200 000元，其发生额的60%为720 000元(1 200 000×60%)。销售(营业)收入的5‰为611 040元(122 208 000×

5‰)。因此,2022 年可以在企业所得税前扣除的业务招待费支出为 611 040 元,需要作纳税调增 588 960 元(1 200 000－611 040)。

上述纳税调增需要填写在 A105000《纳税调整项目明细表》第 15 行“(三)业务招待费支出”。

7. 投资收益分析

国债利息收入与符合条件的居民企业之间的股息红利都属于免税收入。从表 4-8 可知,公司 2022 年取得国债利息收入 1 503 021.62 元,居民企业之间的股息红利为 1 658 200.21元。

其中,国债利息收入免税收入需要填写在 A107010《免税、减计收入及加计扣除优惠明细表》第 2 行“(一)国债利息收入免征企业所得税”。免税的股息、红利先在 A107011《符合条件的居民企业之间的股息、红利等权益性投资收益优惠明细表》填写,之后数据自动转入 A107010《免税、减计收入及加计扣除优惠明细表》。

8. 资产折旧摊销分析

根据表 4-9 可知,公司的生产设备的会计折旧额和税法折旧额不一致,是由固定资产原值与计税基础不同导致的,2022 年资产折旧需要纳税调减 50 000 元(155 000－105 000)。

对于资产折旧、摊销,不论企业是否涉及纳税调整,都需要填写在 A105080《资产折旧、摊销及纳税调整明细表》。

9. 坏账准备分析

企业计提的坏账准备金不得在企业所得税前扣除。根据表 4-10 可知,公司 2022 年计提坏账准备 377 542.83 元,因此需要作纳税调增 377 542.83 元。

资产减值准备金调整数据需要填写在 A105000《纳税调整项目明细表》第 33 行“(二)资产减值准备金”。

10. 职工薪酬分析

1) 职工福利费

企业发生的职工福利费支出,不超过工资、薪金总额 14%的部分,准予扣除。工资、薪金的 14%为 964 320 元(6 888 000×14%),从表 4-11 可知,公司 2022 年发生职工福利费 1 015 000 元,超过扣除限额 964 320 元,需要作纳税调增 50 680 元(1 015 000－964 320)。

2) 职工教育经费

企业发生的职工教育经费支出,不超过工资、薪金总额 8%的部分,准予在计算企业所得税应纳税所得额时扣除;超过部分,准予在以后纳税年度结转扣除。工资、薪金的 8%为 551 040 元(6 888 000×8%),从表 4-11 可知,公司 2022 年发生职工教育经费 193 010元,未超过扣除限额,无须作纳税调整。

3) 工会经费

企业拨缴的工会经费,不超过工资、薪金总额 2%的部分,准予扣除。工资、薪金的 2%为 137 760 元(6 888 000×2%),从表 4-11 可知,公司 2022 年发生工会经费 137 760 元,未超过扣除限额,无须作纳税调整。

人工费用明细需要填写在 A105050《职工薪酬支出及纳税调整明细表》。

11. 与收入无关的支出

根据表 4-12 可知，公司 2022 年发生与收入无关的支出 120 000 元，该支出是给购货方的回扣，不得在企业所得税前扣除，需要作纳税调增 120 000 元。公司应通过填写 A105000《纳税调整项目明细表》第 27 行“(十四)与取得收入无关的支出”作纳税调增。

(二) 企业所得税应补(退)税额的计算

公司 2022 年应纳税所得额的计算如下：

应纳税所得额＝17 374 383.21(利润总额)＋100 000(赞助支出调增)＋30 000(工商罚款调增)＋44 000(广告费调增)＋588 960(业务招待费调增)－1 503 021.62(免税收入)－1 658 200.21(免税收入)－50 000(折旧调减)＋377 542.83(坏账准备调增)＋50 680(福利费调增)＋120 000(与收入无关支出调增)＝15 474 344.21(元)

由于公司人数为 312 人，不符合小型微利企业的条件，适用的企业所得税税率为 25%。

公司 2022 年汇算清缴企业所得税应补(退)税额的计算如下：

应纳税额＝15 474 344.21×25%＝3 868 586.05(元)

应补税额＝3 868 586.05－1 826 581.38(季度已预缴税额)＝2 042 004.67(元)

(三) 实训成果

1. 部分纳税调整项目报表的填报

1) 视同销售和房地产开发企业特定业务纳税调整明细表

《视同销售和房地产开发企业特定业务纳税调整明细表》的填报结果如图 4-7 所示。

视同销售和房地产开发企业特定业务纳税调整明细表			
行次	项　　目	税收金额	纳税调整金额
		1	2
1	一、视同销售（营业）收入（2+3+4+5+6+7+8+9+10）	120,000.00	120,000.00
2	（一）非货币性资产交换视同销售收入	0.00	0.00
3	（二）用于市场推广或销售视同销售收入	120,000.00	120,000.00
4	（三）用于交际应酬视同销售收入	0.00	0.00
5	（四）用于职工奖励或福利视同销售收入	0.00	0.00
6	（五）用于股息分配视同销售收入	0.00	0.00
7	（六）用于对外捐赠视同销售收入	0.00	0.00
8	（七）用于对外投资项目视同销售收入	0.00	0.00
9	（八）提供劳务视同销售收入	0.00	0.00
10	（九）其他	0.00	0.00
11	二、视同销售（营业）成本（12+13+14+15+16+17+18+19+20）	90,000.00	-90,000.00
12	（一）非货币性资产交换视同销售成本	0.00	0.00
13	（二）用于市场推广或销售视同销售成本	90,000.00	-90,000.00

图 4-7 《视同销售和房地产开发企业特定业务纳税调整明细表》的填报结果

2) 职工薪酬支出及纳税调整明细表

《职工薪酬支出及纳税调整明细表》的填报结果如图 4-8 所示。

职工薪酬支出及纳税调整明细表						
项　　目	账载金额	实际发生额	税收规定扣除率	以前年度累计结转扣除额	税收金额	纳税调整金额
	1	2	3	4	5	6（1-5）
一、工资薪金支出	6,888,000.00	6,888,000.00	*	*	6,888,000.00	0.00
其中：股权激励	0.00	0.00	*	*	0.00	0.00
二、职工福利费支出	1,015,000.00	1,015,000.00	14.00%	*	964,320.00	50,680.00
三、职工教育经费支出	193,010.00	193,010.00	*	0.00	193,010.00	0.00
其中：按税收规定比例扣除的职工教育经费	193,010.00	193,010.00	8.00%	0.00	193,010.00	0.00
按税收规定全额扣除的职工培训费用	0.00	0.00	100.00%	*	0.00	0.00
四、工会经费支出	137,760.00	137,760.00	2.00%	*	137,760.00	0.00
五、各类基本社会保障性缴款	750,000.00	750,000.00	*	*	750,000.00	0.00
六、住房公积金	0.00	0.00	*	*	0.00	0.00
七、补充养老保险	0.00	0.00	5.00%	*	0.00	0.00
八、补充医疗保险	0.00	0.00	5.00%	*	0.00	0.00
九、其他	0.00	0.00	*	*	0.00	0.00
合计（1+3+4+7+8+9+10+11+12）	8,983,770.00	8,983,770.00	*	0.00	8,933,090.00	50,680.00

图 4-8 《职工薪酬支出及纳税调整明细表》的填报结果

3）捐赠支出及纳税调整明细表

《捐赠支出及纳税调整明细表》的填报结果如图 4-9 所示。

捐赠支出及纳税调整明细表					
项　目	账载金额	以前年度结转可扣除的捐赠额	按税收规定计算的扣除限额	税收金额	纳税调增金额
	1	2	3	4	5
一、非公益性捐赠	0.00	*	*	*	0.00
二、限额扣除的公益性捐赠（3+4+5+6）	500,000.00	0.00	2,084,925.99	500,000.00	0.00
前三年度（2019年）	*	0.00	*	*	*
前二年度（2020年）	*	0.00	*	*	*
前一年度（2021年）	*	0.00	*	*	*
本年（2022年）	500,000.00	*	2,084,925.99	500,000.00	0.00
三、全额扣除的公益性捐赠	0.00	*	*	0.00	*

图 4-9 《捐赠支出及纳税调整明细表》的填报结果

4）纳税调整项目明细表

《纳税调整项目明细表》收入类调整项目的填报结果如图 4-10 所示。

纳税调整项目明细表					
行次	项　　目	账载金额	税收金额	调增金额	调减金额
		1	2	3	4
1	一、收入类调整项目（2+3+4+5+6+7+8+10+11）	0	0	120,000.00	0.00
2	（一）视同销售收入（填写A105010）	0	120,000.00	120,000.00	0
3	（二）未按权责发生制原则确认的收入（填写A105020）	0.00	0.00	0.00	0.00
4	（三）投资收益（填写A105030）	0.00	0.00	0.00	0.00
5	（四）按权益法核算长期股权投资对初始投资成本调整确认收益	0	0	0	0.00
6	（五）交易性金融资产初始投资调整	0	0	0.00	0
7	（六）公允价值变动净损益	0.00	0	0.00	0.00
8	（七）不征税收入	0	0	0.00	0.00
9	其中：专项用途财政性资金（填写A105040）	0	0	0.00	0.00
10	（八）销售折扣、折让和退回	0.00	0.00	0.00	0.00
11	（九）其他	0.00	0.00	0.00	0.00

图 4-10 《纳税调整项目明细表》收入类调整项目的填报结果

《纳税调整项目明细表》扣除类调整项目的填报结果如图 4-11 所示。

12	二、扣除类调整项目（13+14+…24+26+27+28+29+30）	0	0	933,640.00	120,000.00
13	（一）视同销售成本（填写A105010）	0	90,000.00	0	90,000.00
14	（二）职工薪酬（填写A105050）	8,983,770.00	8,933,090.00	50,680.00	0.00
15	（三）业务招待费支出	1,200,000.00	611,040.00	588,960.00	0
16	（四）广告费和业务宣传费支出（填写A105060）	0	0	44,000.00	0.00
17	（五）捐赠支出（填写A105070）	500,000.00	500,000.00	0.00	0.00
18	（六）利息支出	0.00	0.00	0.00	0.00
19	（七）罚金、罚款和被没收财物的损失	30,000.00	0	30,000.00	0
20	（八）税收滞纳金、加收利息	0.00	0	0.00	0
21	（九）赞助支出	100,000.00	0	100,000.00	0
22	（十）与未实现融资收益相关在当期确认的财务费用	0.00	0.00	0.00	0.00
23	（十一）佣金和手续费支出（保险企业填写A105060）	0.00	0.00	0.00	0.00
24	（十二）不征税收入用于支出所形成的费用	0	0	0.00	0
25	其中：专项用途财政性资金用于支出所形成的费用（填写A105040）	0	0	0.00	0
26	（十三）跨期扣除项目	0.00	0.00	0.00	0.00
27	（十四）与取得收入无关的支出	120,000.00	0	120,000.00	0
28	（十五）境外所得分摊的共同支出	0	0	0.00	0
29	（十六）党组织工作经费	0.00	0.00	0.00	0.00
30	（十七）其他	105,600.00	135,600.00	0.00	30,000.00

图 4-11 《纳税调整项目明细表》扣除类调整项目的填报结果

《纳税调整项目明细表》资产类调整项目的填报结果如图 4-12 所示。

31	三、资产类调整项目（32+33+34+35）	0.00	0.00	377,542.83	50,000.00
32	（一）资产折旧、摊销（填写A105080）	475,333.33	525,333.33	0.00	50,000.00
33	（二）资产减值准备金	377,542.83	0	377,542.83	0.00
34	（三）资产损失（填写A105090）	0.00	0.00	0.00	0.00
35	（四）其他	0.00	0.00	0.00	0.00

图 4-12 《纳税调整项目明细表》资产类调整项目的填报结果

2. 免税收入的填报

《免税、减计收入及加计扣除优惠明细表》的填报结果如图 4-13 所示。

免税、减计收入及加计扣除优惠明细表		
行次	项　　目	金　额
1	一、免税收入（2+3+9+…+16）	3,161,221.83
2	（一）国债利息收入免征企业所得税	1,503,021.62
3	（二）符合条件的居民企业之间的股息、红利等权益性投资收益免征企业所得税（4+5+6+7+8）	1,658,200.21
4	1.一般股息红利等权益性投资收益免征企业所得税（填写A107011）	1658200.21

图 4-13 《免税、减计收入及加计扣除优惠明细表》的填报结果

3. 年度纳税申报主表的填报

年度纳税申报表主表的填报结果如图 4-14 所示。

行次	类别	项目	金额
14		减：境外所得（填写A108010）	0.00
15		加：纳税调整增加额（填写A105000）	1,431,182.83
16		减：纳税调整减少额（填写A105000）	170,000.00
17		减：免税、减计收入及加计扣除（填写A107010）	3,161,221.83
18	应纳税所得额计算	加：境外应税所得抵减境内亏损（填写A108000）	0.00
19		四、纳税调整后所得（13-14+15-16-17+18）	15,474,344.21
20		减：所得减免（填写A107020）	0.00
21		减：弥补以前年度亏损（填写A106000）	0.00
22		减：抵扣应纳税所得额（填写A107030）	0.00
23		五、应纳税所得额（19-20-21-22）	15,474,344.21
24		税率（25%）	25.00%
25		六、应纳所得税额（23×24）	3,868,586.05
26		减：减免所得税额（填写A107040）	0.00
27		减：抵免所得税额（填写A107050）	0.00
28		七、应纳税额（25-26-27）	3,868,586.05
29		加：境外所得应纳所得税额（填写A108000）	0.00
30	应纳税额计算	减：境外所得抵免所得税额（填写A108000）	0.00
31		八、实际应纳所得税额（28+29-30）	3,868,586.05
32		本年累计实际已缴纳的所得税额	1,826,581.38
33		九、本年应补（退）所得税额（31-32）	2,042,004.67

图 4-14 年度纳税申报表主表的填报结果

注意

企业所得税的扣除项目应严格区分行政罚款、罚金和经济罚款的区别。行政罚款、罚金和被没收财物的损失源于企业违反了国家相关法律，不允许在企业所得税前扣除，应作纳税调增处理；经济罚款，如合同违约金（包括银行罚息）、赔偿金、罚款和诉讼费等，只是因为不符合交易双方经济合同的约定产生的，并且与生产经营相关，应允许企业所得税前扣除，不需作纳税调整。

知识链接

动画 4-5
企业所得税收入

微课 4-2
企业所得税不得扣除项目

实训操作

根据任务二的案例资料和业务数据在实训平台完成实训，进行系统评分并打印实训报告。

任务三　核定征收企业所得税汇算清缴

一、实训目的

了解可以核定征收企业所得税的情形；了解核定征收企业所得税的方法；掌握采用应税所得率方式核定征收企业所得税的计算方法；正确填写《中华人民共和国企业所得税月（季）度预缴和年度纳税申报表（B类，2018年版）》；在税务实训平台完成核定征收企业所得税汇算清缴。

业务要点

税务机关应在每年6月底前对上年度实行核定征收企业所得税的纳税人进行重新鉴定。重新鉴定工作完成前，纳税人可暂按上年度的核定征收方式预缴企业所得税；重新鉴定工作完成后，纳税人按重新鉴定的结果进行税务调整。

微课 4-3
企业所得税核定征收

二、实训业务流程和实务操作

（一）实训业务流程

核定征收企业所得税汇算清缴实训业务流程如图4-15所示。

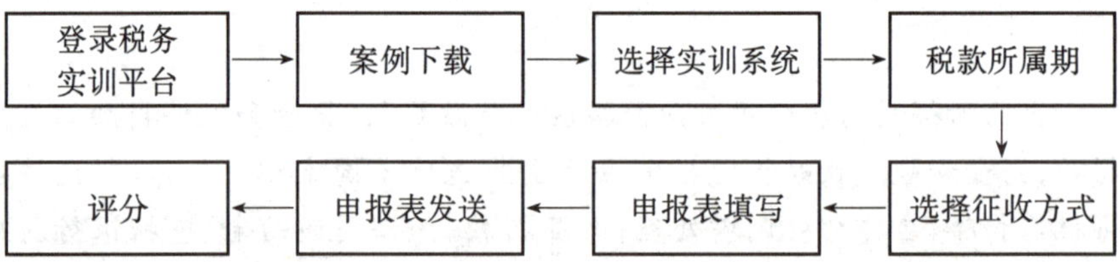

图4-15　核定征收企业所得税汇算清缴实训业务流程

（二）实务操作

核定征收企业所得税汇算清缴时，根据不同情形，企业在填写《中华人民共和国企业所得税月（季）度预缴和年度纳税申报表（B类，2018年版）》时需要填报不同的栏次。核定征收方式为“核定应税所得率（能核算收入总额的）”的纳税人填报该表第1行至第21行；核定征收方式为“核定应税所得率（能核算成本费用总额的）”的纳税人填报该表第12行至第21行。

教学录像 4-3
核定征收企业所得税操作

三、案例资料和业务数据

（一）纳税人基础信息

杭州云朵电子商务有限公司属于中国（杭州）跨境电子商务综合试验区注册的电商企业，税务机关核定该公司企业所得税的征收方式为核定征收，采用收入应税所得率方式核定征收企业所得税，应税所得率为4%。

该公司2022年全年平均从业人数为80人，资产总额为3 800万元。

(二) 业务资料

该公司按季度预缴税款，年度终了后5个月内汇算清缴，多退少补。企业所得税纳税年度申报的税款所属期限为2022年。相关业务资料如下：

(1) 公司2022年会计核算的收入总额为60 280 000元。2022年季度累计已预缴所得税额94 760元。

(2) 公司2022年的收入总额中包括取得国债利息收入40万元。

(3) 公司于2022年12月31日向杭州乐乐物流有限公司提供借款服务，合同约定借款期限为3年(2023—2025年)，利息按年支付，合同约定杭州乐乐物流有限公司应于2022年12月31日向公司支付第一年利息金额120 000元，公司未将该部分金额计入2022年收入总额。

注意

税务机关应根据纳税人的具体情况，确定核定征收企业所得税的方式，对核定征收企业所得税的纳税人，核定应税所得率或者核定应纳所得税额。

具有下列情形之一的，核定其应税所得率：

(1) 能正确核算(查实)收入总额，但不能正确核算(查实)成本费用总额的。

(2) 能正确核算(查实)成本费用总额，但不能正确核算(查实)收入总额的。

(3) 通过合理方法，能计算和推定纳税人收入总额或成本费用总额的。

纳税人不属于以上情形的，核定其应纳所得税额。

四、业务处理和实训成果

(一) 业务资料分析

1. 利息收入的纳税义务时间

根据《中华人民共和国企业所得税法实施条例》第十八条的规定，利息收入按照合同约定的债务人应付利息的日期确认收入的实现。

业务资料显示公司与杭州乐乐物流有限公司的借款合同中约定，杭州乐乐物流有限公司于2022年12月31日应向公司支付利息120 000元，该部分利息收入的纳税义务时间应为2022年，公司计算2022年企业所得税时收入总额应包含120 000元。

2. 应纳税所得额的计算

相关计算如下：

应税收入额＝(60 280 000.00＋120 000)(收入总额)－400 000(国债免税收入)＝60 000 000(元)

应纳税所得额＝60 000 000×4%(应税所得率)＝2 400 000(元)

3. 小型微利企业的判断

公司2022年全年平均从业人数为80人，资产总额为3 800万元，应纳税所得额为

240 万元，因此符合小型微利企业的三个条件。

由于 2022 年小型微利企业对于应纳税所得额不超过 100 万元的部分与超过 100 万元到 300 万元的部分政策不同，小型微利企业减免税额需要分段计算。

相关计算如下：

小型微利企业减免税额＝1 000 000×(25%－12.5%×20%)＋(2 400 000－1 000 000)×(25%－25%×20%)＝505 000(元)

4. 汇算清缴应补(退)税额的计算

相关计算如下：

本期应补(退)所得税额＝2 400 000×25%－505 000(小型微利企业减免税额)－94 760(季度已预缴税额)＝240(元)

因此，公司 2022 年汇算清缴时需补交企业所得税 240 元。

(二) 实训成果

将上述业务处理分析的相关数据填入《中华人民共和国企业所得税月(季)度预缴和年度纳税申报表(B 类，2018 年版)》，如表 4-14 所示。

表 4-14 中华人民共和国企业所得税月(季)度预缴和年度纳税申报表

(B 类，2018 年版)

税款所属期间：2022 年 01 月 01 日至 2022 年 12 月 31 日

纳税人识别号(统一社会信用代码)：91330106341780571F

纳税人名称：杭州云朵电子商务有限公司　　金额单位：人民币元(列至角分)

核定征收方式	☑核定应税所得率(能核算收入总额的) □核定应税所得率(能核算成本费用总额的) □核定应纳所得税额

按季度填报信息									
项目	一季度		二季度		三季度		四季度		季度平均值
	季初	季末	季初	季末	季初	季末	季初	季末	
从业人数									
资产总额(万元)									
国家限制或禁止行业	□是 □否				小型微利企业		□是 □否		

按年度填报信息			
从业人数(填写平均值)	80	资产总额(填写平均值，单位：万元)	3 800
国家限制或禁止行业	□是 ☑否	小型微利企业	☑是 □否

行次	项目	本年累计金额
1	收入总额	60 400 000.00
2	减：不征税收入	
3	减：免税收入(4+5+10+11)	400 000.00
4	国债利息收入免征企业所得税	400 000.00

（续表）

行次	项目	本年累计金额
5	符合条件的居民企业之间的股息、红利等权益性投资收益免征企业所得税(6+7.1+7.2+8+9)	
6	其中：一般股息红利等权益性投资收益免征企业所得税	
7	(1) 通过沪港通投资且连续持有H股满12个月取得的股息红利所得免征企业所得税	
	(2) 通过深港通投资且连续持有H股满12个月取得的股息红利所得免征企业所得税	
8	居民企业持有创新企业CDR取得的股息红利所得免征企业所得税	
9	符合条件的居民企业之间属于股息、红利性质的永续债利息收入免征企业所得税	
10	投资者从证券投资基金分配中取得的收入免征企业所得税	
11	取得的地方政府债券利息收入免征企业所得税	
12	应税收入额(1－2－3)\成本费用总额	60 000 000.00
13	税务机关核定的应税所得率	4.00%
14	应纳税所得额(第12×13行)\[第12行÷(1－第13行)×第13行]	2 400 000.00
15	税率(25%)	25%
16	应纳所得税额(14×15)	600 000.00
17	减：符合条件的小型微利企业减免企业所得税	505 000.00
18	减：实际已缴纳所得税额	94 760.00
19	本期应补(退)所得税额(16－17－18－L19)\税务机关核定本期应纳所得税额	240.00
20	民族自治地方的自治机关对本民族自治地方的企业应缴纳的企业所得税中属于地方分享的部分减征或免征(□ 免征 □ 减征：减征幅度______%)	
21	本期实际应补(退)所得税额	240.00

谨声明：本纳税申报表是根据国家税收法律法规及相关规定填报的，是真实的、可靠的、完整的。

纳税人(签章)： 年 月 日

经办人： 经办人身份证号： 代理机构签章： 代理机构统一社会信用代码：	受理人： 受理税务机关(章)： 受理日期： 年 月 日

国家税务总局监制

提示 小型微利企业无论按查账征收方式或核定征收方式缴纳企业所得税，均可享受小型微利企业所得税优惠政策。

知识链接

微课 4-4	微课 4-5	动画 4-6	动画 4-7
核定征收方式下应纳所得税额的计算及汇算清缴	不能核定征收企业所得税的企业	企业所得税应纳税额的计算	企业所得税的征收管理

实训操作

根据任务三的案例资料和业务数据在实训平台完成实训，进行系统评分并打印实训报告。

思政课堂

研发费用税前加计扣除政策　为企业自主研发扬帆起航

科学技术是第一生产力，是经济发展的决定性因素。在激烈的国际竞争中，国家如果没有自主创新的能力，就难以摆脱技术落后和受控的局面，难以实现经济大国的目标。只有自主创新和研发才是民族发展不竭的动力，只有科技才能成就未来。

企业研发费用税前加计扣除政策是国家激励和支持企业自主研发、自主创新所出台的政策。2008 年后，我国以法律法规的形式对企业研究开发费用加计扣除进行明确规定，并付诸实施。2015 年，我国大幅放宽享受优惠的研发活动及研发费用范围，并首次明确负面清单制度。2017 年，我国将科技型中小企业的加计扣除比例由 50%提高到 75%。2018 年，我国将所有符合条件行业的企业加计扣除比例由 50%提高到 75%，并允许企业委托境外研发费用按规定在税前加计扣除。2021 年，我国将制造业企业加计扣除比例从 75%提高到 100%，并首次允许企业 10 月预缴时提前对前三季度研发费用进行加计扣除。2022 年，我国对科技型中小企业加计扣除比例从 75%提高到 100%，将其他企业第四季度加计扣除比例从 75%提高到 100%，并允许企业在每年 10 月的申报期，就可以提前申报享受前三季度研发费用加计扣除的优惠。2023 年，《财政部 税务总局关于进一步完善研发费用税前加计扣除政策的公告》（财政部 税务总局公告 2023 年第 7 号）又进一步加大了优惠力度，将所有符合条件行业企业加计扣除比例由 75%提高到 100%，作为一项制度性安排长期实施；同年，为进一步鼓励企业研发创新，促进集成电路产业和工业母机产业高质量发展，《财政部 税务总局 国家发展改革委 工业和信息化部关于提高集成电路和工业母机企业研发费用加计扣除比例的公告》（财政部 税务总局 国家发展改革委 工业和信息化部公告 2023 年第 44 号），集成电路企业和工业母机企业开展研发活动中实际发生的研发费用，未形成无形资产计入当期损益的，在按规定据实扣除的基础上，在2023年1月1日至2027年12月31日，再按照实际发生额的120%在税前扣除；形成无形资产的，在上述期间按照无形资产成本的220%在税前摊销。

从以上政策可以看出，实施研发费用加计扣除政策，是党中央、国务院支持科技创新的重要举措，是国家创新驱动发展战略的重要体现，是一项利国惠企的重要政策，激发了企业自主研发创新的热情，有利于推动企业产业转型升级，以税收优惠政策"小入口"撬动企业创新"大作为"。习近平总书记指出："新征程是充满光荣和梦想的远征，没有捷径，唯有实干"。研发费用加计扣除政策的落地，必会让企业自主研发和科技创新扬帆起航，开拓新征程。

资料来源：考呀呀会计网校. 研发费用税前加计扣除政策的历史沿革[EB/OL].（2023-04-26）[2024-01-11]. https://www.kaoyaya.com/shicao/181101.html.

项目五

个人所得税预扣预缴实训

知识目标

1. 了解个人所得税的基本知识
2. 掌握综合所得个人所得税应纳税额的计算及预扣预缴申报流程
3. 掌握分类所得个人所得税应纳税额的计算及代扣代缴申报流程
4. 熟悉非居民所得个人所得税应纳税额的计算及申报流程

技能目标

1. 能够通过税务实训平台完成综合所得个人所得税预扣预缴申报
2. 能够通过税务实训平台完成分类所得个人所得税代扣代缴申报
3. 能够通过税务实训平台完成非居民所得个人所得税申报

素养目标

1. 通过学习个人所得税应纳税额的核算，培养严谨、认真的工作作风
2. 培养依法纳税意识和诚实守信的职业道德

任务一　综合所得个人所得税预扣预缴申报

一、实训目的

掌握综合所得个人所得税预扣预缴的计算方法；熟悉综合所得个人所得税预扣预缴申报程序；通过自然人电子税务局（扣缴端）采集人员信息、专项附加扣除信息；熟练填写综合所得预扣预缴表，包括员工工资、薪金所得，本期收入及免税收入，社保及公积金等项目；在税务实训平台完成综合所得个人所得税预扣预缴申报。

业务要点

采集专项附加扣除信息时，要判断业务属于哪项专项附加扣除；填写综合所得预扣预缴表时，根据业务在正确的所得项目中进行填报。由于个人所得税的申报期限为次月，实训过程中需要根据实训案例的税款所属期调整电脑时间。例如，实训案例的税款所属期为2024年1月，故在进入税务实训平台前，需把电脑右下角时间调整为2024年2月。

二、实训业务流程和实务操作

动画 5-1
认识个人所得税

(一) 实训业务流程

综合所得个人所得税预扣预缴申报实训业务流程如图 5-1 所示。

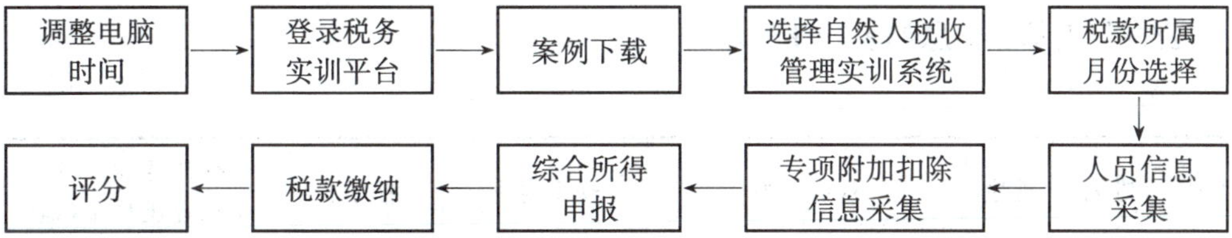

图 5-1　综合所得个人所得税预扣预缴申报实训业务流程

(二) 实务操作

综合所得申报实务操作如图 5-2 所示。

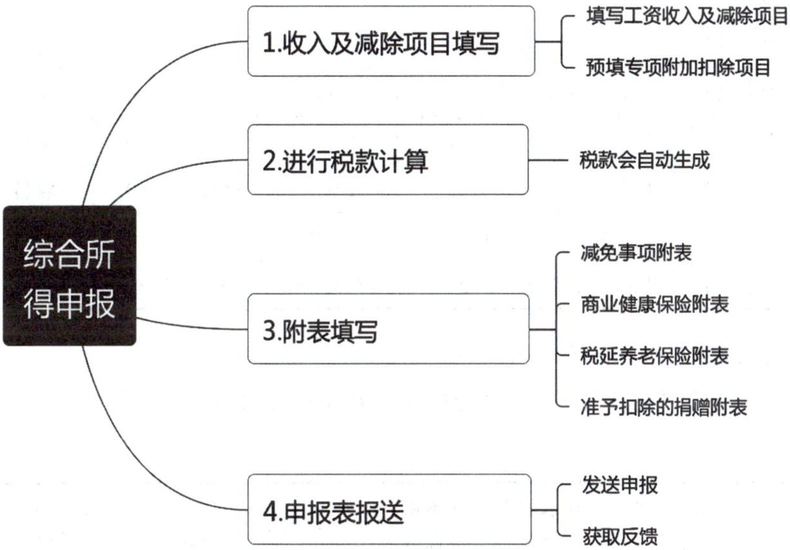

图 5-2　综合所得申报实务操作

教学录像 5-1
个人所得税
纳税申报

三、案例资料和业务数据

(一) 纳税人基础信息

纳税人名称：浙江七鸣教育科技有限公司

纳税人识别号：913322086043772195

纳税人资格：一般纳税人

成立日期：2015 年 10 月 5 日

法定代表人：何天仁

生产经营范围：技术开发、技术服务、技术咨询、成果转让；计算机网络技术、电子商务技术；服务：网页设计、市场营销策划等。

(二)业务资料

2024 年 1 月,浙江七鸣教育科技有限公司有 10 名境内人员。

请计算 2024 年 1 月浙江七鸣教育科技有限公司应扣缴员工工资、薪金的个人所得税税额,并进行纳税申报。

1. 员工基础信息

公司员工基础信息如表 5-1 所示。

表 5-1 员工基础信息表

工号	姓名	性别	身份证号	联系电话	任职日期	任职受雇从业类型	国籍(地区)
001	何天仁	男	23010119 8005040054	15668090034	2016-02-01	雇员	中国
002	陈体国	男	370101196911080017	18240063756	2016-02-05	雇员	中国
003	伊 晟	男	4601011985071 5007X	18723056453	2016-03-01	雇员	中国
004	赵瑞伟	男	2301011974041 50096	15254170806	2016-04-01	雇员	中国
005	肖 智	男	130183199001261701	18153230036	2017-05-02	雇员	中国
006	杨 李	男	23010119830619003X	15666068808	2017-06-01	雇员	中国
007	叶美珍	女	130283199307038081	15308190726	2017-08-09	雇员	中国
008	薛 明	男	130425199401156129	18092198023	2018-02-01	雇员	中国
009	林如海	男	130121199204041822	15606350829	2018-03-01	雇员	中国
010	张 霆	男	130582199203030026	18124329009	2018-04-01	雇员	中国

2. 员工工资、薪金与社保公积金

公司 2024 年 1 月员工工资、薪金与社保公积金明细如表 5-2 所示。

表 5-2 工资、薪金与社保公积金明细表

工号	姓名	应发工资合计	基本养老保险	基本医疗保险	失业保险	住房公积金	代扣个人所得税	实发工资
001	何天仁	12 000.00	244.00	61.00	15.00	300.00		
002	陈体国	8 000.00	244.00	61.00	15.00	800.00		
003	伊 晟	15 896.00	244.00	61.00	15.00	1 200.00		
004	赵瑞伟	12 563.21	244.00	61.00	15.00	1 200.00		
005	肖 智	5 968.00	244.00	61.00	15.00	500.00		
006	杨 李	9 861.36	244.00	61.00	15.00	900.00		
007	叶美珍	3 420.00	244.00	61.00	15.00	300.00		
008	薛 明	4 310.25	244.00	61.00	15.00	400.00		
009	林如海	6 930.09	244.00	61.00	15.00	600.00		
010	张 霆	4 692.30	244.00	61.00	15.00	300.00		

3. 员工的其他相关信息

收到总经理何天仁提交的专项附加扣除信息表，其家庭情况如下：妻子苏如（身份证号：500110198306192264）是家庭主妇，家中独子何雨浩（身份证号：130425200701156129）于2023年9月进入杭州市第二中学就读高一；何天仁也是家中独子，需赡养父亲何大勇（身份证号：370101195609290019）、母亲林如梅（身份证号：340801195707020125）。

提示

个人所得税的综合所得包括工资、薪金所得，劳务报酬所得，稿酬所得和特许权使用费所得。

四、业务处理和实训成果

（一）有专项附加扣除的工资、薪金所得个人所得税预缴的计算

本案例只有总经理何天仁有专项附加信息，因此以何天仁的个税计算为例。

1. 专项扣除的计算

通过表5-2可知，纳税人何天仁2024年1月可扣除的专项扣除为620元（244＋61＋15＋300）。

2. 专项附加扣除的计算

纳税人何天仁与其妻子育有一子，儿子正在读高一，可以享受子女教育专项附加扣除，扣除标准为2 000元/月。其妻子是一名家庭主妇，没有收入，故由何天仁一人扣除，2024年1月，可享受的子女教育专项附加扣除为2 000元。

纳税人何天仁的父母年龄均已超过60岁，故纳税人可享受赡养老人专项附加扣除，且其为家中独生子女，2024年1月其可享受的赡养老人专项附加扣除为3 000元。

何天仁2024年1月可享受的专项附加扣除合计为5 000元（2 000＋3 000）。

3. 个人所得税预扣预缴的计算

因为本案例税款所属期为2024年1月，为2024年的第一个月，之前没有预缴过税额，无须减除累计已预扣预缴的税额。何天仁工资、薪金应纳税所得额的计算如下：

工资、薪金应纳税所得额＝12 000（应发工资合计）－5 000（减除费用）－620（专项扣除）－5 000（专项附加扣除）＝1 380（元）

应纳税所得额不超过36 000元的，适用的税率为3%。2024年1月，何天仁应预扣预缴税额的计算如下：

预扣预缴税额＝1 380×3%＝41.4（元）

（二）无专项附加扣除的综合所得个人所得税预缴的计算

无专项附加扣除的综合所得个人所得税预缴的计算以员工陈体国为例。

通过表5-2可知，纳税人陈体国2024年1月可享受的专项扣除为1 120元（244＋61＋15＋800）。陈体国工资、薪金应纳税所得额和应预扣预缴税额的计算如下：

微课5-1
工资、薪金所得个人所得税预扣预缴的计算方法

工资、薪金应纳税所得额＝8 000(应发工资合计)－5 000(减除费用)－1 120(专项扣除)＝1 880(元)

预扣预缴税额＝1 880×3%＝56.40(元)

(三) 其余纳税人综合所得个人所得税预缴的计算

伊晟应预扣预缴税额＝[15 896－5 000－(244＋61＋15＋1 200)]×3%＝281.28(元)

赵瑞伟应预扣预缴税额＝[12 563.21－5 000－(244＋61＋15＋1 200)]×3%＝181.30(元)

肖智应预扣预缴税额＝[5 968－5 000－(244＋61＋15＋500)]×3%＝4.44(元)

杨李应预扣预缴税额＝[9 861.36－5 000－(244＋61＋15＋900)]×3%＝109.24(元)

林如海应预扣预缴税额＝[6 930.09－5 000－(244＋61＋15＋600)]×3%＝30.30(元)

张霆、叶美珍、薛明三位员工由于应发工资扣除专项扣除及减除费用后应纳税所得额小于0,2024年1月无须缴纳个人所得税。

(四) 实训成果

动画 5-2
个人所得税综合所得应纳税额的计算

在税务实训平台完成综合所得个人所得税预扣预缴申报实训。

1. 人员信息采集和专项附加扣除信息采集

进入自然人电子税务局(扣缴端)后,根据员工基础信息表进行“人员信息采集”,可以单个添加或者批量导入人员信息。完成人员信息采集后,根据业务资料对相关人员进行“专项附加扣除信息采集”。

何天仁子女教育、赡养老人专项附加扣除信息采集界面分别如图5-3、图5-4所示。

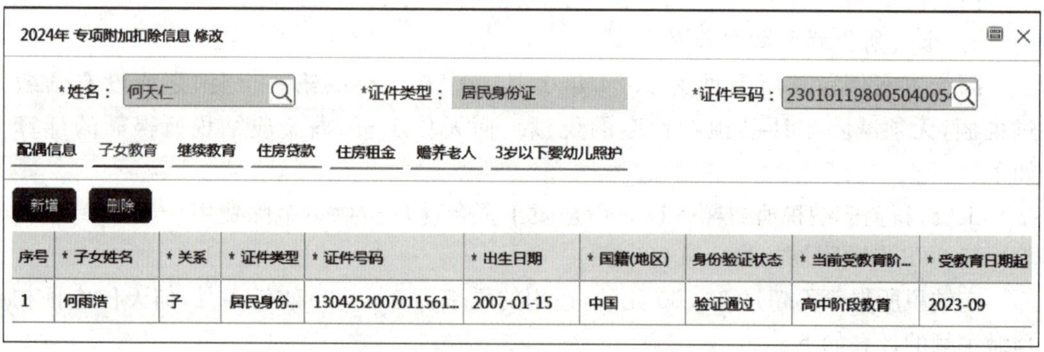

图5-3 子女教育专项附加扣除信息采集界面

2. 填写员工工资、薪金

员工工资、薪金的填入同样可以采用单个添加或批量导入的方式。在员工数较多的情况下,可以通过下载标准模板,根据业务资料中的工资保险明细表的数据将正常工资、薪金所得模板中本期收入、基本社保数据等栏次填写完成,最后导入模板数据即可。

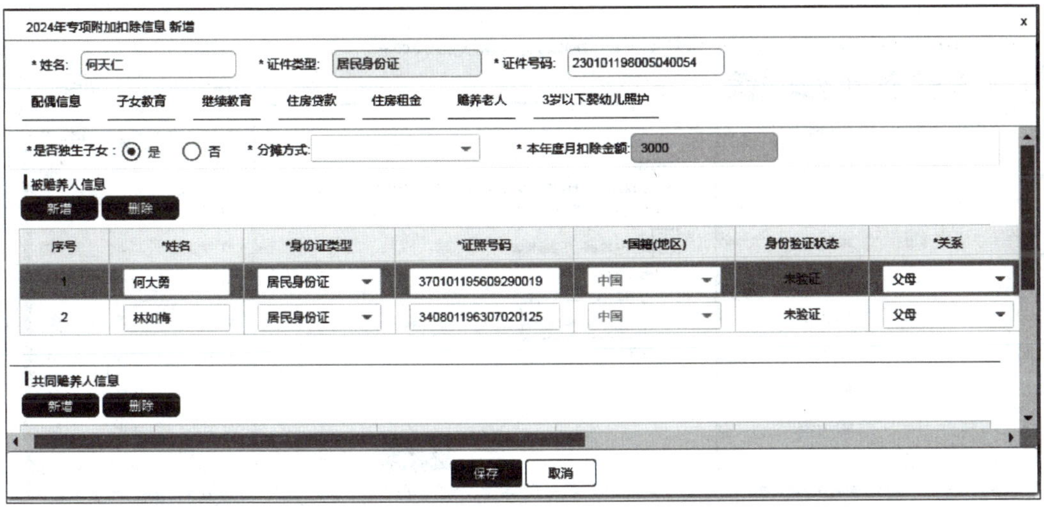

图 5-4　赡养老人专项附加扣除信息采集界面

正常工资、薪金所得模板数据导入后如图 5-5 所示，点击“提交数据”即可。导入本期收入及社保公积金等数据后，点击“预填扣除信息”，勾选“我确认需要进行自动预填”，点击“确认”即可，如图 5-6 所示。

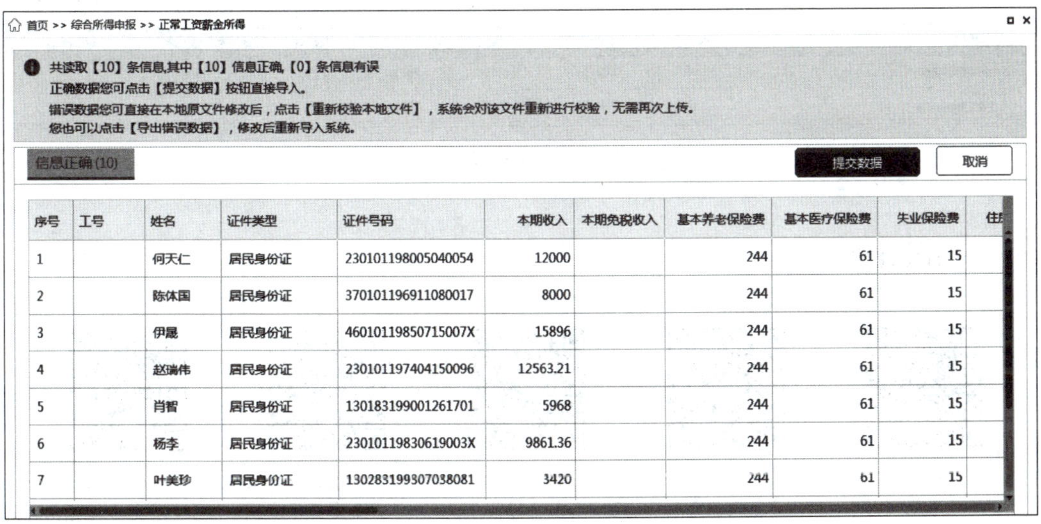

图 5-5　工资、薪金所得项目导入界面

3. 税款计算及申报表报送

正常工资、薪金所得及专项附加扣除信息填写完成后，点击“税款计算”，系统会自动计算应补(退)税额，由于该案例不涉及减免事项、捐赠及商业健康保险等情形，无须填写附表，直接点击“申报表报送”。

公司所有员工综合所得申报表报送成果如图 5-7 所示。

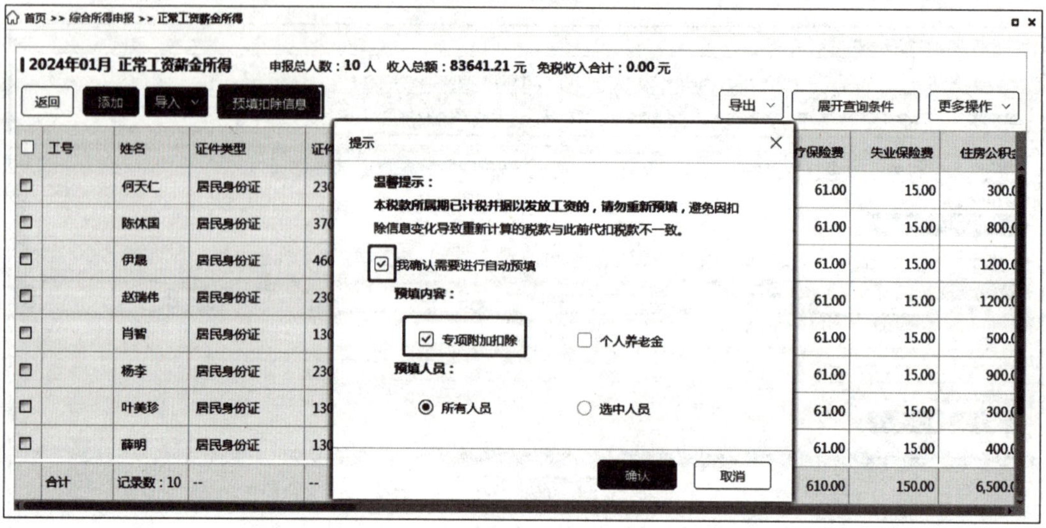

图 5-6　预填扣除信息确认界面

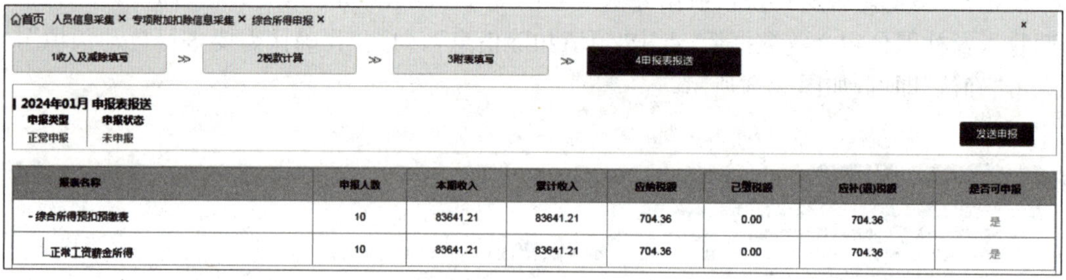

报表名称	申报人数	本期收入	累计收入	应纳税额	已缴税额	应补(退)税额	是否可申报
- 综合所得预扣预缴表	10	83641.21	83641.21	704.36	0.00	704.36	是
正常工资薪金所得	10	83641.21	83641.21	704.36	0.00	704.36	是

图 5-7　申报表报送成果

知识链接

微课 5-2 劳务报酬汇算清缴

微课 5-3 劳务报酬个人所得税预扣预缴计算方法

微课 5-4 个人所得税年度汇算的内容

微课 5-5 需要办理年度汇算的情形

微课 5-6 可享受的税前扣除及年度汇算办理时间

实训操作

根据任务一的案例资料和业务数据在实训平台完成实训，进行系统评分并打印实训报告。

任务二　分类所得个人所得税代扣代缴申报

一、实训目的

掌握财产租赁所得个人所得税的计算方法；计算财产租赁所得的应纳税所得额和应纳税额；熟悉自然人电子税务局（扣缴端）分类所得申报流程及原理；在税务实训平台完成分类所得个人所得税代扣代缴申报。

业务要点

(1) 财产租赁所得的个人所得税税率，特别注意个人出租房屋根据不同的情形适用的不同税率。

(2) 财产租赁所得税前扣除内容的顺序及金额标准。

二、实训业务流程和实务操作

(一) 实训业务流程

分类所得个人所得税代扣代缴申报实训业务流程如图 5-8 所示。

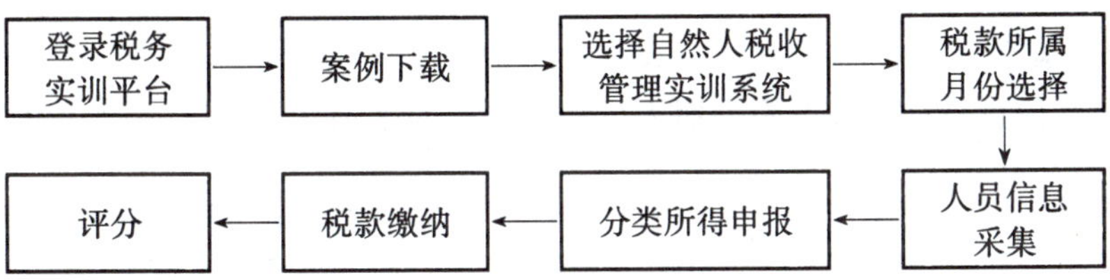

图 5-8　分类所得个人所得税代扣代缴申报实训业务流程

(二) 实务操作

分类所得申报实务操作如图 5-9 所示。

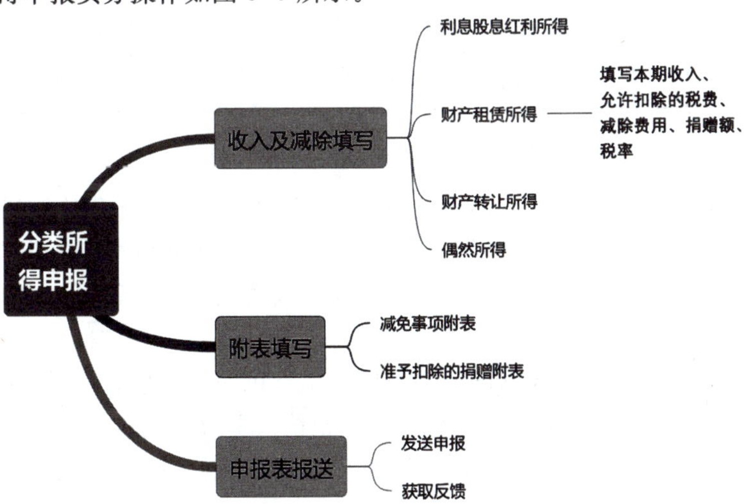

图 5-9　分类所得申报实务操作

教学录像 5-2
个人所得税纳税申报

三、案例资料和业务数据

（一）纳税人基础信息

纳税人名称：杭州东林信息教育科技有限公司

纳税人识别号：913322086043772196

所属行业：软件和信息技术服务业

纳税人资格：一般纳税人

企税核定类型：查账征收

纳税人状态：正常

成立日期：2015 年 10 月 5 日

经济性质：有限责任公司(自然人独资)

会计准则：企业会计准则(一般企业)

开户行及账号：中国农业银行滨江浦沿支行，22034857202384005

地址及电话：杭州市滨江区西兴街道南环路 1607 号，15138082945

生产经营地址：杭州市滨江区西兴街道南环路 1607 号

生产经营范围：技术开发、技术服务、销售：教育软件、教学仪器设备；服务：企业管理咨询，财务信息咨询，代理记账，收集、整理、储存和发布人才供求信息等。

（二）业务资料

1. 人员信息

杭州东林信息教育科技有限公司人员信息如表 5-3 所示。

表 5-3　人员信息表

工号	姓名	性别	身份证号	任职受雇从业类型	国籍(地区)
001	杨晓军	男	23010119 8005040054	其他	中国
002	王　林	女	23010119830619003X	其他	中国
003	赵　婷	女	350301199307170228	其他	中国

2. 业务信息

(1) 2024 年 1 月，杨晓军将自己闲置的一套住房按市场价格出租给杭州东林信息公司，租期半年，每月取得不含税租金 8 000 元；另外，每月发生准予扣除的其他税费 100 元。当月杨晓军还对住房进行简单修缮，发生修缮费用 1 500 元。以上费用均取得合法票据。

(2) 2024 年 1 月，王林将租入的一幢住房转租给杭州东林信息公司，王林向房东每月支付租金 2 000 元(能提供合法支付凭证)，转租使其每月向杭州东林信息公司收取租金 4 500 元(不含增值税)，租期为半年，出租住房每月实际缴纳增值税以外的税费为 180 元(有完税凭据)。

(3) 2024 年 1 月,杭州东林信息公司租用赵婷的一辆汽车用于做广告展示,租期 7 天,支付其报酬 3 000 元。

四、业务处理和实训成果

(一) 人员信息采集

人员信息采集界面如图 5-10 所示。

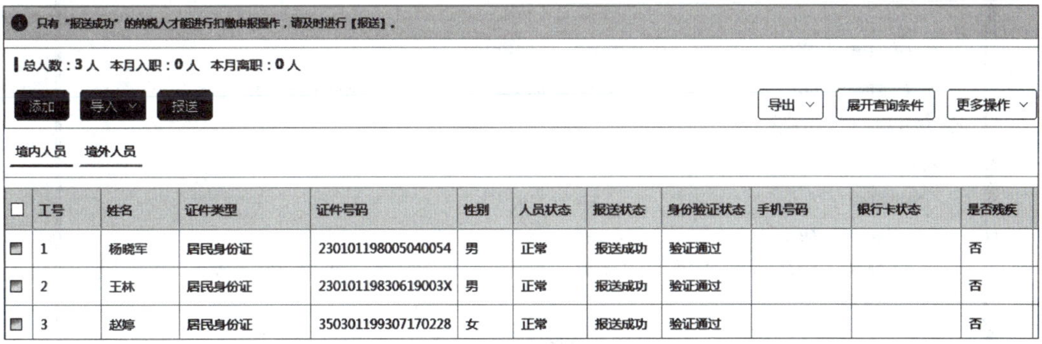

工号	姓名	证件类型	证件号码	性别	人员状态	报送状态	身份验证状态	手机号码	银行卡状态	是否残疾
1	杨晓军	居民身份证	230101198005040054	男	正常	报送成功	验证通过			否
2	王林	居民身份证	23010119830619003X	男	正常	报送成功	验证通过			否
3	赵婷	居民身份证	350301199307170228	女	正常	报送成功	验证通过			否

图 5-10　人员信息采集界面

(二) 根据业务资料计算个人所得税

1. 杨晓军个人出租住房所得

根据政策规定,对个人出租住房取得的所得暂减按 10%的税率征收个人所得税。

个人出租财产取得的财产租赁收入,在计算征税时,除可依法减除规定费用和有关税、费外,还准予扣除能够提供有效、准确凭证证明由纳税义务人负担的该出租财产实际开支的修缮费用。允许扣除的修缮费用,以每次 800 元为限,一次扣除不完的,准予在下一次继续扣除,直至扣完为止。杨晓军本月发生修缮费 1 500 元,因此本月只能扣除修缮费 800 元,剩余 700 元将于下月扣除。

杨晓军出租住房个人所得税的计算如下:

应纳税所得额=[8 000(不含增值税收入)−100(其他税费)−800(修缮费)]×(1−20%)=5 680(元)

应纳税额=5 680×10%=568(元)

杨晓军出租房屋财产租赁所得的填报界面如图 5-11 所示。

2. 王林转租房屋所得

取得转租收入的个人向房屋出租方支付的租金,凭房屋租赁合同和合法支付凭据允许在计算个人所得税时,从该项转租收入中扣除。

王林转租房屋个人所得税的计算为:

应纳税所得额=4 500(不含增值税租金)−180(其他税费)−2 000(向出租方支付的租金)−800(费用扣除)=1 520(元)

应纳税额=1 520×10%=152(元)

王林个人转租房屋财产租赁所得的填报界面如图 5-12 所示。

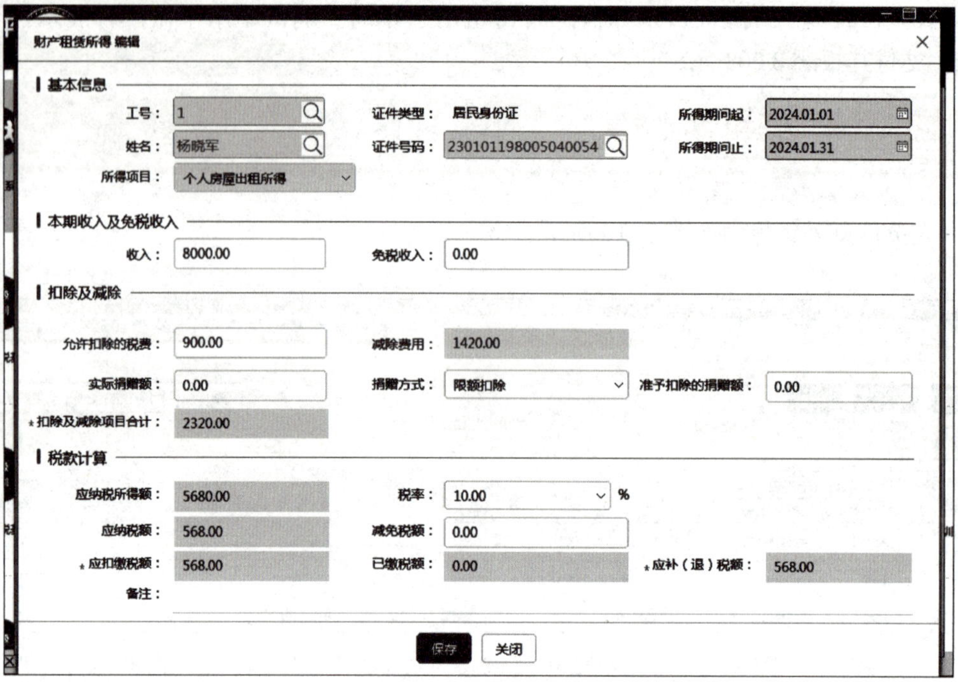

图 5-11　杨晓军出租房屋财产租赁所得的填报界面

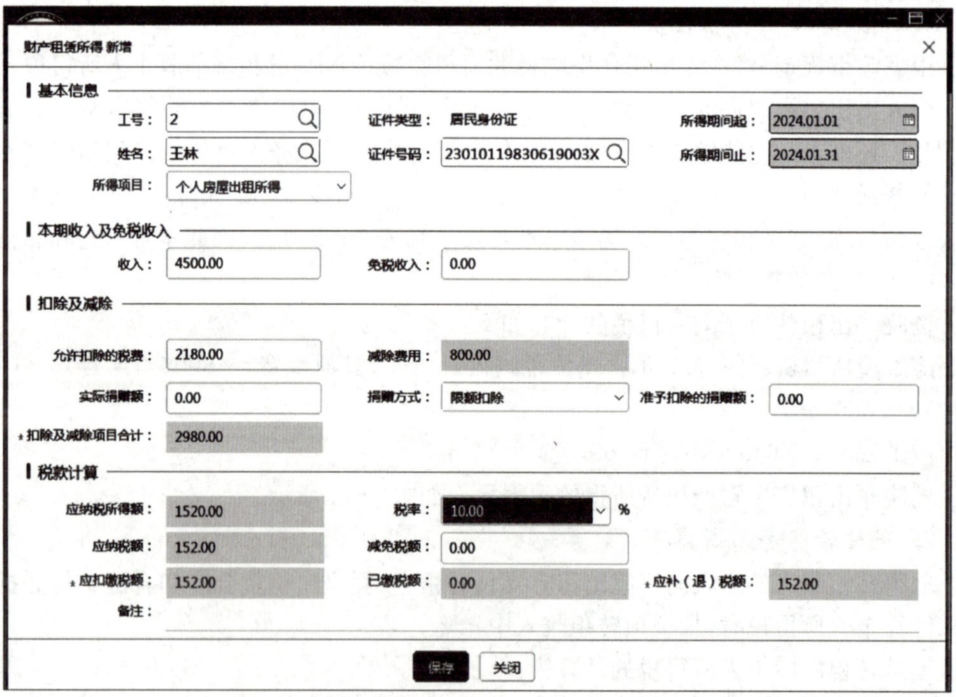

图 5-12　王林转租房屋财产租赁所得的填报界面

3. 赵婷出租汽车所得

个人出租汽车用于做广告展示取得的所得，属于个人出租自有财产取得的所得，按照“财产租赁所得”缴纳个人所得税。赵婷 7 月应缴纳个人所得税为：

个人所得税＝(3 000－800)×20%＝440(元)

赵婷出租汽车财产租赁所得的填报界面如图 5-13 所示。

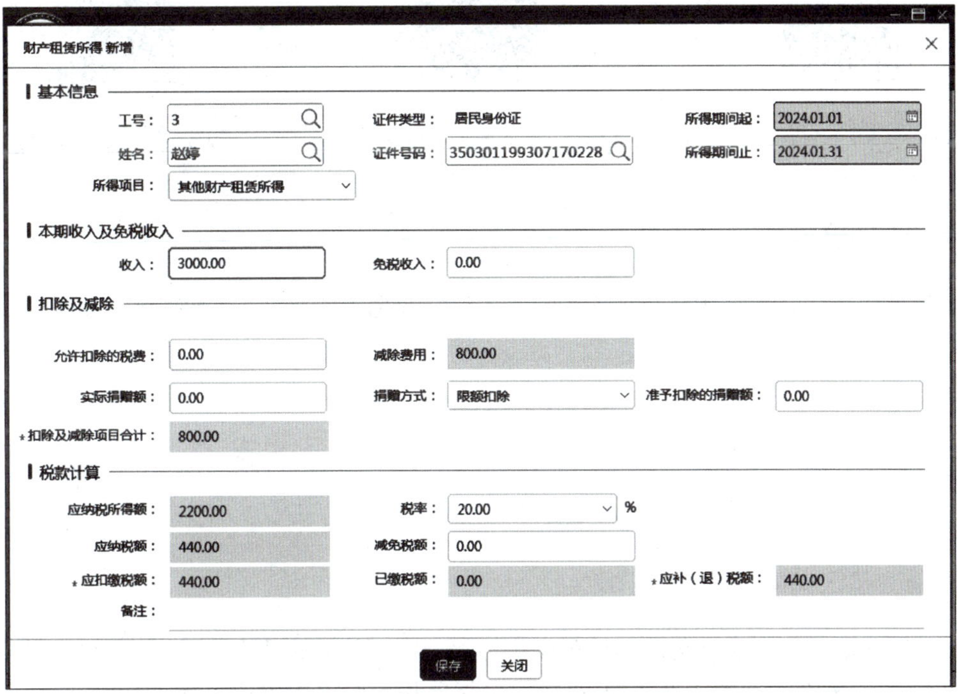

图 5-13 赵婷出租汽车财产租赁所得的填报界面

(三) 实训成果

在税务实训平台完成分类所得个人所得税代扣代缴申报，申报表报送成果如图 5-14 所示。

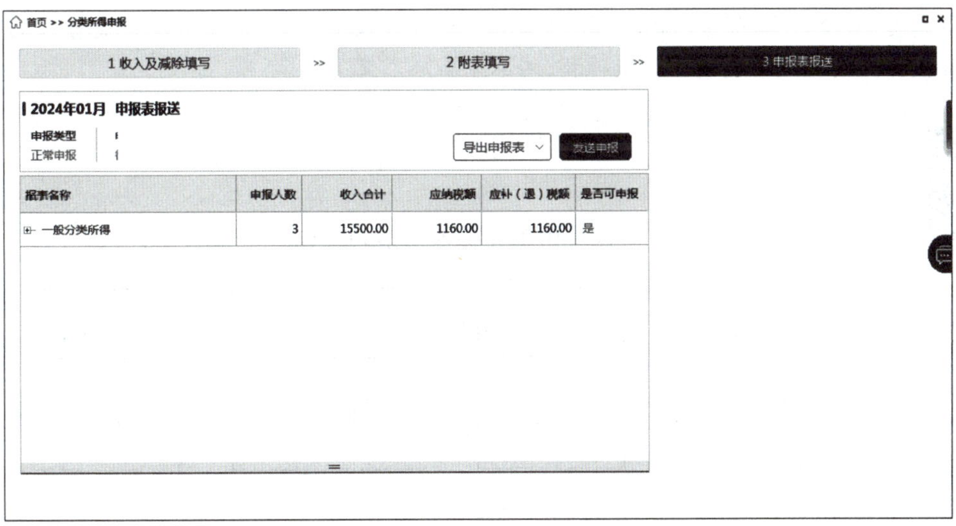

图 5-14 申报表报送成果

知识链接

微课 5-7
分类所得个人所得税的计算

动画 5-3
分类所得个人所得税应纳税额的计算

动画 5-4
个人所得税的征税对象

实训操作

根据任务二的案例资料和业务数据在实训平台完成实训，进行系统评分并打印实训报告。

任务三　非居民所得个人所得税申报

一、实训目的

掌握非居民个人的定义及其纳税义务；理解中国境内所得的范围；完成对非居民个人取得工资、薪金所得个人所得税的计算；掌握非居民个人所得税税率；在税务实训平台完成非居民所得个人所得税申报。

业务要点

非居民个人所得税申报时，根据非居民个人在中国境内居住时间及所得来源判定其在中国是否具有纳税义务。非居民个人不享受专项扣除、专项附加扣除，且非居民个人取得工资、薪金所得，劳务报酬所得，稿酬所得和特许权使用费所得，有扣缴义务人的，由扣缴义务人按月或按次代扣代缴税款，不办理年度汇算清缴。

微课 5-8
非居民个人的相关知识

二、实训业务流程和实务操作

（一）实训业务流程

非居民所得个人所得税申报实训业务流程如图 5-15 所示。

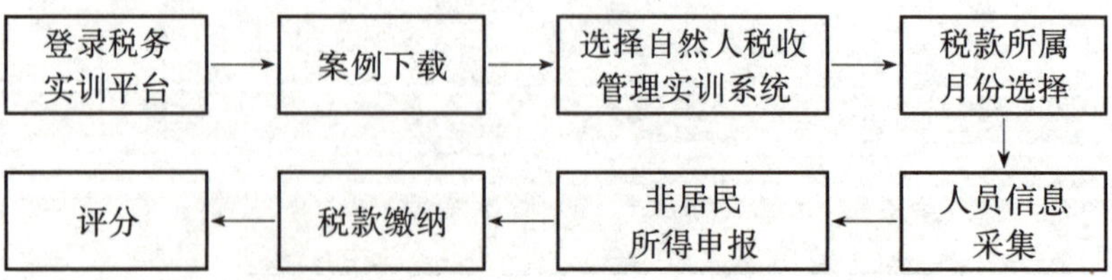

图 5-15　非居民所得个人所得税申报实训业务流程

（二）实务操作

非居民所得申报实务操作如图 5-16 所示。

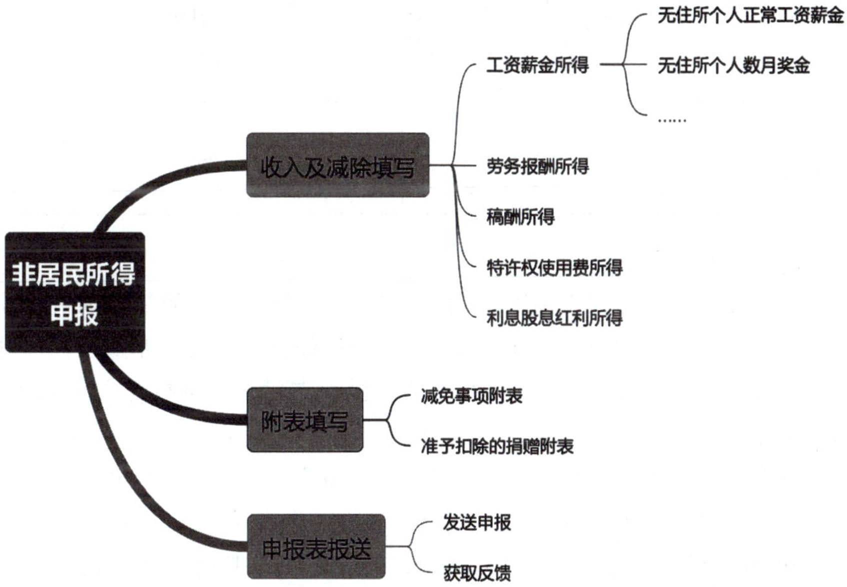

图 5-16　非居民所得申报实务操作

教学录像 5-3
个人所得税申报

三、案例资料和业务数据

（一）纳税人基础信息

纳税人名称：浙江花润食品制造有限公司
纳税人识别号：913322086043772199
所属行业：制造业
纳税人资格：一般纳税人
企税核定类型：查账征收
纳税人状态：正常
成立日期：2015 年 11 月 5 日
经济性质：有限公司
会计准则：企业会计准则（一般企业）
开户行及账号：杭州银行朝阳支行，3301040160003056095
地址及电话：杭州市萧山区宁围街道 94 号，0571-88845570
生产经营地址：杭州市萧山区宁围街道 94 号
生产经营范围：饼干制造，主要有曲奇饼干和奶油饼干的制造，以及饼干的销售。（依法须经批准的项目，经相关部门批准后方可开展经营活动）

（二）业务资料

1. 人员信息

浙江花润食品制造有限公司境外人员基础信息如表 5-4 所示。

表 5-4　境外人员基础信息表

姓名	证照号码	国籍	出生国家	证照类型	性别	出生日期	任职受雇从业类型	手机号码	任职受雇从业日期	首次入境时间	预计离境时间	涉税事由
马歇尔	Y140257	英国	英国	外国护照	男	1989-09-11	雇员	15609112323	2023-11-10	2023-11-09	2024-02-02	任职受雇
艾瑞克	F421006	法国	法国	外国护照	男	1986-11-14	雇员	18830132711	2023-08-15	2023-08-14	2024-04-20	任职受雇

2. 非居民所得信息

(1) 外籍个人马歇尔(在中国境内无住所,非高管)受其任职的某英国机构委托到中国的浙江花润食品制造有限公司工作。2024 年 1 月,浙江花润食品制造公司向马歇尔支付工资折合人民币 60 000 元,同时其任职的英国机构支付其工资折合人民币 80 000 元。2024 年 1 月,其在境内工作天数为 22.5 天(公历天数 31 天)。

(2) 外籍个人艾瑞克(在中国境内无住所,非高管)在境外某机构工作,于 2023 年 8 月 14 日到中国的浙江花润食品制造有限公司进行工作指导。2024 年 1 月,浙江花润食品制造有限公司支付其工资 15 000 元,境外单位支付其工资折合人民币 45 000 元。2024 年 1 月,其在境内工作天数为 10 天(公历天数 31 天)。

同时,艾瑞克于 2024 年 1 月取得 2023 年第四季度(公历天数 92 天)奖金 80 000 元,对应境内工作天数为 46 天。该笔奖金分别由境内公司浙江花润食品制造有限公司、境外单位各支付一半。

艾瑞克 2023 年、2024 年在中国境内居住时间均超过 90 天但不满 183 天。

四、业务处理和实训成果

(一) 境外人员信息采集

境外人员信息采集界面如图 5-17 所示。

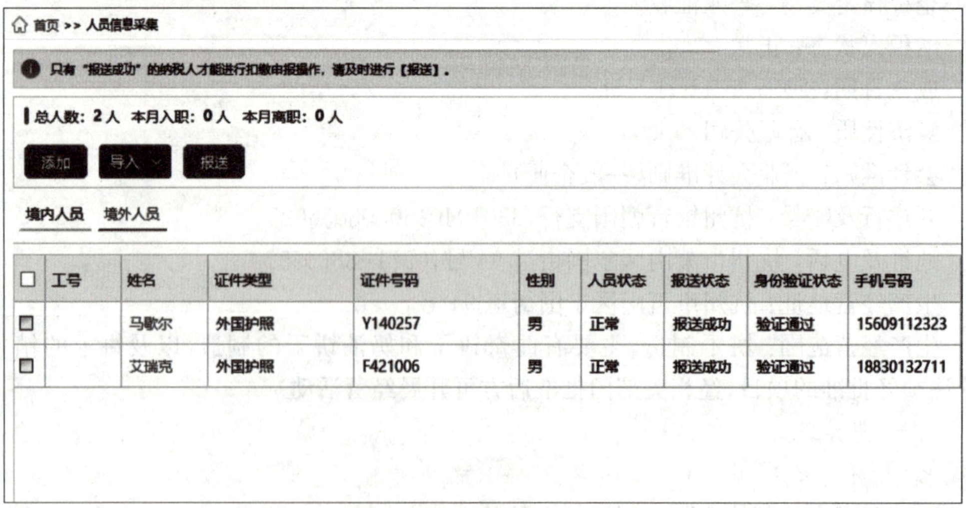

图 5-17　境外人员信息采集界面

(二) 非居民所得个人所得税的计算

1. 马歇尔工资、薪金所得

根据业务资料可知，马歇尔是非居民个人(非高管)且一个纳税年度内境内居住累计不超过 90 天。

马歇尔工资、薪金所得应纳税额的计算如下：

马歇尔工资、薪金收入额=(60 000+80 000)(当月境内外工资总额)×60 000(境内支付工资)÷(60 000+80 000)×22.5(当月境内工作天数)÷31(当月公历天数)=43 548.39(元)

马歇尔应纳税所得额=43 548.39−5 000=38 548.39(元)，适用税率 30%，速算扣除数为 4 410 元。

马歇尔应纳税额=38 548.39×30%−4 410=7 154.52(元)

马歇尔境内外所得明细及工资、薪金所得的填报界面分别如图 5-18、图 5-19 所示。

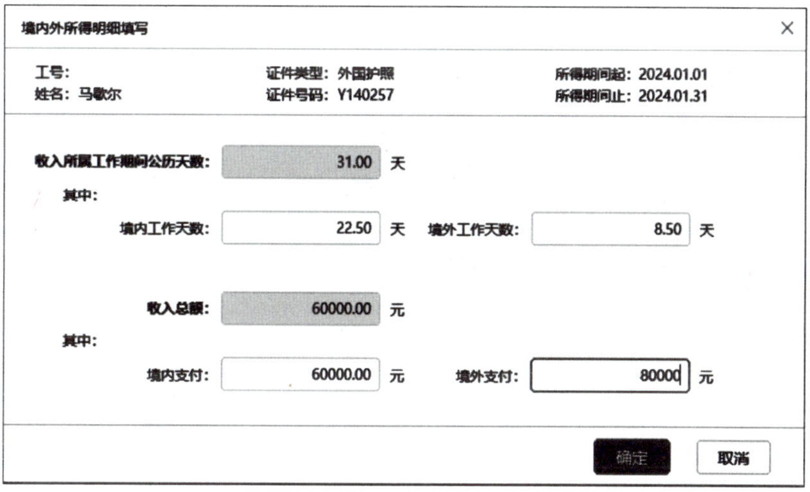

图 5-18 马歇尔境内外所得明细的填报界面

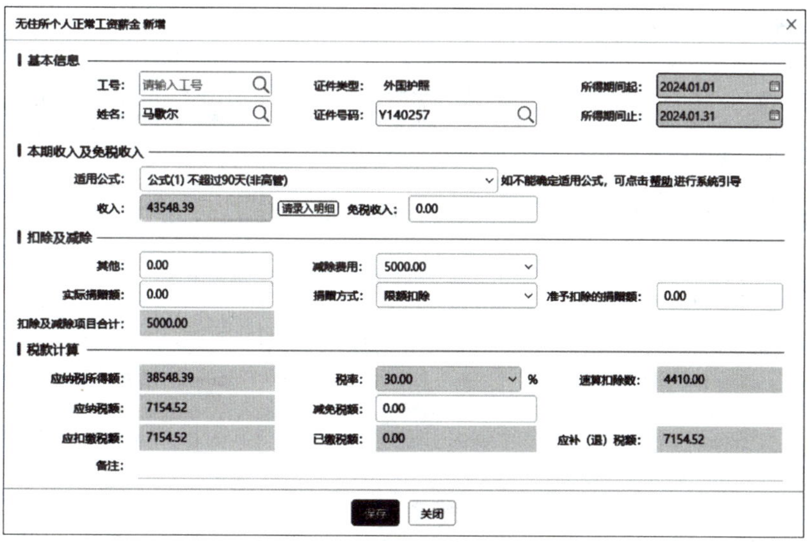

图 5-19 马歇尔工资、薪金所得的填报界面

2. 艾瑞克工资、薪金所得

根据业务资料可知，艾瑞克属于非居民个人(非高管)，按一个纳税年度内境内居住累计超过 90 天不满 183 天处理。

艾瑞克工资、薪金所得应纳税额的计算如下：

艾瑞克工资、薪金收入额＝(15 000＋45 000)(当月境内外工资总额)×10(当月境内工作天数)÷31(当月公历天数)＝19 354.84(元)

艾瑞克应纳税所得额＝19 354.84－5 000＝14 354.84(元)，适用税率 20%，速算扣除数为 1 410 元。

艾瑞克应纳税额＝14 354.84×20%－1 410＝1 460.97(元)

艾瑞克境内外所得明细及工资、薪金所得的填报界面分别如图 5-20、图 5-21 所示。

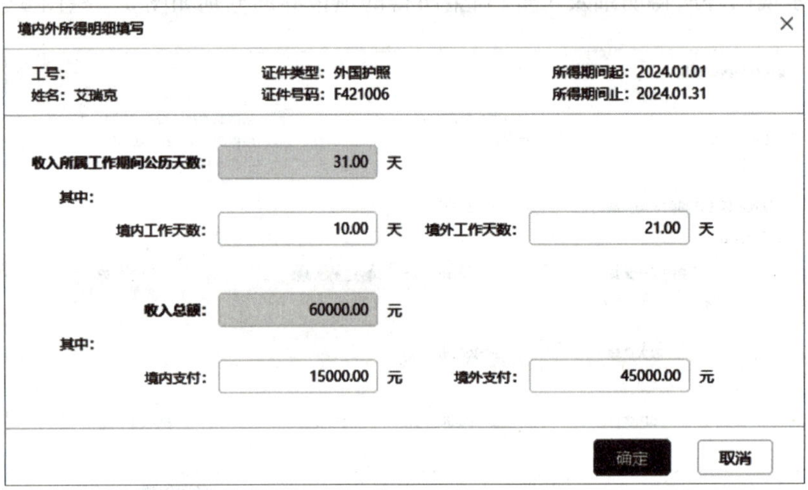

图 5-20 艾瑞克境内外所得明细的填报界面

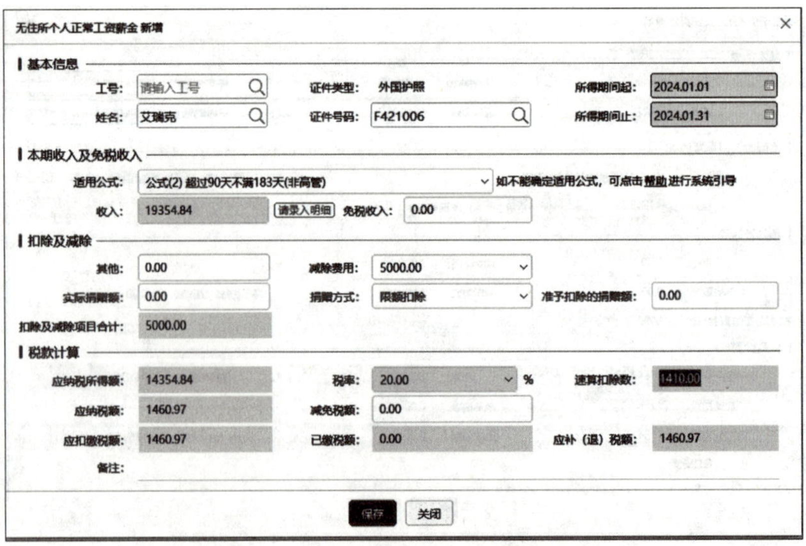

图 5-21 艾瑞克工资、薪金所得的填报界面

3. 艾瑞克数月奖金

艾瑞克数月奖金应纳税额的计算如下：

当月数月奖金收入额＝80 000(奖金)×46(奖金所属工作期间境内工作天数)÷92(奖金所属工作期间公历天数)＝40 000(元)

由于数月奖金收入额按 6 个月分摊为 6 666.67 元(40 000÷6)，适用的税率为 10%，速算扣除数为 210 元。

艾瑞克应纳税额＝(6 666.67×10%－210)×6＝2 740(元)

艾瑞克数月奖金境内外所得明细、无住所个人数月奖金所得的填报界面分别如图 5-22、图 5-23 所示。

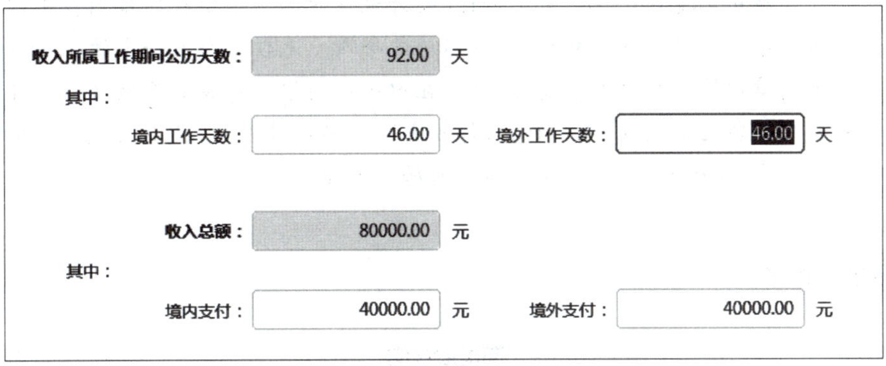

图 5-22　艾瑞克数月奖金境内外所得明细的填报界面

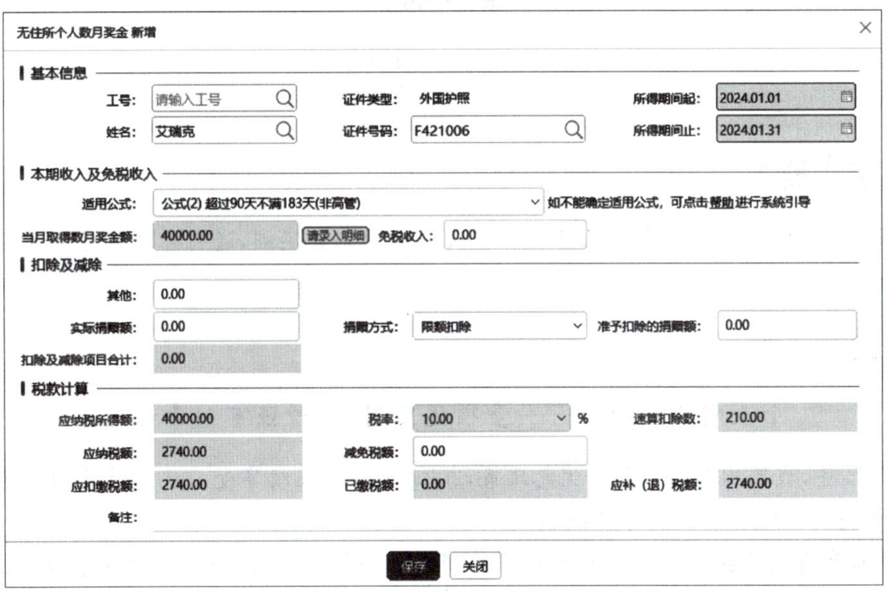

图 5-23　艾瑞克无住所个人数月奖金所得的填报界面

(三) 实训成果

在税务实训平台完成非居民所得个人所得税申报，申报表报送成果如图 5-24 所示。

申报类型 正常申报 | 申报状态 待申报 | 导出申报表 | 发送申报

报表名称	申报人数	收入合计	应纳税额	应补（退）税额	是否可申报
非居民所得	2	102903.23	11355.49	11355.49	否
工资薪金所得	--	--	--	--	--
无住所个人正常工资薪金	2	62903.23	8615.49	8615.49	是
无住所个人数月奖金	1	40000.00	2740.00	2740.00	是

图 5-24　申报表报送成果

提示

在中国境内无住所又不居住，或者无住所而一个纳税年度内在中国境内居住累计不满 183 天的个人，为非居民个人。无住所个人一个纳税年度内在中国境内累计居住天数，按照个人在中国境内累计停留的天数计算。在中国境内停留的当天满 24 小时的，计入中国境内居住天数，在中国境内停留的当天不足 24 小时的，不计入中国境内居住天数。

知识链接

动画 5-5
个人所得税非居民所得应纳税额的计算

实训操作

根据任务三的案例资料和业务数据在实训平台完成实训，进行系统评分并打印实训报告。

思政课堂

个人所得税改革——多项优惠措施，增强百姓幸福感

2023 年，我国出台了一系列优惠政策，2024 年可以继续享受。优惠政策涉及个人所得税、住房、买车、企业税收等多个领域。

个人所得税方面，3 项个人所得税专项附加扣除标准提高：①3 岁以下婴幼儿照护专项附加扣除标准，每个婴幼儿每月提高到 2 000 元。②子女教育专项附加扣除标准，每个子女每月提高到 2 000 元。③赡养老人专项附加扣除标准，每月提高到 3 000 元。

全年一次性奖金个人所得税政策延续实施：居民个人取得全年一次性奖金，符合相关规定的，不并入当年综合所得，以全年一次性奖金收入除以 12 个月得到的数额，按照

公告所附按月换算后的综合所得税率表，确定适用税率和速算扣除数，单独计算纳税。该政策执行至2027年12月31日。

个人所得税综合所得汇算清缴有关政策延续实施：2024年1月1日至2027年12月31日居民个人取得的综合所得，年度综合所得收入不超过12万元且需要汇算清缴补税的，或者年度汇算清缴补税金额不超过400元的，居民个人可免于办理个人所得税综合所得汇算清缴。

个体工商户个人所得税优惠政策：2023年1月1日至2027年12月31日，对个体工商户年应纳税所得额不超过200万元的部分，减半征收个人所得税。个体工商户在享受现行其他个人所得税优惠政策的基础上，可叠加享受本条优惠政策。个体工商户不区分征收方式，均可享受。

2023年以来，截至10月底，我国共出台延续、优化、完善的税费优惠政策77项，让纳税人、缴费人享受政策更便捷、更省心。多项优惠措施，增强了百姓幸福感。

资料来源：澎湃新闻. 事关钱袋子！别错过[EB/OL]. (2024-01-02)[2024-01-30]. https://www.thepaper.cn/newsDetail_forward_25875080.

项目六

其他税种申报实训

知识目标

1. 了解印花税、城镇土地使用税及环境保护税
2. 掌握印花税应纳税额的计算及纳税申报流程
3. 掌握城镇土地使用税应纳税额的计算及纳税申报流程
4. 掌握环境保护税应纳税额的计算及纳税申报流程

技能目标

1. 能够通过税务实训平台完成印花税纳税申报
2. 能够通过税务实训平台完成城镇土地使用税纳税申报
3. 能够通过税务实训平台完成环境保护税纳税申报

素养目标

1. 通过学习印花税等其他税种应纳税额的核算，培养严谨、认真的工作作风
2. 培养依法纳税意识和诚信的职业道德

任务一　印花税申报

一、实训目的

掌握印花税应纳税额的计算方法；熟悉印花税季度纳税申报程序；熟练采集《印花税税源明细表》，填写《财产和行为税纳税申报表》；在税务实训平台完成印花税季度纳税申报。

微课 6-1
印花税的认知

业务要点

纳税人应当根据书立印花税应税合同、产权转移书据和营业账簿情况，填写《印花税税源明细表》，进行财产行为税综合申报。合同数量较多且属于同一税目的，可以合并汇总填写《印花税税源明细表》。

二、实训业务流程和实务操作

印花税纳税申报实训业务流程和实务操作如图 6-1 所示。

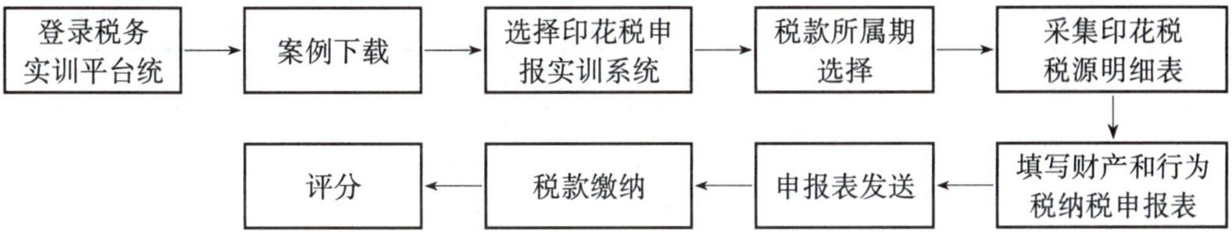

图 6-1　印花税纳税申报实训业务流程和实务操作

教学录像 6-1 印花税纳税申报操作

三、案例资料和业务数据

(一) 纳税人基础信息

纳税人名称：浙江恒源建筑有限公司

纳税人识别号：91330115327841033L

纳税人资格：一般纳税人

成立日期：2016 年 10 月 23 日

法定代表人：周铭

生产经营范围：主要从事建筑工程机械的生产制造。

(二) 业务资料

浙江恒源建筑有限公司按季申报缴纳印花税。2023 年第二季度发生以下业务：

(1) 书立买卖合同 5 份，合同所列价款（不包括列明的增值税税额）共计 100 万元。其中：①2023 年 4 月 2 日，书立办公桌椅买卖合同，合同所列价款为 3 万元。②2023 年 4 月 2 日，书立打印机买卖合同，合同所列价款为 2 万元。③2023 年 5 月 15 日，书立乘用车买卖合同，合同所列价款为 50 万元。④2023 年 5 月 20 日，书立电脑买卖合同，合同所列价款为 5 万元。⑤2023 年 6 月 1 日，书立 PVC 塑料颗粒买卖合同，合同所列价款为 40 万元。

(2) 2023 年 6 月 10 日，书立××道路施工合同（建设工程合同）1 份，合同所列价款（不包括列明的增值税税额）共计 1 000 万元。

(3) 2023 年 6 月 30 日，公司签订股权转让协议，书立产权转移书据 1 份，合同所列价款（不包括列明的增值税税额）共计 500 万元。

该纳税人应在书立应税合同、产权转移书据时，填写《印花税税源明细表》，在 2023 年 7 月纳税申报期，进行财产行为税综合申报。

印花税税目、税率表如表 6-1 所示。

表 6-1　印花税税目、税率表

税目		税率	备注
合同（是指书面合同）	借款合同	借款金额的万分之零点五	是指银行业金融机构、经国务院银行业监督管理机构批准设立的其他金融机构与借款人（不包括同业拆借）的借款合同
	融资租赁合同	租金的万分之零点五	
	买卖合同	价款的万分之三	是指动产买卖合同（不包括个人书立的动产买卖合同）

（续表）

<table>
<tr><th colspan="2">税目</th><th>税率</th><th>备注</th></tr>
<tr><td rowspan="8">合同（是指书面合同）</td><td>承揽合同</td><td>报酬的万分之三</td><td></td></tr>
<tr><td>建设工程合同</td><td>价款的万分之三</td><td></td></tr>
<tr><td>运输合同</td><td>运输费用的万分之三</td><td>是指货运合同和多式联运合同（不包括管道运输合同）</td></tr>
<tr><td>技术合同</td><td>价款、报酬或者使用费的万分之三</td><td>不包括专利权、专有技术使用权转让书据</td></tr>
<tr><td>租赁合同</td><td>租金的千分之一</td><td></td></tr>
<tr><td>保管合同</td><td>保管费的千分之一</td><td></td></tr>
<tr><td>仓储合同</td><td>仓储费的千分之一</td><td></td></tr>
<tr><td>财产保险合同</td><td>保险费的千分之一</td><td>不包括再保险合同</td></tr>
<tr><td rowspan="4">产权转移书据</td><td>土地使用权出让书据</td><td>价款的万分之五</td><td rowspan="4">转让包括买卖（出售）、继承、赠与、互换、分割</td></tr>
<tr><td>土地使用权、房屋等建筑物和构筑物所有权转让书据（不包括土地承包经营权和土地经营权转移）</td><td>价款的万分之五</td></tr>
<tr><td>股权转让书据（不包括应缴纳证券交易印花税的）</td><td>价款的万分之五</td></tr>
<tr><td>商标专用权、著作权、专利权、专有技术使用权转让书据</td><td>价款的万分之三</td></tr>
<tr><td colspan="2">营业账簿</td><td>实收资本（股本）、资本公积合计金额的万分之二点五</td><td></td></tr>
<tr><td colspan="2">证券交易</td><td>成交金额的千分之一</td><td></td></tr>
</table>

四、业务处理和实训成果

（一）业务处理

根据表 6-1 可知，买卖合同印花税税率为 0.3‰，建设施工合同印花税税率为 0.3‰，股权转让书据（不包括应缴纳证券交易印花税的）印花税税率为 0.5‰。

因应税合同的计税依据为合同所列的金额，不包括列明的增值税税额；应税产权转移书据的计税依据为产权转移书据所列的金额，不包括列明的增值税税额。故该案例中公司书立 5 份买卖合同，计税依据为 1 000 000 元，适用的印花税税率为 0.3‰，买卖合同需缴纳印花税税额为 300 元（1 000 000×0.3‰）。

公司书立××道路施工合同（建设工程合同）1 份，计税依据为 10 000 000 元，适用的印花税税率为 0.3‰，施工合同需缴纳印花税税额 3 000 元（10 000 000×0.3‰）。

公司书立产权转移书据 1 份，计税依据为 5 000 000 元，适用的印花税税率为 0.5‰，产权转移书据需缴纳印花税税额 2 500 元（5 000 000×0.5‰）。

通过以上计算得知，公司 2023 年第二季度印花税应纳税额为 5 800 元（300＋3 000＋2 500）。

> **注意**
>
> 纳税人计算印花税时不四舍五入，直接按实际计算税额纳税。

（二）实训成果

（1）《印花税税源明细表》（部分表样）如表 6-2 所示。

表 6-2　印花税税源明细表（部分表样）

纳税人识别号（统一社会信用代码）：91330115327841033L

纳税人名称：浙江恒源建筑有限公司　　　　金额单位：人民币元（列至角分）

*应税凭证名称	*申报期限类型	应税凭证数量	*税目	子目	*税款所属期起	*税款所属期止	*应税凭证书立日期	*计税金额	实际结算日期	实际结算金额	*税率
办公桌椅买卖合同	按期申报	1	买卖合同		2023 年 4 月 1 日	2023 年 6 月 30 日	2023 年 4 月 2 日	30 000			0.3‰
打印机买卖合同	按期申报	1	买卖合同		2023 年 4 月 1 日	2023 年 6 月 30 日	2023 年 4 月 2 日	20 000			0.3‰
乘用车买卖合同	按期申报	1	买卖合同		2023 年 4 月 1 日	2023 年 6 月 30 日	2023 年 5 月 15 日	500 000			0.3‰
电脑买卖合同	按期申报	1	买卖合同		2023 年 4 月 1 日	2023 年 6 月 30 日	2023 年 5 月 20 日	50 000			0.3‰
PVC 塑料颗粒买卖合同	按期申报	1	买卖合同		2023 年 4 月 1 日	2023 年 6 月 30 日	2023 年 6 月 1 日	400 000			0.3‰
XX 道路施工合同	按期申报	1	建设工程合同	工程施工合同	2023 年 4 月 1 日	2023 年 6 月 30 日	2023 年 6 月 10 日	10 000 000			0.3‰
股权转让协议	按期申报	1	产权转移书据	股权转让书据（不包括应缴纳证券交易印花税的）	2023 年 4 月 1 日	2023 年 6 月 30 日	2023 年 6 月 30 日	5 000 000			0.5‰

（2）《财产和行为税纳税申报表》的填写结果如表 6-3 所示。

表 6-3　财产和行为税纳税申报表

纳税人识别号(统一社会信用代码)：91330115327841033L

纳税人名称：浙江恒源建筑有限公司　　　　金额单位：人民币元(列至角分)

序号	税种	税目	税款所属期起	税款所属期止	计税依据	税率	应纳税额	减免税额	已缴税额	应补(退)税额
1	印花税	买卖合同	2023 年 4 月 1 日	2023 年 6 月 30 日	1 000 000	0.3‰	300			300
2	印花税	建设工程合同	2023 年 4 月 1 日	2023 年 6 月 30 日	10 000 000	0.3‰	3 000			3 000
3	印花税	产权转移书据	2023 年 4 月 1 日	2023 年 6 月 30 日	5 000 000	0.5‰	2 500			2 500
4										
5										
6										
7										
8	合计	—	—	—	—	—	5 800			5 800

提示

印花税新增扣缴义务人的规定：纳税人为境外单位或者个人，在境内有代理人的，以其境内代理人为扣缴义务人。在境内没有代理人的，由纳税人自行申报缴纳印花税，具体办法由国务院税务主管部门规定。

证券登记结算机构为证券交易印花税的扣缴义务人，应当向其机构所在地的主管税务机关申报解缴税款以及银行结算的利息。

知识链接

微课 6-2 印花税的纳税人

微课 6-3 印花税的征收范围

微课 6-4 印花税的税目税率及应纳税额的计算

微课 6-5 印花税计税依据的特殊规定

实训操作

根据任务一的案例资料和业务数据在实训平台完成实训，进行系统评分并打印实训报告。

任务二　城镇土地使用税申报

一、实训目的

了解城镇土地使用税的纳税人和纳税义务时间；掌握城镇土地使用税的税率及应纳税额的计算方法；熟悉城镇土地使用税纳税申报程序；熟练采集《城镇土地使用税 房产税税源明细表》，填写《财产和行为税纳税申报表》；在税务实训平台完成城镇土地使用税纳税申报。

业务要点

城镇土地使用税按年计算、分期缴纳。缴纳期限由省、自治区、直辖市人民政府确定；首次进行纳税申报的纳税人，需要填写全部土地的相关信息。此后办理纳税申报时，纳税人的土地及相关信息未发生变化的，可仅对已填报的信息进行确认；发生变化的，仅就变化的内容进行填写。《城镇土地使用税 房产税税源明细表》的填报遵循“谁纳税，谁申报”的原则，纳税人只要有城镇土地使用税纳税义务，就应当如实填报土地信息；每一宗土地填写一张表。同一宗土地跨两个土地等级的，按照不同等级分别填表。无不动产权证（土地使用权证）的，按照土地坐落地址分别填表。纳税人不得将多宗土地合并成一条记录填表。

微课 6-6
镇土地使用税的认知

二、实训业务流程和实务操作

城镇土地使用税纳税申报实训业务流程和实务操作如图 6-2 所示。

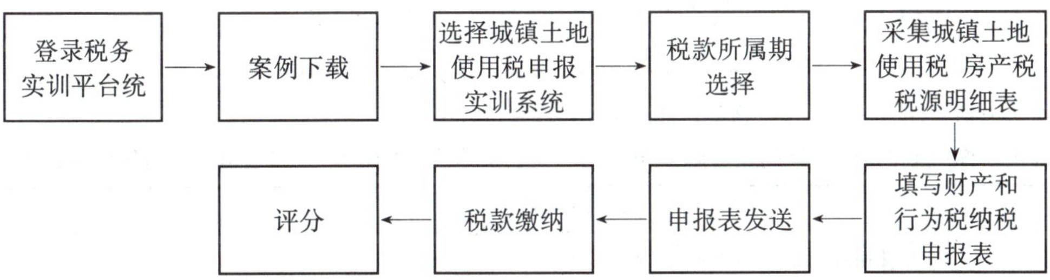

图 6-2　城镇土地使用税纳税申报实训业务流程和实务操作

教学录像 6-2
城镇土地使用税纳税申报操作

三、案例资料和业务数据

（一）纳税人基础信息

纳税人名称：杭州奇伊玩具制造有限公司

纳税人识别号：91330 000487166115Q

纳税人资格：增值税一般纳税人

成立日期：2019 年 9 月 19 日

生产经营范围：生产和销售玩具、电子玩具、塑料制品、塑料配件及塑胶制品等。（依法须经批准的项目，经相关部门批准后方可开展经营活动）

（二）业务资料

2023 年 3 月 5 日，杭州奇伊玩具制造有限公司以转让方式有偿获得浙江省一块土地，土地编号为杭州市（2023）第 0600004 号，面积为 1 万平方米，合同约定 2023 年 3 月 31 日交付土地。土地坐落地址浙江省杭州市桐庐县桐君街道 100 号，该土地为县级二级土地，适用城镇土地使用税的年税额为 10 元/平方米。按照当地规定，城镇土地使用税按年计算，每季度缴纳一次。

假设公司无其他房地产，准备计算 2023 年第二季度城镇土地使用税并进行纳税申报。

四、业务处理和实训成果

（一）业务处理

1. 纳税义务时间的判断

根据相关政策规定，以出让或转让方式有偿取得土地使用权的，应由受让方从合同约定交付土地时间的次月起缴纳城镇土地使用税。杭州奇伊玩具制造有限公司以转让方式购买的土地合同约定的交付时间为 2023 年 3 月 31 日，因此公司从 2023 年 4 月起缴纳城镇土地使用税。2023 年第二季度公司城镇土地使用税的纳税义务时间为 3 个月。

2. 城镇土地使用税的计算

杭州奇伊玩具制造有限公司第二季度城镇土地使用税应纳税额＝10（年单位税额）×10 000（土地面积）÷12×3＝25 000（元）

（二）实训成果

（1）《城镇土地使用税 房产税税源明细表》如表 6-4 所示。

表 6-4 城镇土地使用税 房产税税源明细表

纳税人识别号（统一社会信用代码）：91330000487166115Q

纳税人名称：杭州奇伊玩具制造有限公司　　　　金额单位：人民币元（列至角分）；面积单位：平方米

一、城镇土地使用税税源明细					
*纳税人类型	土地使用权人☑ 集体土地使用人□ 无偿使用人□ 代管人□ 实际使用人□（必选）	土地使用权人纳税人识别号（统一社会信用代码）	91330000487166115Q	土地使用权人名称	杭州奇伊玩具制造有限公司
*土地编号	杭州市(2023)第 0600004 号	土地名称		不动产权证号	
不动产单元代码		宗地号		*土地性质	国有☑ 集体□（必选）
*土地取得方式	划拨□ 出让□ 转让☑ 租赁□ 其他□ （必选）	*土地用途	工业□ 商居住□ 综合□ 房地产开发业☑ 企业的开发用地□ 其他□（必选）		

（续表）

<table>
<tr><td colspan="2">*土地坐落地址（详细地址）</td><td colspan="9">浙江省杭州市桐庐县桐君街道100号</td></tr>
<tr><td colspan="2">*土地所属主管税务所（科、分局）</td><td colspan="9">国家税务总局桐庐县税务局</td></tr>
<tr><td colspan="2">*土地取得时间</td><td>2023年3月</td><td>变更类型</td><td colspan="5">纳税义务终止（权属转移□ 其他□）
信息项变更（土地面积变更□ 土地等级变更□ 减免税变更□ 其他□）</td><td>变更时间</td><td>年 月</td></tr>
<tr><td colspan="2">*占用土地面积</td><td>10 000平方米</td><td>地价</td><td></td><td colspan="2">*土地等级</td><td colspan="2">县级土地—二级土地</td><td>*税额标准</td><td>年税额为10元/平方米</td></tr>
<tr><td rowspan="5">减免税部分</td><td rowspan="2">序号</td><td colspan="4" rowspan="2">减免性质代码和项目名称</td><td colspan="3">减免起止时间</td><td rowspan="2">减免税土地面积</td><td rowspan="2">月减免税金额</td></tr>
<tr><td colspan="2">减免起始月份</td><td>减免终止月份</td></tr>
<tr><td>1</td><td colspan="4"></td><td colspan="2">年 月</td><td>年 月</td><td></td><td></td></tr>
<tr><td>2</td><td colspan="4"></td><td colspan="2"></td><td></td><td></td><td></td></tr>
<tr><td>3</td><td colspan="4"></td><td colspan="2"></td><td></td><td></td><td></td></tr>
</table>

（2）《财产和行为税纳税申报表》的填写结果如表6-5所示。

表6-5 财产和行为税纳税申报表

纳税人识别号（统一社会信用代码）：91330000487166115Q

纳税人名称：杭州奇伊玩具制造有限公司　　金额单位：人民币元（列至角分）

序号	税种	税目	税款所属期起	税款所属期止	计税依据	税率	应纳税额	减免税额	已缴税额	应补（退）税额
1	城镇土地使用税		2023年4月1日	2023年6月30日	2 500	10	25 000			25 000
2										
3										
4										
5										
6										
7										
8										
9										
10										
11	合计	—	—	—	—	—	25 000			250 000

注意

对在城镇土地使用税征收范围内单独建造的地下建筑用地，应按规定征收城镇土地使用税。其中，已取得地下土地使用权证的，按土地使用权证确认的土地面积计算应征税款；未取得地下土地使用权证或地下土地使用权证上未标明土地面积的，按地下建筑垂直投影面积计算应征税款。同时，为了鼓励利用地下土地，对地下建筑用地暂按应征税款的50%征收城镇土地使用税。

知识链接

微课 6-7 城镇土地使用税的纳税人

微课 6-8 城镇土地使用税的征收范围及税率

微课 6-9 城镇土地使用税应纳税额的计算

微课 6-10 城镇土地使用税的税收优惠

微课 6-11 城镇土地使用税的纳税申报

实训操作

根据任务二的案例资料和业务数据在实训平台完成实训，进行系统评分并打印实训报告。

任务三　环境保护税申报

一、实训目的

了解环境保护税的纳税人和征税范围；掌握环境保护税应纳税额的计算方法；熟悉环境保护税纳税申报程序；熟练采集《环境保护税税源明细表》，填写《财产和行为税纳税申报表》；在税务实训平台完成环境保护税纳税申报。

业务要点

(1) 实务操作中，环境保护税申报不需要进行税费种认定操作，只需要填写《环境保护税税源明细表》就可以进行申报操作。

(2) 纳税人申报环境保护税的应税固体废物税目时，应当向税务机关报送应税固体废物的产生量、贮存量、处置量和综合利用量，同时报送能够证明固体废物流向和数量的纳税资料，包括固体废物处置利用委托合同、受委托方资质证明、固体废物转移联单、危险废物管理台账复印件等。有关纳税资料已在环境保护税基础信息采集表中采集且未发生变化的，纳税人不再报送。

二、实训业务流程和实务操作

环境保护税纳税申报实训业务流程和实务操作如图 6-3 所示。

微课 6-12
环境保护税的认知

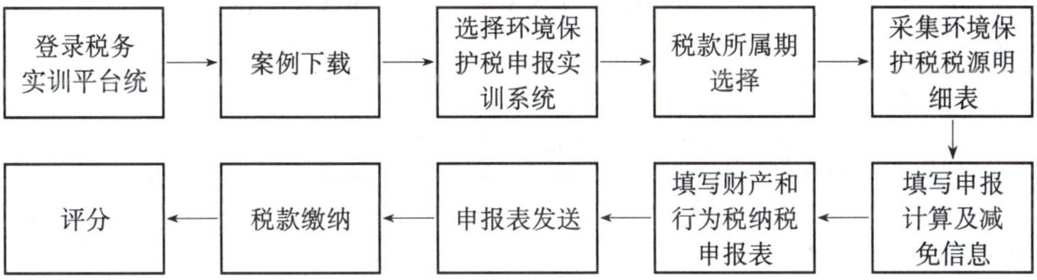

图 6-3　环境保护税纳税申报实训业务流程和实务操作

教学录像 6-3
环境保护税纳税申报操作

三、案例资料和业务数据

（一）纳税人基础信息

纳税人名称：贵州省智诚矿业有限公司

纳税人识别号：91520819266265603

纳税人资格：增值税一般纳税人

成立日期：2016 年 5 月 25 日

法定代表人：陈伟雄

生产经营地址：贵州省毕节市七星关区林口镇

生产经营范围：许可经营项目：煤炭批发经营；一般经营项目：铝土矿、铁矿、石灰石矿及磷矿的加工、销售；矿权投资；建筑建材产品的开发、加工、销售；矿产技术开发、技术服务；来料加工及补偿贸易；销售：铝产品、碳素制品、石油焦、钢材、化工产品（不含化学危险品）。（以上经营范围中涉及行政许可的，凭许可证经营）

（二）业务资料

贵州省智诚矿业有限公司于 2023 年 6 月产生尾矿 1 000 吨，其中综合利用的尾矿 300 吨（符合国家和地方环境保护标准），在符合国家和地方环境保护标准的设施贮存 200 吨。

公司准备计算 2023 年 6 月应税固体废物尾矿应缴纳的环境保护税，并进行 2023 年第二季度环境保护税纳税申报。

四、业务处理和实训成果

（一）业务处理

根据政策规定，应税固体废物是指税法所附《环境保护税税目税额表》中列举的煤矸石、尾矿、危险废物、冶炼渣、粉煤灰、炉渣以及其他固体废物。因此，贵州省智诚矿业有限公司因产生尾矿属于环境保护税纳税人。

应税固体废物按照固体废物的排放量确定计税依据。

公司应税固体废物排放量的计算如下：

固体废物的排放量＝1 000（当期固体废物的产生量）－300（当期固体废物的综合利用量）－200（当期固体废物的贮存量）＝500（吨）

固体废物尾矿适用税额为 15 元/每吨。

故公司 2023 年 6 月应税固体废物尾矿应纳税额＝500（固体废物的排放量）×15（具体适用税额）＝7 500（元）

（二）实训成果

《财产和行为税纳税申报表》的填写结果如表 6-6 所示。

表 6-6 财产和行为税纳税申报表

纳税人识别号（统一社会信用代码）：915208192666265603

纳税人名称：贵州省智诚矿业有限公司　　　　金额单位：人民币元（列至角分）

序号	税种	税目	税款所属期起	税款所属期止	计税依据	税率	应纳税额	减免税额	已缴税额	应补（退）税额
1	环境保护税	固体废物	2023 年 4 月 1 日	2023 年 6 月 30 日	500	15	7 500			7 500
2										
3										
4										
5										
6										
7	合计	—	—	—	—	—	7 500			7 500

知识链接

微课 6-13 环境保护税的纳税人

微课 6-14 环境保护税的税目及税率

微课 6-15 环境保护税应纳税额的计算

微课 6-16 环境保护税的税收优惠

微课 6-17 环境保护税的纳税申报

实训操作

根据任务三的案例资料和业务数据在实训平台完成实训，进行系统评分并打印实训报告。

思政课堂

建设美丽中国　税收如影随形

2023 年 8 月 15 日是首个全国生态日。同年召开的全国生态环境保护大会提出，今后 5 年是美丽中国建设的重要时期。在美丽中国建设的背后，来自税收的支持如影随形。全国税务系统深入贯彻新发展理念，积极融入生态文明建设发展大局，持续推动构建多税共治的税法体系、多策组合的政策体系、多部门协同联动的征管体系，我国绿色税制体系“四梁八柱”基本形成，覆盖了企业“开发-生产-消费-排放”全流程。绿色税制在推动经济发展方式转变、产业结构转型升级、能源结构调整优化、节能环保技术创新和绿色消费模式建构等方面持续提供有效支持。

多税共治　以更高站位一体谋划生态文明建设

近年来，在税务部门参与和推动下，环境保护税、资源税、耕地占用税、车船税等绿色税种全部完成立法，搭建了多税共治的税法体系，为践行生态文明、建设美丽中国增添了浓墨重彩的一笔。

2016 年 12 月，《中华人民共和国环境保护税法》经全国人大常委会审议通过，并自 2018 年 1 月 1 日起正式实施，成为我国第一部专门体现绿色税收、推进生态文明建设的单行税法；2017 年 12 月 1 日，水资源税在河北先行试点的基础上，进一步扩大到北京等其他 9 省（自治区、直辖市），发挥节水压采的核心调节功能；2019 年 9 月 1 日，《中华人民共和国耕地占用税法》正式实施，国家从更高层级、更大力度贯彻落实最严格的耕地保护制度，促进土地资源合理配置；2020 年 9 月 1 日，《中华人民共和国资源税法》正式实施，将从价计征改革成果上升固化为法律制度，发挥资源税促进资源节约集约利用和生态环境保护的重要作用……

以环境保护税为代表的绿色税种相继以法律形式发布并实施，税收法定原则落到实处，税收刚性不断增强，有力推动企业加大环保投入，加速实现由“被动减排”向“主动治污”的转变，助力经济社会发展全面绿色转型。

“建设人与自然和谐共生的美丽中国，离不开对环境污染的有效治理，而作为宏观调控的重要工具，税收在此过程中发挥着重要作用。”北京国家会计学院财税政策与应用研究所所长、教授李旭红在接受记者采访时表示。

多策组合　以更实政策正向激励企业转型升级

从我国绿色税制的构成看，既包括直接对污染物排放征收的环境保护税，又包括其他直接或间接与生态环境保护相关的资源税、消费税和车船税等绿色税种，以及增值税和企业所得税等税种涉及资源综合利用、环境保护等方面的绿色税收政策。

据了解，国家在推广合同能源管理项目，保障居民供热采暖，推进电池制造、建材等行业绿色化改造，支持新能源车船使用等方面实施了一系列优惠政策，以提高空气、水环境质量，有效管控土壤污染；在鼓励资源综合利用方面，对废弃物综合利用、污水垃圾处理、矿产资源高效利用等方面给予税收扶持，着力提升资源利用效率；在推动低碳产业发展方面，出台税收优惠政策加大对太阳能、风能、水能、核能等清洁能源开发利用的支持力度，为科学有序推动如期实现碳达峰、碳中和目标和建设现代化经济体系提供保障。

多策组合的税收优惠政策体系激励着越来越多的传统企业改进生产工艺、加大环保设备投入，变“要我转型”为“我要转型”，主动走上“减污、利废、降碳”的绿色发展之路。

环境就是民生，青山就是美丽，蓝天就是幸福。在新征程上，税务部门将继续完整、准确、全面贯彻新发展理念，进一步在落实政策、强化调控、优化服务等方面下功夫，加强部门协同共治，努力为我国高质量发展厚植“绿色底色”，为美丽中国建设贡献更多、更大力量。

资料来源：中国税务报. 建设美丽中国 税收如影随形[EB/OL]. (2023-08-15)[2023-12-21]. https://shandong.chinatax.gov.cn/art/2023/8/15/art_16819_805319.html.

项目七

纳税申报综合实训

知识目标

1. 熟悉增值税发票的开具、发票勾选认证及纳税申报等综合知识及业务流程
2. 熟悉个人所得税各项所得的计算及纳税申报流程
3. 熟悉企业所得税各项所得应纳税额的计算及纳税申报流程

技能目标

1. 能够通过税务实训平台完成增值税申报综合实训
2. 能够通过税务实训平台完成个人所得税申报综合实训
3. 能够通过税务实训平台完成企业所得税申报综合实训

素养目标

1. 通过综合实训的练习，培养严谨、认真的工作作风
2. 培养依法纳税意识和诚信的职业道德

任务一　增值税申报综合实训

一、实训目的

（1）增值税发票的开具和网上抄报税。根据业务资料提供的开票业务，完成增值税专用发票、增值税普通发票的开具与网上抄报税任务。该任务由纳税事务岗完成，需要开具发票的业务后面已注明“纳税事务岗”。

（2）增值税发票勾选认证。根据业务资料提供的经济业务，判断取得的相关发票是否可以认证抵扣，完成增值税发票勾选认证任务。

（3）增值税一般纳税人及附加税费网上申报。根据业务资料提供的经济业务，结合开具的销售发票，按要求完成增值税一般纳税人及附加税费网上申报任务。

业务要点

（1）无票业务的销售收入。

（2）视同销售的业务处理。

(3) 简易计税办法。

(4) 旅客运输服务进项税额的计算。

(5) 非正常损失、职工福利进项税额的转出。

(6) 支付防伪税控技术维护费的全额抵减。

二、案例资料和业务数据

(一) 纳税人基础信息

纳税人名称：杭州优久箱包有限公司

统一社会信用代码：913358112021663758

所属行业：皮箱、包(袋)制造

纳税人资格：一般纳税人

生产经营范围：箱包皮具、皮革制造、拉杆箱、箱包辅料生产、加工、销售等。(依法须经批准的项目，经相关部门批准后方可开展经营活动)

(二) 业务资料

杭州优久箱包有限公司各税种均按时足额申报纳税，2023 年 3 月初有上期留抵进项税额 35 000 元。2023 年 3 月，公司发生的经济业务如下：

(1) 1 日，向杭州小艾旅行健身时尚潮包馆(统一社会信用代码：913101261619341988；地址及电话：杭州市上城区新华街 8 号，13786579022；开户行及账号：中国工商银行杭州新城支行，4901218045912)销售"XC8803"型号旅行袋 40 个，不含税单价为 1 588 元，商品已出库，款项暂未收取。请开具增值税专用发票一张。

(2) 2 日，从杭州时代皮革有限公司购买皮革一批，原材料已入库，收到增值税专用发票一张，如图 7-1 所示。货款已通过银行转账支付。

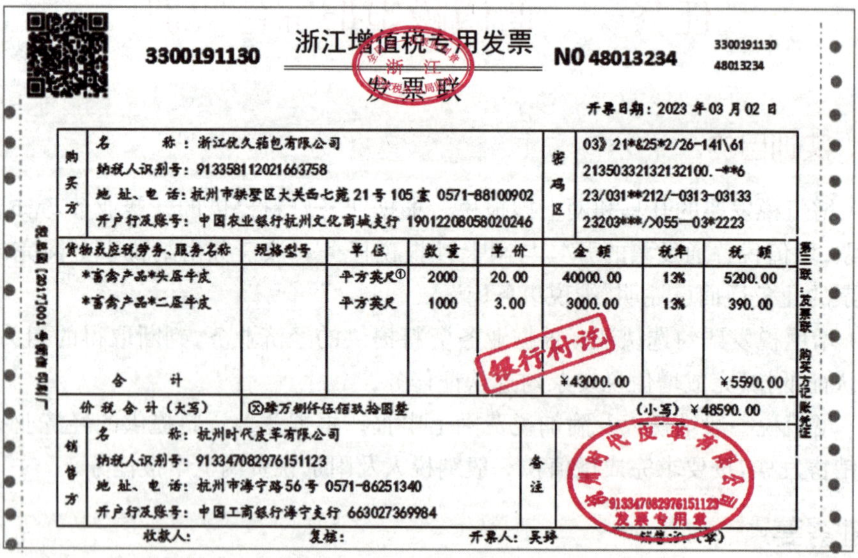

3300191130　浙江增值税专用发票　NO 48013234　3300191130 48013234

发票联

开票日期：2023 年 03 月 02 日

购买方　名称：浙江优久箱包有限公司
纳税人识别号：913358112021663758
地址、电话：杭州市拱墅区大关西七苑 21 号 105 室 0571-88100902
开户行及账号：中国农业银行杭州文化商城支行 19012208058020246

密码区　03》21*&25*2/26-141\61
2135033213213210 0.-**6
23/031**212/-0313-03133
23203***/>055—03*2223

货物或应税劳务、服务名称	规格型号	单位	数量	单价	金额	税率	税额
*畜禽产品*头层牛皮		平方英尺①	2000	20.00	40000.00	13%	5200.00
*畜禽产品*二层牛皮		平方英尺	1000	3.00	3000.00	13%	390.00
合计					¥43000.00		¥5590.00
价税合计(大写)	⊗肆万捌仟伍佰玖拾圆整				(小写) ¥48590.00		

销售方　名称：杭州时代皮革有限公司
纳税人识别号：913347082976151123
地址、电话：杭州市海宁路 56 号 0571-86251340
开户行及账号：中国工商银行海宁支行 663027369984

备注

收款人：　复核：　开票人：吴婷　销售方：(章)

第三联：发票联　购买方记账凭证

银行付讫

图 7-1　增值税专用发票

① 1 平方英尺≈0.092 9 平方米。

(3) 2 日，向杭州欧尚皮具有限公司(统一社会信用代码：913108604225602284；地址及电话：杭州市滨江区西浦路 28 号，0571-83035299；开户行及账号：中国农业银行西浦路支行，1202004588035472)销售单肩包一批，具体明细如表 7-1 所示，商品已出库，款项通过银行转账收取。请开具增值税专用发票一张。

表 7-1　销售商品明细表

货物名称	规格型号	数量单位	数量	不含税单价(元)
单肩包	K758	个	50	1 590.00
单肩包	K756	个	80	1 230.00

(4) 3 日，从杭州文化办公用品有限公司购入办公用文件盒 6 箱，行政管理部门直接领用，取得增值税普通发票一张，如图 7-2 所示。款项已通过现金支付。

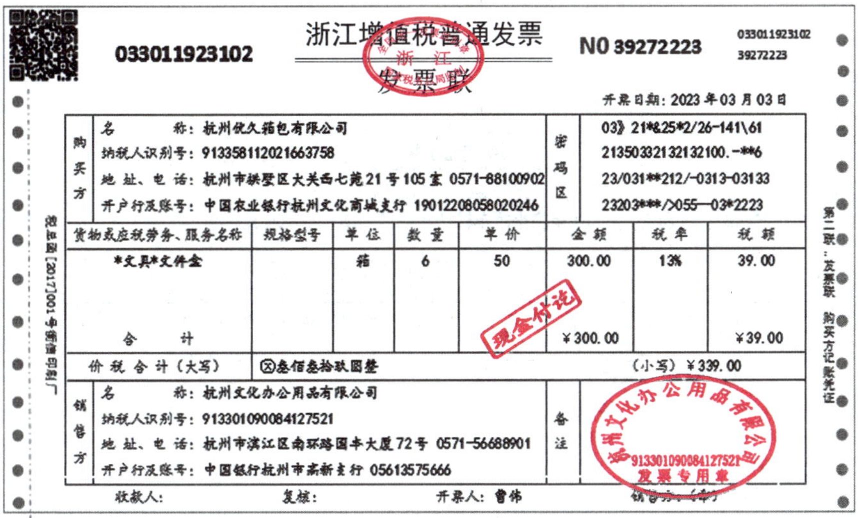

浙江增值税普通发票

033011923102　　NO 39272223　　033011923102 39272223

发票联

开票日期：2023 年 03 月 03 日

购买方	名称：杭州优久箱包有限公司 纳税人识别号：913358112021663758 地址、电话：杭州市拱墅区大关西七苑 21 号 105 室 0571-68100902 开户行及账号：中国农业银行杭州文化商城支行 1901220805802024 6	密码区	03》21*&25*2/26-141\61 21350332132132100.-**6 23/031**212/-0313-03133 23203***/>055—03*2223

货物或应税劳务、服务名称	规格型号	单位	数量	单价	金额	税率	税额
*文具*文件盒		箱	6	50	300.00	13%	39.00
合计					¥300.00		¥39.00
价税合计(大写)	⊗叁佰叁拾玖圆整				(小写) ¥339.00		

销售方	名称：杭州文化办公用品有限公司 纳税人识别号：913301090084127521 地址、电话：杭州市滨江区南环路国丰大厦 72 号 0571-56688901 开户行及账号：中国银行杭州市高新支行 05613575666	备注	

收款人：　　复核：　　开票人：曾伟　　销售方：(章)

现金付讫

杭州文化办公用品有限公司 913301090084127521 发票专用章

第二联：发票联　购买方记账凭证

图 7-2　增值税普通发票

(5) 3 日，通过银行存款支付增值税防伪税控开票系统技术维护费 230 元，取得增值税普通发票一张，如图 7-3 所示。

(6) 4 日，转让一台自用过 10 年的小轿车，通过银行转账取得含税收入 100 000 元，开具一份收款收据，如图 7-4 所示。(注：公司不放弃相关减税优惠)

(7) 4 日，向杭州智吉箱包有限公司(统一社会信用代码：913301091588084736；地址及电话：杭州市滨江区江陵路 145 号，0571-88002765；开户行及账号：中国工商银行杭州滨江支行，1206601000016236)销售拉杆箱一批，具体明细如表 7-2 所示，商品已出库，货款也已通过银行转账收取。请开具增值税专用发票一张。在备注栏内注明收款方式为：银行转账。

(8) 5 日，销售部邓琪预支差旅费 2 000 元，用于发展长沙市场。借款单如图 7-5 所示。

浙江增值税普通发票

发票联

033011921230　　NO 29760106　　033011921230 29760106

开票日期：2023年03月03日

购买方	名　　称：杭州优久箱包有限公司 纳税人识别号：913358112021663758 地址、电话：杭州市拱墅区大关西七苑21号102-104室0571-88100902 开户行及账号：中国农业银行杭州文化商城支行 19012208058020246			密码区	03》21*&25*2/26-141\61 2135033213213 2100.-**6 23/031**212/-0313-03133 23203***/>055-03*2223		
货物或应税劳务、服务名称	规格型号	单位	数量	单价	金额	税率	税额
*信息技术服务*增值税防伪税控开票系统技术维护费			1	216.98	216.98	6%	13.02
合　计					¥216.98		¥13.02
价税合计（大写）	⊗贰佰叁拾圆整				（小写）¥230.00		
销售方	名　　称：杭州市航天信息技术有限公司 纳税人识别号：91330182331664 2603 地址、电话：杭州市萧山区市心中路103号 0571-80772215 开户行及账号：中国邮政储蓄银行杭州庆春路支行 933020107696 0105025			备注			

收款人：　　复核：　　开票人：肖肖　　销售方：（章）

第二联：发票联　购买方记账凭证

（印章：杭州市航天信息技术有限公司 913301823316642603 发票专用章；银行付讫）

图 7-3　增值税普通发票

收款收据　　No 48177611

2023年03月04日

今收到 一台自用过10年的小轿车转让含税收入100000.00元。

金额大写　⊗佰壹拾零万零仟零佰零拾零元零角零分

¥：100000.00　　（单位盖章）

核准：　　会计：　　记账：　　出纳：周彤　　经手人：

（印章：银行收讫；杭州优久箱包有限公司 财务专用章）

图 7-4　收款收据

表 7-2　销售商品明细表

货物名称	规格型号	数量单位	数量	不含税单价（元）
拉杆箱	20 寸	只	10	1 780.00
拉杆箱	25 寸	只	5	1 880.00
拉杆箱	29 寸	只	2	1 980.00

杭州优久箱包有限公司　借款单

2023年03月05日

借款单位：销售部		
借款理由：预支差旅费		
借款金额：人民币（大写）贰仟元整		¥2000.00
本部门负责人意见：同意。傅青	借款人签字：邓琪	
会计主管审批：同意。董明涛	付款方式：转账支票	出纳：周彤

（印章：银行付讫）

图 7-5　借款单

(9) 6 日，从杭州三竹包装材料有限公司采购包装袋一批，商品已入库，取得对方开具的增值税专用发票一张，如图 7-6 所示。货款已通过银行转账支付。

浙江增值税专用发票　　3300191130　　NO 95594006　　3300191130 95594006

发票联

开票日期：2023 年 03 月 06 日

购买方	名　　称：浙江优久箱包有限公司 纳税人识别号：91335811202166375 8 地 址、电 话：杭州市拱墅区大关西七苑 21 号 105 室 0571-88100902 开户行及账号：中国农业银行杭州文化商城支行 19012208058020246				密码区	03》21*&25*2/26-141\61 2135033213213210 0.-**6 23/031**212/-0313-03133 23203***/>055—03*2223	
货物或应税劳务、服务名称	规格型号	单位	数量	单价	金额	税率	税额
*纺织产品*包装袋		个	5000	4.00	20000.00	13%	2600.00
合　　计					¥20000.00		¥2600.00
价税合计（大写）	⊗贰万贰仟陆佰圆整				（小写）¥22600.00		
销售方	名　　称：杭州三竹包装材料有限公司 纳税人识别号：91334700321108094 5 地 址、电 话：杭州市西湖区文昌西路 64 号 0571-82038028 开户行及账号：中国建设银行西湖支行 660284339238308				备注		

收款人：　　复核：　　开票人：苗琳　　销售方：（章）

第三联：发票联　购买方记账凭证

银行付讫

图 7-6　增值税专用发票

(10) 6 日，通过银行转账支付浙江合和皮具有限公司商标权费，取得对方开具的增值税专用发票一张，如图 7-7 所示。不含税金额为 800 000 元，款项已通过银行转账支付。

浙江增值税专用发票　　3300191130　　NO 90155526　　3300191130 90155526

发票联

开票日期：2023 年 03 月 06 日

购买方	名　　称：杭州优久箱包有限公司 纳税人识别号：91335811202166375 8 地 址、电 话：杭州市拱墅区大关西七苑 21 号 105 室 0571-88100902 开户行及账号：中国农业银行杭州文化商城支行 19012208058020246				密码区	03》21*&25*2/26-141\61 2135033213213210 0.-**6 23/031**212/-0313-03133 23203***/>055—03*2223	
货物或应税劳务、服务名称	规格型号	单位	数量	单价	金额	税率	税额
*无形资产*商标权费			1	800000.00	800000.00	6%	48000.00
合　　计					¥800000.00		¥48000.00
价税合计（大写）	⊗捌拾肆万捌仟圆整				（小写）¥848000.00		
销售方	名　　称：浙江合和皮具有限公司 纳税人识别号：91331152189104662 5 地 址、电 话：杭州市江干区云东路 1 号 0571-89200035 开户行及账号：杭州银行江干区支行 220420383488907				备注		

收款人：　　复核：　　开票人：杜敏　　销售方：（章）

第三联：发票联　购买方记账凭证

银行付讫

图 7-7　增值税专用发票

(11) 7 日，向杭州便民超市有限公司（统一社会信用代码：913301091228085027；地址及电话：杭州市萧山区时代大道 468 号，0571-82507419；开户行及账号：杭州银行萧山支行，30420349000024）销售单肩包和双肩包各 50 个，销售商品明细如表 7-3 所示，款项暂未收取，商品已出库。请开具增值税专用发票一张。

表 7-3　销售商品明细表

货物名称	规格型号	数量单位	数量	不含税单价(元)
单肩包	K758	个	20	1 590.00
单肩包	K756	个	30	1 230.00
双肩包	K455	个	20	1 628.00
双肩包	K469	个	30	1 980.00

(12) 8 日,将位于本市的一幢 7 年前取得的办公用房出租给杭州逐梦网络科技有限公司(统一社会信用代码：913301102733459039;地址及电话：杭州市滨江区江南大道 2603 号,0571-81690725;开户行及账号：中国银行滨江支行,39746000028211659),收取本月租金价税合计 80 000 元。公司选择简易计税方法计税。请开具增值税普通发票一张。(数量单位为“月”)

(13) 12 日,向杭州海轩皮具有限公司(统一社会信用代码：913323709485945198;地址及电话：杭州市五云中路 8 号,0571-81619082;开户行及账号：中国工商银行湖滨分理处,120203400179283784)销售旅行袋一批,销售商品明细如表 7-4 所示,商品已出库,款项通过银行转账收取。因对方是老客户,公司给予其 10%的商业折扣。请开具增值税普通发票一张。

表 7-4　销售商品明细表

货物名称	规格型号	数量单位	数量	不含税单价(元)
旅行袋	XC8803	个	60	1 588.00
旅行袋	GX0816	个	60	1 462.00

(14) 13 日,从杭州绿明包装材料有限公司采购原材料拉链 3 000 个,商品已入库,取得对方开具的增值税专用发票一张,如图 7-8 所示。货款已通过银行转账支付。

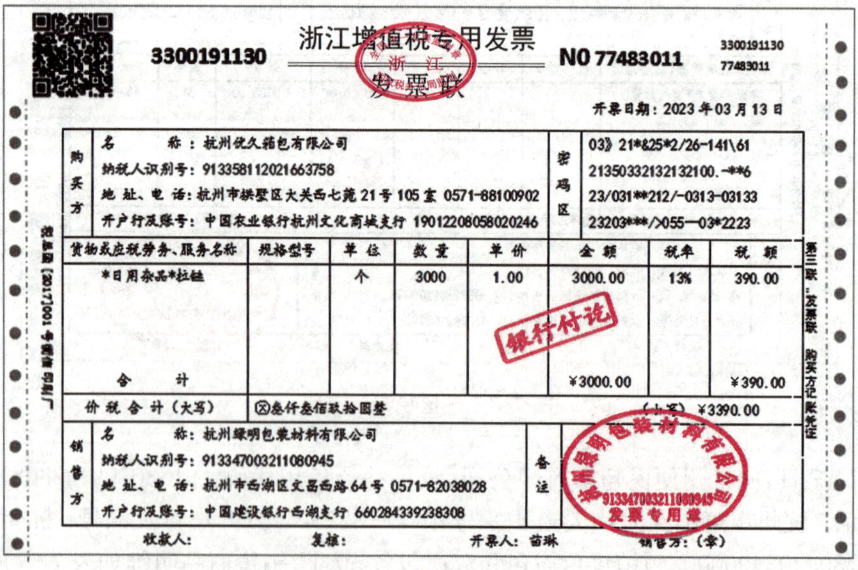

浙江增值税专用发票

3300191130　　发票联　　NO 77483011　　3300191130 77483011

开票日期：2023 年 03 月 13 日

购买方　名　　称：杭州优久箱包有限公司
纳税人识别号：913358112021663758
地 址、电 话：杭州市拱墅区大关西七苑 21 号 105 室 0571-88100902
开户行及账号：中国农业银行杭州文化商城支行 19012208058020246

密码区　03》21*&25*2/26-141\61
21350332132132100.-**6
23/031**212/-0313-03133
23203***/>055—03*2223

货物或应税劳务、服务名称	规格型号	单位	数量	单价	金额	税率	税额
*日用杂品*拉链		个	3000	1.00	3000.00	13%	390.00
合　　计					¥3000.00		¥390.00

价税合计(大写)　ⓧ叁仟叁佰玖拾圆整　　(小写) ¥3390.00

销售方　名　　称：杭州绿明包装材料有限公司
纳税人识别号：913347003211080945
地 址、电 话：杭州市西湖区文昌西路 64 号 0571-82038028
开户行及账号：中国建设银行西湖支行 660284339238308

备注

收款人：　　复核：　　开票人：苗琳　　销售方：(章)

第三联：发票联　购买方记账凭证

银行付讫

图 7-8　增值税专用发票

(15) 13 日，领用上月从增值税一般纳税人处购进的壁纸，领料单如图 7-9 所示，用于装饰职工食堂。壁纸购进当月已按 13%的增值税税率进行进项税额抵扣。

领料单

仓库： 2023 年 03 月 13 日

编号	类别	材料名称	规格	单位	数量		成本价格	
					请领	实发	单价	金额
1		壁纸		卷	100	100	15.80	1580.00
合计					100	100		¥1580.00
用途	用于装饰职工食堂		领料部门		发料部门		财务部门	
			负责人	领料人	核准人	发料人	审核	会计
			林一	丁婷	崔健	莫宇轩	陶琳	姚贝儿

图 7-9 领料单

(16) 14 日，向浙江天宇数码有限公司(统一社会信用代码：913301065769580321；地址及电话：杭州市西湖区文三路 333 号，0571-88270625；开户行及账号：中国农业银行文三路支行，0453110142365)销售 25 寸拉杆箱 10 只，不含税单价为 1 880 元，商品已出库，款项暂未收取。请开具增值税专用发票一张。

(17) 16 日，采购行政部用的墨粉，取得增值税专用发票一张，如图 7-10 所示。款项已通过银行转账支付。

3300191130　浙江增值税专用发票　NO 57700434　3300191130 57700434

发票联

开票日期：2023 年 03 月 16 日

购买方	名称：杭州优久箱包有限公司 纳税人识别号：91335811202166375 8 地址、电话：杭州市拱墅区大关西七苑 21 号 105 室 0571-88100902 开户行及账号：中国农业银行杭州文化商城支行 19012208058020246	密码区	03》21*825*2/26-141\61 21350332132132100.-**6 23/031**212/-0313-03133 23203***/>055—03*2223

货物或应税劳务、服务名称	规格型号	单位	数量	单价	金额	税率	税额
*非金属矿物制品*墨粉		个	100	50	5000.00	13%	650.00
合计					¥5000.00		¥650.00
价税合计（大写）	⊗伍仟陆佰伍拾圆整					（小写）	¥5650.00

销售方	名称：杭州嘉欣电子设备有限公司 纳税人识别号：91333034562827018 2 地址、电话：杭州市阳光北大街 11 号 45820689 开户行及账号：中国工商银行阳光分行 3275201273	备注	

收款人：　复核：　开票人：周博慧　销售方：（章）

第三联：发票联 购买方记账凭证

税总函[2017]001 号联海印制厂

图 7-10 增值税专用发票

(18) 16 日，向杭州华艺皮具有限公司(统一社会信用代码：913305214721837644；地址及电话：杭州市上城区解放路 5 号，0571-86231546；开户行及账号：中国工商银行解放路支行，1202838526615724 17)销售双肩包 80 个，销售明细如表 7-5 所示，商品已发出,款项暂未收取。请开具增值税专用发票一张。

表 7-5　销售商品明细表

货物名称	规格型号	数量单位	数量	不含税单价(元)
双肩包	K455	个	40	1 628.00
双肩包	K469	个	40	1 980.00

(19) 19 日,从浙江一百五金制造有限公司购入皮包扣一批,取得增值税专用发票一张,如图 7-11 所示。商品已入库,货款通过银行转账支付。

3300191130　浙江增值税专用发票　NO 66394545　3300191130 66394545

发票联

开票日期: 2023 年 03 月 19 日

购买方	名　　称: 杭州优久箱包有限公司 纳税人识别号: 913358112021663758 地 址、电 话: 杭州市拱墅区大关西七苑 21 号 105 室 0571-88100902 开户行及账号: 中国农业银行杭州文化商城支行 19012208058020246	密码区	03》21*&25*2/26-141\61 21350332132132100.-**6 23/031**212/-0313-03133 23203***/>055—03*2223

货物或应税劳务、服务名称	规格型号	单位	数量	单价	金额	税率	税额
*日用杂品*皮包扣		个	8000	2.00	16000.00	13%	2080.00
合　计					¥16000.00		¥2080.00
价税合计(大写)	⊗壹万捌仟零捌拾圆整				(小写) ¥18080.00		

销售方	名　　称: 浙江一百五金制造有限公司 纳税人识别号: 913301117695803215 地 址、电 话: 杭州市余杭区黄湖镇兴湖路 28 号 0571-8825350 开户行及账号: 中国农业银行余杭区黄湖支行 20100003948444	备注	

收款人:　　复核:　　开票人: 许琴　　销售方: (章)

税总函〔2017〕001 号浙江印刷厂　　第三联:发票联　购买方记账凭证

银行付讫

浙江一百五金制造有限公司 913301117695803215 发票专用章

图 7-11　增值税专用发票

(20) 20 日,将自产的拉杆箱作为中秋福利发放给行政部门职员,给每位职员发放一只 25 寸拉杆箱,出库单如图 7-12 所示。该尺寸拉杆箱的市场含税售价为 2 124.4 元/只。

出库单

会计部门编号 001　　NO 75521349

仓库部门编号 001　　2023 年 03 月 20 日

编号	名称	规格型号	单位	出库数量	单价	金额	备注
1	拉杆箱	25寸	只	5			
	合计			5			

第二联交财务

生产车间或部门: 生产一车间　　仓库管理员: 王远

图 7-12　出库单

(21) 21 日,收到银行存款利息收入 1 845.8 元。

(22) 21 日,为修建职工食堂,领用 2022 年 6 月从一般纳税人处外购的钢材(适用 13%增值税税率)一批,领料单如图 7-13 所示。该批钢材入账成本为 70 000 元(其中含运输费用 2 790 元,由一般纳税人的运输公司提供运输服务),钢材购入时材料费用和运输费用均已按规定抵扣了进项税额。

领料单

仓库: 2023 年 03 月 21 日

编号	类别	材料名称	规格	单位	数量		实际价格	
					请领	实发	单价	金额
1		钢材		批	1	1		
合计					1	1		
用途	用于修建职工食堂		领料部门		发料部门		财务部门	
			负责人	领料人	核准人	发料人	审核	会计
			林一	丁婷	崔健	莫宇轩	陶琳	姚贝儿

图 7-13 领料单

(23) 21 日,接受杭州中明税务师事务所的税务咨询服务,共计支付服务费 10 800 元,取得增值税专用发票一张,如图 7-14 所示。

浙江增值税专用发票

3300192130 发票联 NO 19293003

3300192130
19293003

开票日期:2023 年 03 月 21 日

购买方	名　称:杭州优久箱包有限公司 纳税人识别号:913358112021663758 地 址、电 话:杭州市拱墅区大关西七苑 21 号 105 室 0571-88100902 开户行及账号:中国农业银行杭州文化商城支行 19012208058020246	密码区	03》21*&25*2/26-141\61 21350332132132100.-**6 23/031**212/-0313-03133 23203***/>055—03*2223

货物或应税劳务、服务名称	规格型号	单位	数量	单价	金额	税率	税额
*鉴证咨询服务*税务咨询服务费		次	1	10188.68	10188.68	6%	611.32
合　计					¥10188.68		¥611.32
价税合计(大写)	⊗壹万零捌佰圆整				(小写)¥10800.00		

销售方	名　称:杭州中明税务师事务所 纳税人识别号:91330109321756850 2 地 址、电 话:杭州市上城区延安路 305 号明珠大厦 7F 56631256 开户行及账号:中国银行杭州市延安路支行 789789789785089	备注	杭州中明税务师事务所 91330109321756850 2 发票专用章

收款人: 复核: 开票人:冯思璐 销售方:(章)

第三联:发票联 购买方记账凭证

银行付讫

图 7-14 增值税专用发票

(24) 22 日,受托加工凯莉包一批,原辅材料均由委托方提供,收取含税加工费 66 420 元,开具增值税普通发票一张,如图 7-15 所示。款项已通过银行转账收取。

浙江增值税普通发票

033011921230　NO 89936734　033011921230 89936734

此联不作报销、扣税凭证使用

开票日期：2023 年 03 月 22 日

购买方	名称：上海易方皮具有限公司 纳税人识别号：913101146660257598 地址、电话：上海市叶城路 900 号 39915015 开户行及账号：浦发银行嘉定支行 9843015470000991	密码区	03》21*&25*2/26-141\61 2135033213213 2100.-**6 23/031**212/-0313-03133 23203***/>055—03*2223

货物或应税劳务、服务名称	规格型号	单位	数量	单价	金额	税率	税额
*劳务*加工费		次	1	58778.76	58778.76	13%	7641.24
合计					¥58778.76		¥7641.24
价税合计（大写）	⊗陆万陆仟肆佰贰拾圆整					（小写）	¥66420.00

销售方	名称：杭州优久箱包有限公司 纳税人识别号：913358112021663758 地址、电话：杭州市拱墅区大关西七苑 21 号 105 室 0571-88100902 开户行及账号：中国农业银行杭州文化商城支行 19012208058020246	备注	

收款人：　复核：　开票人：钱森　销售方：（章）

税总函[2017]001 号海南华森

第一联：记账联 销售方记账凭证

图 7-15　增值税普通发票

（25）22 日，向杭州艾盛皮具有限公司（统一社会信用代码：913301095317880552；地址及电话：杭州市上城区延安路 302 号，0571-56683456；开户行及账号：中国银行杭州市延安路支行，605789789076345）销售商品一批，商品已发出，款项暂未收取。销售商品明细如表 7-6 所示。请开具带有销货清单的增值税专用发票一张。

表 7-6　销售商品明细表

货物名称	规格型号	数量单位	数量	不含税单价（元）
单肩包	K758	个	10	1 590.00
单肩包	K756	个	10	1 230.00
双肩包	K455	个	10	1 628.00
双肩包	K469	个	10	1 980.00
旅行袋	XC8803	个	10	1 588.00
旅行袋	GX0816	个	8	1 462.00
拉杆箱	20 寸	只	20	1 780.00
拉杆箱	25 寸	只	10	1 880.00
拉杆箱	29 寸	只	15	1 980.00

（26）23 日，通过银行转账支付顺丰物流运输有限公司本月行政管理部门发生的快递费，共计 1 404 元，取得增值税专用发票一张，如图 7-16 所示。

（27）23 日，从浙江兴茂家用商贸城购进 DY 车两台，取得增值税专用发票一张，如图 7-17 所示。货款通过银行转账支付。

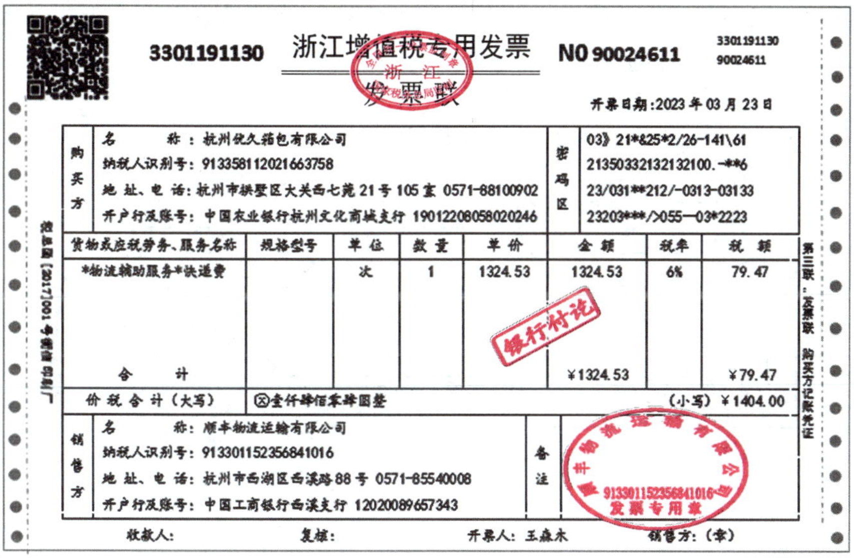

3301191130　浙江增值税专用发票　NO 90024611

3301191130
90024611

发票联

开票日期：2023年03月23日

购买方		密码区	
	名　　称：杭州优久箱包有限公司		03》21*&25*2/26-141\61
	纳税人识别号：913358112021663758		21350332132132100.-**6
	地址、电话：杭州市拱墅区大关西七苑21号105室 0571-88100902		23/031**212/-0313-03133
	开户行及账号：中国农业银行杭州文化商城支行 19012208058020246		23203***/>055—03*2223

货物或应税劳务、服务名称	规格型号	单位	数量	单价	金额	税率	税额
*物流辅助服务*快递费		次	1	1324.53	1324.53	6%	79.47
合　计					¥1324.53		¥79.47
价税合计（大写）	⊗壹仟肆佰零肆圆整					（小写）	¥1404.00

销售方		备注
	名　　称：顺丰物流运输有限公司	
	纳税人识别号：913301152356841016	
	地址、电话：杭州市西湖区西溪路88号 0571-85540008	
	开户行及账号：中国工商银行西溪支行 12020089657343	

收款人：　　复核：　　开票人：王森木　　销售方：（章）

第三联：发票联　购买方记账凭证

图 7-16　增值税专用发票

3301191130　浙江增值税专用发票　NO 57501166

3301191130
57501166

发票联

开票日期：2023年03月23日

购买方		密码区	
	名　　称：杭州优久箱包有限公司		03》21*&25*2/26-141\61
	纳税人识别号：913358112021663758		21350332132132100.-**6
	地址、电话：杭州市拱墅区大关西七苑21号105室 0571-88100902		23/031**212/-0313-03133
	开户行及账号：中国农业银行杭州文化商城支行 19012208058020246		23203***/>055—03*2223

货物或应税劳务、服务名称	规格型号	单位	数量	单价	金额	税率	税额
*服装加工机械*DY车		台	2	2250.00	4500.00	13%	585.00
合　计					¥4500.00		¥585.00
价税合计（大写）	⊗伍仟零捌拾伍圆整					（小写）	¥5085.00

销售方		备注
	名　　称：浙江兴茂家用商贸城	
	纳税人识别号：913301065660351501	
	地址、电话：杭州市拱墅区密渡桥路102号 0571-97957350	
	开户行及账号：中国农业银行杭州市杭州大厦支行 11050505549600050	

收款人：　　复核：　　开票人：王涛　　销售方：（章）

第三联：发票联　购买方记账凭证

图 7-17　增值税专用发票

(28) 25日，将自用车辆后视窗的广告位提供给杭州博文印刷广告有限公司（统一社会信用代码：913301097384025520；地址及电话：杭州市滨江区南环路502号，0571-57857390；开户行及账号：中国农业银行杭州市高新支行，19045301040000000）贴广告，期限为3天，通过银行转账共收取含税广告位占用费30 000元。请开具增值税普通发票一张。（单位：天）

(29) 26日，销售部职员邓琪出差归来，报销差旅费，差旅费报销单及附件发票凭证如图7-18至图7-21所示，同类型的票据按合计数计算进项税额。（备注：此笔业务铁路旅客运输进项税额抵扣填写在《增值税及附加税费申报表附列资料（二）》第8b行“其他”

和第 10 行“本期用于抵扣的旅客运输服务扣税凭证”，计算结果以四舍五入方式保留两位小数，对应金额按计算的税额倒推得出）

差旅费报销单

附件 3 张　　　　2023 年 03 月 26 日

单位名称	杭州优久箱包有限公司					姓名	邓琪		
出差事由	发展市场					出差日期	自	03-06	共 3 天
到达地点	长沙						至	03-08	
项目	交通工具				其他	住宿费	伙食补助		
	火车	汽车	轮船	飞机		共 2 天	共 天		
金额	796.00					636.00	300.00		
总计金额人民币（大写）	壹仟柒佰叁拾贰元整							¥ 1732.00	
部门主管	傅青	领款人	邓琪	预支：2000.00		退/补：268.00			

总经理：何文焕　　　　出纳：周彤

对方科目及边线外各项请勿填写

现金收讫

图 7-18　差旅费报销单

Z49C028255　　检票口 05A

杭州东站 Hangzhoudong　G1417　长沙南站 Changshanan

2023 年 03 月 06 日 08:18 开　11 车 08B 号

¥ 398.00 元　网　二等座

限乘当日当次车

3701031990****2920 邓琪

买票请到 12306　发货请到 95306

中国铁路祝您旅途愉快

90041300491006C028255 杭州东售

图 7-19　出差高铁票

Z49C028371　　检票口 09B

长沙南站 Changshanan　G2194　杭州东站 Hangzhoudong

2023 年 03 月 08 日 13:37 开　01 车 12A 号

¥ 398.00 元　网　二等座

限乘当日当次车

3701031990****2920 邓琪

买票请到 12306　发货请到 95306

中国铁路祝您旅途愉快

90041300491006C028371 长沙南售

图 7-20　出差高铁票

湖南增值税普通发票

发票联

043001900104　　NO 80202146　　043001800104 80202146

开票日期：2023 年 03 月 08 日

购买方	名　　称：杭州优久箱包有限公司 纳税人识别号：91335811202166375 地 址、电 话：杭州市拱墅区大关西七苑 21 号 105 室 0571-88100 开户行及账号：中国农业银行杭州文化商城支行 190122080580202				密码区	03》21*&25*2/26-141\61 21350332132132100.-**6 23/031**212/-0313-03133 23203***/>055—03*2223	
货物或应税劳务、服务名称	规格型号	单位	数量	单价	金额	税率	税额
*住宿服务*住宿			2	308.74	617.48	3%	18.52
合　计					¥617.48		¥18.52
价税合计（大写）	⊗陆佰叁拾陆圆整					（小写）¥636.00	
销售方	名　　称：长沙国际连锁大酒店 纳税人识别号：914366172500451166 地 址、电 话：长沙市芙蓉区 68 号 15835162002 开户行及账号：中国工商银行长沙支行 19015649946160023				备注	长沙国际连锁大酒店 914366172500451166 发票专用章	

收款人：　　复核：　　开票人：李兵　　销售方：（章）

第二联：发票联　购买方记账凭证

图 7-21　增值税普通发票

(30) 27 日，向杭州恰星皮具有限公司(统一社会信用代码：91330239400230394８;地址及电话：杭州市上城区环城东路 23 号，0571-83470888;开户行及账号：中国工商银行环城东路支行，1202028838473)销售 29 寸拉杆箱 60 只，不含税单价为 1 980 元。为及早收回货款，公司与杭州恰星皮具约定的现金折扣条件为“2/10，1/20，n/30”，商品已发出，假定计算现金折扣时不考虑增值税。请开具增值税专用发票一张。

(31) 28 日，从杭州宝康皮革有限公司购买皮革一批，原材料入库，收到增值税专用发票一张，如图 7-22 所示。货款暂未支付。

浙江增值税专用发票 发票联

3300191130　NO 43432809　3300191130 43432809

开票日期：2023 年 03 月 28 日

购买方　名称：杭州优久箱包有限公司
纳税人识别号：913358112021663758
地址、电话：杭州市拱墅区大关西七苑 21 号 105 室 0571-88100902
开户行及账号：中国农业银行杭州文化商城支行 1901220805802024６

密码区：03》21*&25*2/26-141\61　2135033213213210０.-**6　23/031**212/-0313-03133　23203***/>055—03*2223

货物或应税劳务、服务名称	规格型号	单位	数量	单价	金额	税率	税额
*畜禽产品*头层牛皮		平方英尺	4000	20.00	80000.00	13%	10400.00
*畜禽产品*二层牛皮		平方英尺	3000	3.00	9000.00	13%	1170.00
合计					¥89000.00		¥11570.00
价税合计（大写）	⊗壹拾万零伍佰柒拾圆整				（小写）¥100570.00		

销售方　名称：杭州宝康皮革有限公司
纳税人识别号：913347082976151123
地址、电话：杭州市海宁路 56 号 0571-86251340
开户行及账号：中国工商银行海宁支行 663027369984

备注

收款人：　复核：　开票人：吴婷　销售方：（章）

第三联：发票联 购买方记账凭证

图 7-22　增值税专用发票

(32) 29 日，从华润百货有限公司购入车间专用漏斗 30 只，取得增值税普通发票一张，如图 7-23 所示。款项通过银行转账支付。

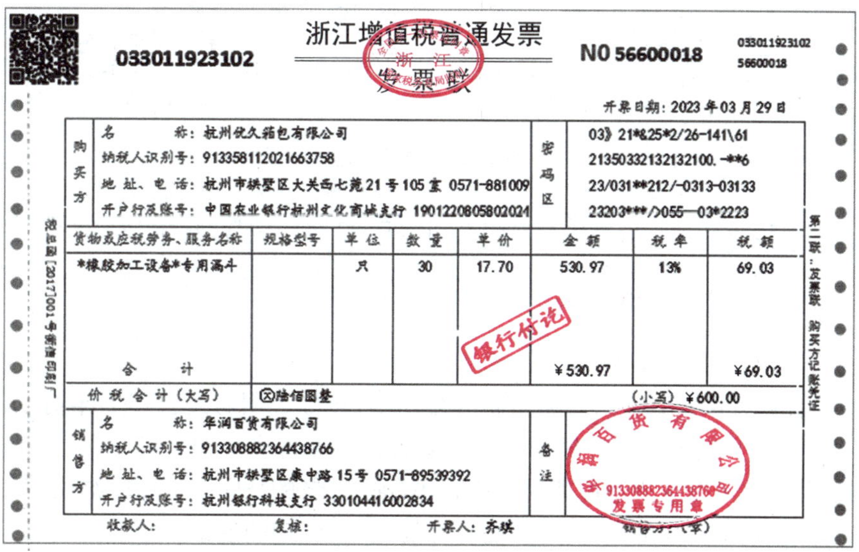

浙江增值税普通发票 发票联

033011923102　NO 56600018　033011923102 56600018

开票日期：2023 年 03 月 29 日

购买方　名称：杭州优久箱包有限公司
纳税人识别号：913358112021663758
地址、电话：杭州市拱墅区大关西七苑 21 号 105 室 0571-881009
开户行及账号：中国农业银行杭州文化商城支行 190122080580202４

密码区：03》21*&25*2/26-141\61　21350332132132100.-**6　23/031**212/-0313-03133　23203***/>055—03*2223

货物或应税劳务、服务名称	规格型号	单位	数量	单价	金额	税率	税额
*橡胶加工设备*专用漏斗		只	30	17.70	530.97	13%	69.03
合计					¥530.97		¥69.03
价税合计（大写）	⊗陆佰圆整				（小写）¥600.00		

银行付讫

销售方　名称：华润百货有限公司
纳税人识别号：913308882364438766
地址、电话：杭州市拱墅区康中路 15 号 0571-89539392
开户行及账号：杭州银行科技支行 330104416002834

备注

收款人：　复核：　开票人：齐琪　销售方：（章）

第二联：发票联 购买方记账凭证

图 7-23　增值税普通发票

（33）29 日，因仓库保管员管理不善，导致上月从一般纳税人企业购进的一批包装物（适用 13%增值税税率）丢失，该批包装物的账面成本为 20 000 元（含运费 1 860 元，由一般纳税人运输公司提供运输服务）。包装物购入时相关费用和运输费用均已按规定抵扣了进项税额。存货盘亏处理通知单如图 7-24 所示。

存货盘亏处理通知单

经查，盘亏的包装物由仓库保管不善导致。报经审批后计入管理费用。

财务经理：陶琳

2023 年 03 月 29 日

会计主管：董明涛

（印章：杭州优久箱包有限公司）

图 7-24　存货盘亏处理通知单

（34）30 日，向杭州枫奥皮具有限公司销售“GX0816”型号旅行袋 50 个，不含税单价为 1 462 元，商品已出库。通过银行转账收取货款 82 603 元，已开具增值税专用发票。同时，收取包装物押金 10 000 元，收取的押金开具一份收款收据如图 7-25 所示。

收款收据　　No 48177614

2023 年 03 月 30 日

今收到 因销售商品而收取的包装物押金 10000.00 元。

金额大写 ⊗佰 ⊗拾 壹 万 零 仟 零 佰 零 拾 零 元 零 角 零 分

¥：10000.00　　（单位盖章）

核准：　　会计：　　记账：　　出纳：周彤　　经手人：

（印章：杭州优久箱包有限公司财务专用章）

图 7-25　收款收据

（35）30 日，收到杭州恰星皮具有限公司本月 27 日的货款，共计 131 868 元。

三、业务处理和实训成果

（一）部分开票业务分析

（1）经济业务（12），8 日，公司出租办公用房，该办公用房是公司 7 年前取得的，即 2016 年 3 月 8 日以前取得的。根据相关政策规定，一般纳税人出租其 2016 年 4 月 30 日前取得的不动产，可以选择适用简易计税方法，按照 5%的征收率计算应纳税额。根据业务资料可知，公司选择简易计税方式，需要开具 5%征收率的发票。

公司收取本月租金价税合计 80 000 元，换算成不含税租金为 76 190.48 元（80 000÷1.05），该笔经济业务按简易计税办法计算的应纳税额为 3 809.52 元（76 190.48×5%）。出租办公室开具的发票（部分截图）如图 7-26 所示。

国税函（2014）10 号浙江印钞厂

购买方	名　　称	杭州逐梦网络科技有限公司			密码区	74/*/0*4/411*++3+0/**1**161	
	纳税人识别号	91330110273345903 9				++/6+00*++*/400126*0600**66	
	地址、电话	杭州市滨江区江南大道2603号 0571-81690725				6****2+6*43+6*1505*62/2**80	
	开户行及账号	中国银行滨江支行 39746000028211659				/3/5043-497+*7<07+20797738*	

货物或应税劳务、服务名称	规格型号	单位	数量	单价	金额	税率	税额
*经营租赁*办公室出租		月	1	76190.47	76190.48	5%	3809.52
合　　计					¥76190.48		¥3809.52
价税合计（大写）	⊗捌万圆整				（小写）¥80000.00		

第一联　记账联　销售方记账凭证

图 7-26　出租办公室开具的发票（部分截图）

（2）经济业务（13），12 日，公司销售旅行袋一批，给予客户 10%的商业折扣。根据政策规定，纳税人采取折扣方式销售货物，如果销售额和折扣额在同一张发票上分别注明的，可按折扣后的销售额征收增值税。纳税人采取折扣方式销售货物，销售额和折扣额在同一张发票上分别注明是指销售额和折扣额在同一张发票上的“金额”栏分别注明，可按折扣后的销售额征收增值税。未在同一张发票“金额”栏注明折扣额，而仅在发票的“备注”栏注明折扣额的，折扣额不得从销售额中减除。开具的发票涉及商业折扣时应在“金额”栏注明折扣，该笔经济业务的不含税销售额为 164 700 元（60×1 588×90%+60×1 462×90%），销项税额为 21 411 元（164 700×13%）。

（3）经济业务（28），25 日，公司将自用车辆后视窗的广告位提供给其他公司贴广告并收取 30 000 元。根据政策规定，将建筑物、构筑物等不动产或者飞机、车辆等有形动产的广告位出租给其他单位或者个人用于发布广告，按照经营租赁服务缴纳增值税。因此，该笔经济业务按照有形动产租赁、13%增值税税率开具发票，不含税销售额为 26 548.67元（30 000÷1.13），销项税额为 3 451.33 元（26 548.67×13%）。

（4）经济业务（30），27 日，公司销售拉杆箱，双方约定了现金折扣方案。根据相关政策规定，现金折扣不影响增值税税额的计算，公司应以现金折扣前的销售额计算缴纳增值税并开具发票。该笔经济业务的不含税销售额为 118 800 元（1 980×60），销项税额为 15 444 元（118 800×13%）。

（二）发票勾选业务分析

在本案例中，杭州优久箱包有限公司取得的发票包括增值税专用发票、增值税普通发票和员工出差报销的高铁票。

1. 勾选抵扣

根据相关政策规定，纳税人取得增值税专用发票、机动车销售统一发票、收费公路通行费增值税电子普通发票后，如需用于申报抵扣增值税进项税额或申请出口退税、代办退税，应当登录增值税发票综合服务平台确认发票用途。

该案例中需要进行发票勾选抵扣的是取得的增值税专用发票，涉及的经济业务包括经济业务(2)、(9)、(10)、(14)、(17)、(19)、(23)、(26)、(27)、(31)，且在这些经济业务中公司取得的增值税专用发票均符合抵扣条件。公司需要登录增值税发票综合服务平台，进入抵扣勾选模块将这些经济业务的增值税专用发票进行勾选提交。

2. 计算抵扣

取得注明旅客身份信息的铁路车票的，按照下列公式计算进项税额：

$$铁路旅客运输进项税额=票面金额\div(1+9\%)\times9\%$$

经济业务(29)，销售部职员邓琪出差报销的两张高铁票可以计算抵扣进项税额，但不是通过勾选抵扣，而是计算后将可抵扣的进项税额通过填写在《增值税及附加税费申报表附列资料(二)》第 8b 行“其他”和第 10 行“本期用于抵扣的旅客运输服务扣税凭证”实现抵扣。

该笔经济业务可抵扣的进项税额的具体计算如下：

两份高铁票可抵扣的进项税额$=(398+398)\div1.09\times9\%=65.72$(元)

3. 不得抵扣

以经济业务(4)为例，公司购入文件盒取得增值税普通发票。根据相关政策规定，目前除农产品销售发票、公路通行费增值税电子普通发票、旅客运输增值税电子普通发票外，其他增值税普通发票不属于增值税抵扣凭证。因此，该笔经济业务取得的是增值税普通发票，无法抵扣进项税额。

4. 全额抵减

经济业务(5)，公司支付增值税防伪税控开票系统技术维护费 230 元，取得一张增值税普通发票。根据相关政策规定，增值税纳税人 2011 年 12 月 1 日以后缴纳的技术维护费，可凭技术维护服务单位开具的技术维护费发票，在增值税应纳税额中全额抵减，不足抵减的可结转下期继续抵减。

一般纳税人支付技术维护费全额抵减需填写在《增值税减免税申报明细表》减税项目、《增值税及附加税费申报表附列资料(四)》和《增值税及附加税费申报表(一般纳税人适用)》第 23 栏“应纳税额减征额”3 张表单。

将技术维护费抵减金额填入主表第 23 栏“应纳税额减征额”时，需区分情况：当本期减征额小于或等于第 19 栏“应纳税额”与第 21 栏“简易征收办法计算的应纳税额”之和时，按本期减征额实际填写；当本期减征额大于第 19 栏“应纳税额”与第 21 栏“简易征收办法计算的应纳税额”之和时，按本期第 19 栏与第 21 栏之和填写，本期减征额不足抵减部分结转下期继续抵减。

(三) 一般纳税人增值税计算及申报分析

对上述经济业务进行分析，按销项业务和进项业务分别进行汇总统计。其中，销项业务需要根据销售货物和销售服务、发票开具情况，以及适用的增值税税率进行统计；进项业务需要根据取得的进项发票类型，以及是否准予抵扣进行汇总统计。

1. 销项业务分析统计

1) 简易计税

经济业务(6)，公司转让一台自用过10年的小轿车，取得含税收入100 000元。根据相关政策规定，一般纳税人销售自己使用过的2013年8月1日前购入的汽车，可以按照简易办法依照3%征收率减按2%征收增值税。该公司转让于2013年3月购入的小轿车，可以选择简易计税办法，且业务资料告知公司未放弃减税优惠。

该笔经济业务按简易计税应纳税额的计算如下：

按简易办法计税销售额＝100 000÷(1＋3%)＝97 087.38(元)

简易计税办法计算的应纳税额＝97 087.38×3%＝2 912.62(元)

该业务应纳税额减征额＝97 087.38×(3%－2%)＝970.87(元)

该笔经济业务属于销售货物，由于未开具发票，需要将按简易办法计税销售额97 087.38元填写在《增值税及附加税费申报表》附列资料(一)》第11行"3%征收率的货物及加工修理修配劳务"第5列，将应纳税额2 12.6元填入同行第6列。该部分减征额970.87元需要填写在《增值税及附加税费申报表(一般纳税人适用)》第23栏"应纳税额减征额"及《增值税减免税申报明细表》减税项目中。

同理，经济业务(12)出租办公室业务也同样属于按简易计税办法计税。但不同的是，该笔经济业务属于销售服务且开具增值税普通发票，适用的征收率为5%，因此对应的销售额和税额应分别填写在《增值税及附加税费申报表》附列资料(一)》第9b行"5%征收率的服务、不动产和无形资产"第3、第4列。

2) 视同销售

经济业务(20)，公司将自产的拉杆箱作为中秋福利发放给职员，该笔经济业务需要作增值税视同销售处理。该笔经济业务不含税销售额为9 400元(2 124.4×5÷1.13)，销项税额为1 222元(9 400×13%)。

3) 加工业务

经济业务(24)，公司受托加工一批凯莉包，取得加工费66 420元。一般纳税人提供加工劳务，适用的增值税税率为13%。提供加工取得的收入与销售货物取得的收入在填写附表一时没有区别，都需要填写在《增值税及附加税费申报表附列资料(一)》第1行"13%税率的货物及加工修理修配劳务"。但其与主表的填写有区别，主表第2行填写的是"应税货物销售额"，主表第3行填写的是"应税劳务销售额"。

4) 包装物押金

经济业务(34)，公司销售旅行袋并收取货款82 603元，同时收取包装物押金10 000元。根据相关政策规定，纳税人为销售一般货物而出租出借包装物收取的押金，单独记账核算的，不并入销售额征税，但对因逾期未收回包装物不再退还的押金，应按所包装货物的适用税率计缴增值税。在该笔经济业务中收取的包装物押金无须在2023年3月所属期缴纳增值税。该笔经济业务只需就销售旅行袋收取的82 603元缴纳增值税，该经济业务不含税销售额为73 100元(82 603÷1.13)，销项税额为9 503元。

5) 销项业务分析及汇总

销项业务明细如表7-7所示。

表 7-7 销项业务明细表

经济业务	销售项目	适用税率	发票开具	销售额(元)	销项税额/简易计税税额(元)
(1)	销售货物	13%	增值税专用发票	63 520.00	8 257.60
(3)	销售货物	13%	增值税专用发票	177 900.00	23 127.00
(6)	销售货物(简易)	3%	未开具发票	97 087.38	2 912.62
(7)	销售货物	13%	增值税专用发票	31 160.00	4 050.80
(11)	销售货物	13%	增值税专用发票	160 660.00	20 885.80
(12)	销售服务(简易)	5%	增值税普通发票	76 190.48	3 809.52
(13)	销售货物	13%	增值税普通发票	164 700.00	21 411.00
(16)	销售货物	13%	增值税专用发票	18 800.00	2 444.00
(18)	销售货物	13%	增值税专用发票	144 320.00	18 761.60
(20)	销售货物	13%	未开具发票	9 400.00	1 222.00
(24)	加工劳务	13%	增值税普通发票	58 778.76	7 641.24
(25)	销售货物	13%	增值税专用发票	175 956.00	22 874.28
(28)	销售服务	13%	增值税普通发票	26 548.67	3 451.33
(30)	销售货物	13%	增值税专用发票	118 800.00	15 444.00
(34)	销售货物	13%	增值税专用发票	73 100.00	9 503.00
销项汇总统计					
汇总情况	销售货物	13%	增值税专用发票	964 216.00	125 348.08
	货物及加工	13%	增值税普通发票	223 478.76	29 052.24
	销售货物	13%	未开具发票	9 400.00	1 222.00
	销售货物(简易)	3%	未开具发票	97 087.38	2 912.62
	销售服务(简易)	5%	增值税普通发票	76 190.48	3 809.52
	销售服务	13%	增值税普通发票	26 548.67	3 451.33
合计					165 795.79
其中：一般计税				1 223 643.43	159 073.65
简易计税				173 277.86	6 722.14

将适用 13% 增值税税率，且开具增值税专用发票的销售货物的合计销售额 964 216 元填入《增值税及附加税费申报表附列资料(一)》的第 1 行第 1 列，对应的销项税额 125 348.08 元填入该表的第 1 行第 2 列。

将适用 13% 增值税税率，且开具增值税普通发票的销售货物的合计销售额 223 478.76 元填入《增值税及附加税费申报表附列资料(一)》的第 1 行第 3 列，对应的销项税额 29 052.24 元填入该表的第 1 行第 4 列。

将适用13%增值税税率，且未开具发票的销售货物的合计销售额9 400元填入《增值税及附加税费申报表附列资料(一)》的第1行第5列，对应的销项税额1 222元填入该表的第1行第6列。

将适用3%征收率，且未开具发票的销售货物(简易计税)的合计销售额97 087.38元填入《增值税及附加税费申报表附列资料(一)》的第11行第5列，对应的应纳税额2 912.62元填入该表的第11行第6列。

将适用5%征收率，且开具增值税普通发票的销售服务(简易计税)的合计销售额76 190.48元填入《增值税及附加税费申报表附列资料(一)》的第9b行第3列，对应的应纳税额3 809.52元填入该表的第9b行第4列。同时，还需在《增值税及附加税费申报表附列资料(三)》第5行第1列填写出租不动产收取的价税合计金额80 000元。

将适用13%增值税税率，且开具增值税普通发票的销售服务的合计销售额26 548.67元填入《增值税及附加税费申报表附列资料(一)》的第2行第3列，对应的销项税额3451.33元填入该表的第2行第4列。同时，还需在《增值税及附加税费申报表附列资料(三)》第1行第1列填写出租动产收取的价税合计金额30 000元。

2. 进项业务分析统计

(1) 通过对经济业务的分析，汇总统计的可抵扣的进项税额明细如表7-8所示。

表7-8　可抵扣的进项税额明细表

经济业务	采购项目	取得发票类型	金额(元)	准予抵扣进项税额(元)
(2)	货物	增值税专用发票	43 000.00	5 590.00
(9)	货物	增值税专用发票	20 000.00	2 600.00
(10)	商标权	增值税专用发票	800 000.00	48 000.00
(14)	货物	增值税专用发票	3 000.00	390.00
(17)	货物	增值税专用发票	5 000.00	650.00
(19)	货物	增值税专用发票	16 000.00	2 080.00
(23)	咨询服务	增值税专用发票	10 188.68	611.32
(26)	快递费	增值税专用发票	1 324.53	79.47
(27)	货物	增值税专用发票	4 500.00	585.00
(29)	旅客运输	高铁票	730.22	65.72
(31)	货物	增值税专用发票	89 000.00	11 570.00
进项抵扣汇总统计				
汇总情况	10份	增值税专用发票	992 013.21	72 155.79
	1份	其他扣税凭证(旅客运输)	730.22	65.72

根据表7-8填写《增值税及附加税费申报表附列资料(二)》，在第1、第2栏的“份数”

列均填写 10,“金额”列填写 992 013.21,“税额”列填写 72 155.79。

将员工出差报销的高铁票计算的进项税额 65.72 元填入《增值税及附加税费申报表附列资料(二)》第 8b 行“其他”、第 10 行“本期用于抵扣的旅客运输服务扣税凭证”。对应的“份数”列均填写 1、“金额”列填写 730.22、“税额”列填写 65.72 元。

(2) 进项税额转出明细如表 7-9 所示。

表 7-9　进项税额转出明细表

<table>
<tr><th>经济业务</th><th>项目</th><th>金额(元)</th><th>税率</th><th>转出进项税额(元)</th><th>备注</th></tr>
<tr><td>(15)</td><td>集体福利</td><td>1 580.00</td><td>13%</td><td>205.40</td><td></td></tr>
<tr><td rowspan="2">(22)</td><td>集体福利</td><td>2 790.00</td><td>9%</td><td>251.10</td><td>一般纳税人提供运输服务开具的专票上税率为 9%</td></tr>
<tr><td>集体福利</td><td>67 210.00</td><td>13%</td><td>8 737.30</td><td>该批钢材的入账成本为 70 000 元,其中运输费为 2 790 元,则钢材购入成本价即为两者之差 67 210 元</td></tr>
<tr><td rowspan="2">(33)</td><td>非常损失</td><td>1 860.00</td><td>9%</td><td>167.40</td><td>一般纳税人提供运输服务税率为 9%</td></tr>
<tr><td>非常损失</td><td>18 140.00</td><td>13%</td><td>2 358.20</td><td>该批包装物的入账成本为 20 000 元,其中运输费为 1 860 元,则钢材购入成本价即为两者之差 18 140 元</td></tr>
<tr><td rowspan="2">汇总</td><td>集体福利</td><td></td><td></td><td>9 193.80</td><td></td></tr>
<tr><td>非常损失</td><td></td><td></td><td>2 525.60</td><td></td></tr>
</table>

根据表 7-9,将用于集体福利的进项转出税额 9 193.8 元填入《增值税及附加税费申报表附列资料(二)》第 15 行“集体福利、个人消费”;将因管理不善导致货物损失的需进项转出的税额 2 525.6 元填入《增值税及附加税费申报表附列资料(二)》第 16 行“非正常损失”。

3. 应纳税额减征额

本案例中有两笔经济业务涉及减税,具体增值税减免税额明细如表 7-10 所示。

表 7-10　增值税减免税额明细表

经济业务	减免政策	减免税额(元)
(5)	防伪税控开票系统技术维护费全额抵扣销项税额	230.00
(6)	销售使用过的固定资产 3%征收率简易计征减按 2%征收率	970.87
合计		1 200.87

应纳税额减征额合计数 1 200.87 元需填写在主表第 23 栏“应纳税额减征额”。同时，需要填写《增值税减免税申报明细表》的“减税项目”。经济业务(5)、(6)分两行填写，根据不同政策分别选择“减税性质代码及名称”，在第 2 列“本期发生额”、第 4 列“本期实际抵减税额”填写对应的减税数额 230 元和 970.87 元。本案例由于销项税额较大，所有减免税额均可在本期抵减，第 2 列和第 4 列填写的数据相同。

4. 本期增值税应补(退)税额的计算

相关计算公式如下：

本期增值税应补税额＝159 073.65(销项税额)－(72 155.79＋65.72)(进项税额)－35 000(上期留抵税额)＋(9 193.8＋2 525.6)(进项转出)＋6 722.14(简易计税应纳税额)－1 200.87(应纳税额减征额)＝69 092.81(元)

本期应交城市维护建设税＝69 092.81×7%＝4 836.5(元)

本期应交教育费附加＝69 092.81×3%＝2 072.78(元)

本期应交地方教育附加＝69 092.81×2%＝1 381.86(元)

(四) 一般纳税人增值税及附加税费申报实训成果

(1)《增值税及附加税费申报表附列资料(一)》的填写结果如图 7-27 所示。

报表列表　增值税及附加税费申报表附列资料一（本期销售情况明细）

项目及栏次				开具税控增值税专用发票		开具其他发票		未开具发票	
				销售额	销项(应纳)税额	销售额	销项(应纳)税额	销售额	销项(应纳)税额
				1	2	3	4	5	6
一、一般计税方法计税	全部征税项目	13%税率的货物及加工修理修配劳务	1	964,216.00	125,348.08	223,478.76	29,052.24	9,400.00	1,222.00
		13%税率的服务、不动产和无形资产	2	0.00	0.00	26,548.67	3,451.33	0.00	0.00
		9%税率的货物及加工修理修配劳务	3	0.00	0.00	0.00	0.00	0.00	0.00
		9%税率的服务、不动产和无形资产	4	0.00	0.00	0.00	0.00	0.00	0.00
		6%税率	5	0.00	0.00	0.00	0.00	0.00	0.00
	其中：即征即退项目	即征即退货物及加工修理修配劳务	6	——	——	——	——	——	——
		即征即退服务、不动产和无形资产	7	——	——	——	——	——	——
二、简易计税方法计税	全部征税项目	6%征收率	8	0.00	0.00	0.00	0.00	0.00	0.00
		5%征收率的货物及加工修理修配劳务	9a	0.00	0.00	0.00	0.00	0.00	0.00
		5%征收率的服务、不动产和无形资产	9b	0.00	0.00	76,190.48	3,809.52	0.00	0.00
		4%征收率	10	0.00	0.00	0.00	0.00	0.00	0.00
		3%征收率的货物及加工修理修配劳务	11	0.00	0.00	0.00	0.00	97,087.38	2,912.62
		3%征收率的服务、不动产和无形资产	12	0.00	0.00	0.00	0.00	0.00	0.00
		预征率　%	13a	0.00	0.00	0.00	0.00	0.00	0.00

图 7-27　《增值税及附加税费申报表附列资料(一)》的填写结果

(2)《增值税及附加税费申报表附列资料(二)》进项税额抵扣部分、转出部分的填写结果分别如图 7-28、图 7-29 所示。

一、申报抵扣的进项税额				
项目	栏次	份数	金额	税额
（一）认证相符的增值税专用发票	1=2+3	10	992,013.21	72,155.79
其中：本期认证相符且本期申报抵扣	2	10	992,013.21	72,155.79
前期认证相符且本期申报抵扣	3	0	0.00	0.00
（二）其他扣税凭证	4=5+6+7+8a+8b	1	730.22	65.72
其中：海关进口增值税专用缴款书	5	0	0.00	0.00
农产品收购发票或者销售发票	6	0	0.00	0.00
代扣代缴税收缴款凭证	7	0	——	0.00
加计扣除农产品进项税额	8a	——	——	0.00
其他	8b	1	730.22	65.72
（三）本期用于购建不动产的扣税凭证	9	0	0.00	0.00
（四）本期用于抵扣的旅客运输服务扣税凭证	10	1	730.22	65.72
（五）外贸企业进项税额抵扣证明	11	——	——	0.00
当期申报抵扣进项税额合计	12=1+4+11	11	992,743.43	72,221.51

图 7-28 《增值税及附加税费申报表附列资料(二)》进项税额抵扣部分的填写结果

二、进项税额转出额		
项目	栏次	税额
本期进项税转出额	13=14至23之和	11,719.40
其中：免税项目用	14	0.00
集体福利、个人消费	15	9,193.80
非正常损失	16	2,525.60
简易计税方法征税项目用	17	0.00
免抵退税办法不得抵扣的进项税额	18	0.00
纳税检查调减进项税额	19	0.00
红字专用发票信息表注明的进项税额	20	0.00
上期留抵税额抵减欠税	21	0.00
上期留抵税额退税	22	0.00
异常凭证转出进项税额	23a	0.00
其他应作进项税额转出的情形	23b	0.00

图 7-29 《增值税及附加税费申报表附列资料(二)》进项税额转出部分的填写结果

(3)《增值税及附加税费申报表附列资料(三)》的填写结果如图 7-30 所示。

项目及栏次		本期服务、不动产和无形资产价税合计额（免税销售额）	服务、不动产和无形资产扣除项目				
			期初余额	本期发生额	本期应扣除金额	本期实际扣除金额	期末余额
		1	2	3	4=2+3	5(5≤1且5≤4)	6=4-5
13%税率的项目	1	30,000.00	0.00	0.00	0.00	0.00	0.00
9%税率的项目	2	0.00	0.00	0.00	0.00	0.00	0.00
6%税率的项目（不含金融商品转让）	3	0.00	0.00	0.00	0.00	0.00	0.00
6%税率的金融商品转让项目	4	0.00	0.00	0.00	0.00	0.00	0.00
5%征收率的项目	5	80,000.00	0.00	0.00	0.00	0.00	0.00
3%征收率的项目	6	0.00	0.00	0.00	0.00	0.00	0.00
免抵退税的项目	7	0.00	0.00	0.00	0.00	0.00	0.00
免税的项目	8	0.00	0.00	0.00	0.00	0.00	0.00
注：纳税人在本期发生以前所属期（月份）调整（调增或者调减）应税服务扣除项目金额的，直接在第三列“本期发生额”栏次进行调整。							

图 7-30 《增值税及附加税费申报表附列资料(三)》的填写结果

(4)《增值税及附加税费申报表附列资料(四)》的填写结果如图 7-31 所示。

一、税额抵减情况						
序号	抵减项目	期初余额	本期发生额	本期应抵减税额	本期实际抵减税额	期末余额
		1	2	3=1+2	4≤3	5=3-4
1	增值税税控系统专用设备费及技术维护费	0.00	230.00	230.00	230.00	0.00
2	分支机构预征缴纳税款	0.00	0.00	0.00	0.00	0.00
3	建筑服务预征缴纳税款	0.00	0.00	0.00	0.00	0.00
4	销售不动产预征缴纳税款	0.00	0.00	0.00	0.00	0.00
5	出租不动产预征缴纳税款	0.00	0.00	0.00	0.00	0.00

图 7-31　《增值税及附加税费申报表附列资料(四)》的填写结果

(5)《增值税减免税申报明细表》的填写结果如图 7-32 所示。

一、减税项目						
减税性质代码及名称	栏次	期初余额	本期发生额	本期应抵减税额	本期实际抵减税额	期末余额
		1	2	3=1+2	4≤3	5=3-4
合计	1	0.00	1200.87	1200.87	1200.87	0.00
0001129914|SXA031900185|购置增值税税控系统专用设备抵减增值税|《财政部 国家税务总局关于增值税税控系统专用设备和技术维护费用抵减增值税税额有关政策的通知》财税〔2012〕15号	2		230.00	230.00	230.00	0.00
0001129924|SXA031900512|销售旧货（不含二手车经销）、已使用固定资产减征增值税|《财政部 国家税务总局关于简并增值税征收率政策的通知》财税〔2014〕57号第一条	3		970.87	970.87	970.87	0.00

图 7-32　《增值税减免税申报明细表》的填写结果

(6)《增值税及附加税费申报表(一般纳税人适用)》的填写结果如表 7-11 所示。

表 7-11　增值税及附加税费申报表

(一般纳税人适用)

根据国家税收法律法规及增值税相关规定制定本表。纳税人不论有无销售额,均应按税务机关核定的纳税期限填写本表,并向当地税务机关申报。

税款所属时间:自 2023 年 03 月 01 日至 2023 年 03 月 31 日　　　　金额单位:元(列至角分)

项　目		栏次	一般项目		即征即退项目	
			本月数	本年累计	本月数	本年累计
销售额	(一) 按适用税率计税销售额	1	1 223 643.43	1 223 643.43		
	其中:应税货物销售额	2	1 138 316.00	1 138 316.00		
	应税劳务销售额	3	58 778.76	58 778.76		
	纳税检查调整的销售额	4				
	(二) 按简易办法计税销售额	5	173 277.86	173 277.86		
	其中:纳税检查调整的销售额	6				
	(三) 免、抵、退办法出口销售额	7			—	—
	(四) 免税销售额	8			—	—
	其中:免税货物销售额	9			—	—
	免税劳务销售额	10			—	—
税款计算	销项税额	11	159 073.65	159 073.65		
	进项税额	12	72 221.51	72 221.51		
	上期留抵税额	13	35 000.00	0		—

（续表）

项目		栏次	一般项目		即征即退项目	
			本月数	本年累计	本月数	本年累计
税款计算	进项税额转出	14	11 719.40	11 719.40		
	免、抵、退应退税额	15			—	—
	按适用税率计算的纳税检查应补缴税额	16			—	—
	应抵扣税额合计	17＝12＋13－14－15＋16	95 502.11	—		—
	实际抵扣税额	18（如17＜11，则为17，否则为11）	95 502.11			
	应纳税额	19＝11－18	63 571.54	63 571.54		
	期末留抵税额	20＝17－18	0	0		—
	简易计税办法计算的应纳税额	21	6 722.14	6 722.14		
	按简易计税办法计算的纳税检查应补缴税额	22			—	—
	应纳税额减征额	23	1 200.87	1 200.87		
	应纳税额合计	24＝19＋21－23	69 092.81	69 092.81		
税款缴纳	期初未缴税额（多缴为负数）	25				
	实收出口开具专用缴款书退税额	26			—	—
	本期已缴税额	27＝28＋29＋30＋31				
	①分次预缴税额	28				—
	②出口开具专用缴款书预缴税额	29			—	—
	③本期缴纳上期应纳税额	30				
	④本期缴纳欠缴税额	31				
	期末未缴税额（多缴为负数）	32＝24＋25＋26－27	69 092.81	69 092.81		
	其中：欠缴税额（≥0）	33＝25＋26－27				—
	本期应补（退）税额	34＝24－28－29	69 092.81	—		—
	即征即退实际退税额	35	—	—		
	期初未缴查补税额	36			—	—
	本期入库查补税额	37			—	—
	期末未缴查补税额	38＝16＋22＋36－37			—	—

（续表）

项　目		栏次	一般项目		即征即退项目	
			本月数	本年累计	本月数	本年累计
附加税费	城市维护建设税本期应补（退）税额	39	4 836.50	4 836.50	—	—
	教育费附加本期应补（退）费额	40	2 072.78	2 072.78	—	—
	地方教育附加本期应补（退）费额	41	1 381.86	1 381.86	—	—

实训操作

根据任务一的案例资料和业务数据在实训平台完成实训，进行系统评分并打印实训报告。

任务二　个人所得税申报综合实训

一、实训目的

准确计算各类所得的个人所得税；在税务实训平台完成个人所得税申报综合实训。

业务要点

实训中注意相关的业务说明，正确采集相关人员的专项附加扣除及其他信息。

由于个人所得税的申报时间为次月，在实训过程中需要根据实训案例的税款所属期调整电脑时间。例如，实训案例的税款所属期为2024年1月，故在进入税务实训平台前，需把电脑右下角时间调整为2024年2月。

二、案例资料和业务数据

（一）纳税人基础信息

纳税人名称：杭州壹文出版社有限公司

统一社会信用代码：913348803777165105

成立时间：2023年12月31日

法定代表人：江晓原

开户行及账号：浙江泰隆商业银行杭州城东支行，3302070120100662278

地址及电话：杭州市江干区九环路183号4B-4楼，0571-85694018

生产经营范围：图书、报刊零售；图书，报刊、数字出版策划；排版服务；文化产业投资；文化交流活动策划等。（依法须经批准的项目，经相关部门批准后方可开展经营活动）。

(二)业务资料

杭州壹文出版社有限公司财务人员姜沐言计算并发放员工的工资、薪金,奖金等,以及扣缴申报个人所得税。

1. 员工基础信息

公司境内员工基础信息如表 7-12 所示。

表 7-12 境内员工基础信息表

工号	姓名	性别	身份证号	联系电话	任职日期	任职受雇从业类型
001	江晓原	男	330108198705076398	18993056453	2024-01-01	雇员
002	姜沐言	女	440103199002106368	15764170806	2024-01-01	雇员
003	苏小婷	女	36010219960407802X	18893230036	2024-01-01	雇员
004	宋明宇	男	210103199001027390	18456057354	2024-01-01	雇员
005	徐浩言	男	330109199303072790	16546250817	2024-01-01	雇员
006	邓海阳	男	320113198102126551	17818298827	2024-01-01	雇员
007	丁家明	男	320402198808127094	18226320808	2024-01-01	雇员
008	李银河	男	330302198903073879	18126322707	2024-01-01	雇员
009	井希珺	男	330102199008077834	15808190720	2024-01-01	雇员
010	伊涵儿	女	320102199403078544	15808390522	2024-01-01	雇员
011	谭杰西	男	230102199208138554	13808190726	2024-01-01	雇员
012	曹旭	男	35010419891013425X	17918298027	2024-01-01	雇员
013	邓程	男	330702198508125853	13818298829	2024-01-01	雇员
014	李轶男	男	330702198508123276	16818299827	2024-01-01	雇员
015	韩美林	女	330903198505152044	16918298837	2024-01-01	雇员
016	乔思雨	女	320402199806148144	13518298928	2024-01-01	实习学生(全日制学历教育)
017	端木霖	男	330104197805050590			其他
018	恭小兵	男	140107198509037998			其他
019	陈帆	男	330111198207013130			其他
020	郭阳	男	230102199208135572			其他

2. 员工工资、薪金与社保公积金

2024 年 1 月,员工工资、薪金与代扣的社保公积金明细如表 7-13 所示。

表 7-13 员工工资、薪金与代扣的社保公积金明细表

工号	姓名	应发工资合计	基本养老保险	基本医疗保险	失业保险	住房公积金	代扣个人所得税	实发工资
001	江晓原	18 826.00	464.00	116.00	29.00	1 682.60		
002	姜沐言	12 821.00	464.00	116.00	29.00	1 282.10		
003	苏小婷	8 788.62	464.00	116.00	29.00	878.86		

（续表）

工号	姓名	应发工资合计	基本养老保险	基本医疗保险	失业保险	住房公积金	代扣个人所得税	实发工资
004	宋明宇	13 122.50	464.00	116.00	29.00	1 312.25		
005	徐浩言	11 835.00	464.00	116.00	29.00	1 183.50		
006	邓海阳	14 018.28	464.00	116.00	29.00	1 401.83		
007	丁家明	13 688.30	464.00	116.00	29.00	1 368.83		
008	李银河	12 776.26	464.00	116.00	29.00	1 277.63		
009	井希珺	11 956.80	464.00	116.00	29.00	1 195.68		
010	伊涵儿	9 816.60	464.00	116.00	29.00	981.66		
011	谭杰西	11 066.80	464.00	116.00	29.00	1 106.68		
012	曹旭	12 472.00	464.00	116.00	29.00	1 247.20		
013	邓程	13 190.50	464.00	116.00	29.00	1 319.05		
014	李轶男	13 055.40	464.00	116.00	29.00	1 305.54		
015	韩美林	12 836.20	464.00	116.00	29.00	1 283.62		

3. 员工的其他相关信息

(1) 江晓原的家庭情况：已婚(妻子：张惠，身份证号：320102198809160287)；江晓原是独生子女，需赡养自己的父亲(父亲：江明，身份证号：321081195709067058)；夫妻育有一子(儿子：江小舟，身份证号：330102201704077096)，于2023年9月进入杭州市云溪小学就读一年级。妻子全职在家，故子女教育专项附加由丈夫江晓原一人按100%扣除。

(2) 宋明宇的家庭情况：已婚(妻子：林丽，身份证号：340111199208044541)；夫妻育有一对双胞胎(大女儿：宋羽菲，身份证号：330102201806132762；小女儿：宋艺菲，身份证号：330102201806135429)，于2021年9月进入杭州市采荷第三幼儿园就读小班。子女教育专项附加由宋明宇与妻子各扣除50%。宋明宇于2021年购买了杭州市江干区七格路105号七格小区一幢三单元303室住房一套，取得不动产权证，不动产权证书编号为3300000118。该住房使用了商业贷款，宋明宇从杭州银行贷款50万元，贷款期限为30年，贷款合同编号为331600011，自2021年10月5日首次偿还贷款。该住房为婚后夫妻共有财产，宋明宇为房贷借款人，贷款利息扣除额度由宋明宇一人享受。

(3) 伊涵儿的个人情况：单身一人，现居杭州，租房居住(租赁房屋地址：杭州市江干区九环路66号格畈小区五幢 单元105室；租赁时间：2023年10月至2024年9月；出租类型：个人)。

(4) 徐浩言的个人情况：无配偶，于2024年1月取得由杭州市人力资源社会保障部门颁发的出版专业技术人员职业资格证书，证书编号为ZYSD20221023，发证日期为2024年1月15日，符合税前扣除条件，徐浩言选择在2024年1月扣除。

(5) 邓海阳的家庭情况：无配偶，现居杭州，非独生子女，有一位弟弟(弟弟：邓海明，身份证号：320113198408031598)，需赡养自己的父亲(父亲：邓德兴，身份证号：330108196109270910)，赡养老人符合法定扣除规定，兄弟两人约定平均分摊扣除额度。

(6) 2024年1月8日，江晓原通过中国教育发展基金会(统一社会信用代码：

5310000500019898Y)向公益性青少年活动场所捐赠 5 000 元，取得公益性捐赠票据，标明票据凭证号为 HZ5678557889。

(7) 2023 年 12 月，李轶男从中国平安保险有限公司购买了商业健康保险，并已将取得的保单信息提供给杭州橘子科技公司。该保险的全年保险费为 1 800 元，税优识别码为 912100005857668831，保险期间为 2024 年 1 月 1 日至 2024 年 12 月 31 日。

(8) 韩美林的工资、薪金中包括公司以误餐补助名义发放的津贴 500 元。

(9) 2024 年 1 月，苏小婷另收到一笔公司以误餐补助名义发放的津贴 500 元。

(10) 井希珺的工资、薪金中包括其因公外出在正常就餐时间未能返回公司，公司给其发放的 600 元补助。

4. 员工的其他所得信息

(1) 1 月，实习生乔思雨取得公司支付的劳务报酬 6 000 元。

(2) 1 月，居民个人端木霖在杭州壹文出版社有限公司出版了一本自己编写的小说，取得公司支付的稿酬 23 000 元。

(3) 1 月，作家恭小兵将自己的文字作品手稿复印件拍卖给杭州壹文出版社有限公司，取得收入 120 000 元。

(4) 1 月，陈帆将其收藏的一幅字画转让给杭州壹文出版社有限公司，取得不含增值税收入 300 000 元，能够提供财产原值凭证，该字画的原值为 180 000 元，转让过程中支付相关税费 1 000 元。

(5) 1 月，作者郭阳接受杭州壹文出版社有限公司约稿，并按要求提供书稿给公司，公司因内部原因决定不予出版，但仍支付郭阳退稿费 8 800 元。

(6) 1 月，为庆祝接到第一个项目，杭州壹文出版社有限公司安排了一场员工聚会，现场有抽奖环节，员工伊涵儿抽中一台价值 8 000 元的笔记本电脑。

(7) 1 月，专业作者姜沐言将自己编写的书稿以图书形式在杭州壹文出版社有限公司出版，取得收入 7 500 元。

5. 相关境外人员信息资料

(1) 1 月，杭州壹文出版社有限公司邀请非居民个人艾比盖尔(国籍：美国；证照类型：外国护照；证照号码：P66773523；性别：男；出生日期：1990 年 5 月 22 日；出生国家：美国；任职受雇从业类型：其他)对公司员工进行常用的工作软件培训，培训期为 3 天，共取得收入 10 000 元。(涉税事由：提供临时劳务)

(2) 1 月，非居民个人赛尔特(国籍：英国；证照类型：外国护照；证照号码：H8990321；性别：男；出生日期：1993 年 12 月 5 日；出生国家：英国；任职受雇从业类型：其他)取得杭州壹文出版社有限公司派发的现金网络红包 200 元。(涉税事由：其他)

三、业务处理和实训成果

(一) 工资、薪金所得个人所得税预缴的计算

1. 江晓原工资、薪金所得个人所得税预缴的计算

1) 计算专项扣除

专项扣除包括居民个人按照国家规定的范围和标准缴纳的基本养老保险、基本医疗

保险、失业保险等社会保险费和住房公积金等。

江晓原专项扣除的计算如下：

江晓原的专项扣除＝464(基本养老保险)＋116(基本医疗保险)＋29(失业保险)＋1 682.6(住房公积金)＝2 291.6(元)

2) 计算专项附加扣除

根据业务资料可知，江晓原有一个孩子，与妻子约定子女教育专项附加由江晓原按100%扣除，每月可扣除 2 000 元。同时，由于其父亲已满 60 周岁，且其为独生子女，按照政策规定纳税人为独生子女的，按照每月 3 000 元的标准定额扣除。

江晓原专项附加扣除的计算如下：

江晓原的专项附加扣除＝2 000(子女教育)＋3 000(赡养老人)＝5 000(元)

3) 捐赠处理

江晓原通过中国教育发展基金会向公益性青少年活动场所捐赠 5 000 元可全额扣除。

4) 应纳税所得额的计算

江晓原 1 月工资、薪金应纳税所得额和应预扣预缴税额的计算如下：

江晓原 1 月工资、薪金应纳税所得额＝18 826(应发工资合计)－5 000(减除费用)－2 291.6(专项扣除)－5 000(专项附加扣除)－5 000(捐赠扣除)＝1 534.4(元)

江晓原 1 月应预扣预缴税额＝1 534.4×3%＝46.03(元)

江晓原工资、薪金所得的填报界面如图 7-33 所示。

图 7-33 江晓原工资、薪金所得的填报界面

2. 姜沐言工资、薪金所得个人所得税预缴的计算

姜沐言的专项扣除＝464＋116＋29＋1 282.1＝1 891.1(元)

姜沐言无专项附加扣除。

姜沐言1月工资、薪金应纳税所得额＝12 821－5 000－1 891.1＝5 929.9(元)

姜沐言1月应预扣预缴税额＝5 929.9×3%＝177.9(元)

3. 苏小婷工资、薪金所得个人所得税预缴的计算

苏小婷的专项扣除＝464＋116＋29＋878.86＝1 487.86(元)

除工资、薪金外，1月苏小婷另收到一笔公司以误餐补助名义发放的津贴500元。根据相关政策规定，误餐补助不属于纳税人本人工资、薪金所得项目的收入，不征税。不征税的误餐补助是指按财政部门规定，个人因公在城区、郊区工作，不能在工作单位或返回就餐，确实需要在外就餐的，根据实际误餐顿数，按规定的标准领取的误餐费。除上述情形外，单位以误餐补助名义发给职工的补贴、津贴，属于工资、薪金所得，应当并入当月工资、薪金所得计征个人所得税。因此，1月苏小婷应将该500元合并计入工资、薪金缴纳个人所得税。

苏小婷1月工资、薪金应纳税所得额＝8 788.62＋500－5 000－1 487.86＝2 800.76(元)

苏小婷1月应预扣预缴税额＝2 800.76×3%＝84.02(元)

4. 宋明宇工资、薪金所得个人所得税预缴的计算

宋明宇的专项扣除＝464＋116＋29＋1 312.25＝1 921.25(元)

根据政策规定，纳税人本人或其配偶单独或共同使用商业银行或住房公积金个人住房贷款为本人或其配偶购买中国境内住房，发生的首套住房贷款利息支出，在实际发生贷款利息的年度，按照每月1 000元的标准定额扣除，扣除期限最长不超过240个月。经夫妻双方约定，可以选择由其中一方扣除，具体扣除方式在一个纳税年度内不能变更。

宋明宇的专项附加扣除＝2 000×2×50%(子女教育)＋1 000(住房贷款利息)＝3 000(元)

宋明宇1月工资、薪金应纳税所得额＝13 122.5－5 000－1 921.25－3 000＝3 201.25(元)

宋明宇1月应预扣预缴税额＝3 201.25×3%＝96.04(元)

宋明宇工资、薪金所得的填报界面如图7-34所示。

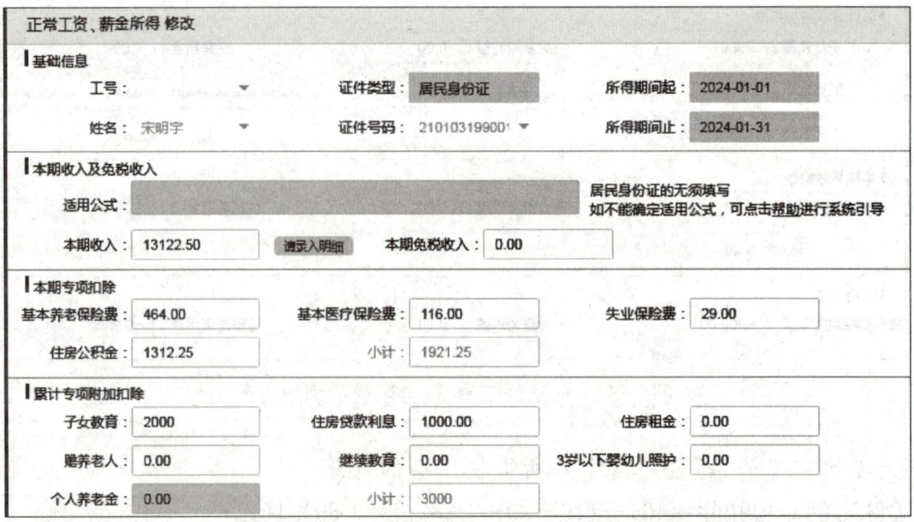

图7-34 宋明宇工资、薪金所得的填报界面

5. 徐浩言工资、薪金所得个人所得税预缴的计算

徐浩言的专项扣除＝464＋116＋29＋1 183.5＝1 792.5(元)

根据政策规定，纳税人接受技能人员职业资格继续教育、专业技术人员职业资格继续教育支出，在取得相关证书的当年，按照 3 600 元的标准定额扣除。徐浩言于 2024 年 1 月取得由杭州市人力资源社会保障部门颁发的出版专业技术人员职业资格证书，可扣除 3 600 元继续教育专项附加。

徐浩言 1 月工资、薪金应纳税所得额＝11 835－5 000－1 792.5－3 600＝1 442.5(元)

徐浩言 1 月应预扣预缴税额＝1 442.5×3％＝43.27(元)

6. 邓海阳工资、薪金所得个人所得税预缴的计算

邓海阳的专项扣除＝464＋116＋29＋1 401.83＝2 010.83(元)

关于赡养老人专项附加扣除，纳税人为非独生子女的，由其与兄弟姐妹分摊每月 3 000 元的扣除额度，每人分摊的扣除额度不能超过每月 1 500 元，可以由赡养人均摊或者约定分摊，也可以由被赡养人指定分摊。邓海阳与其弟弟共同赡养其年满 60 周岁的父亲，且兄弟两人约定平均分摊扣除额度，因此邓海阳可按每月 1 500 元扣除赡养老人专项附加。

邓海阳 1 月工资、薪金应纳税所得额＝14 018.28－5 000－2 010.83－1 500＝5 507.45(元)

邓海阳 1 月应预扣预缴税额＝5 507.45×3％＝165.22(元)

邓海阳工资、薪金所得的填报界面如图 7-35 所示。

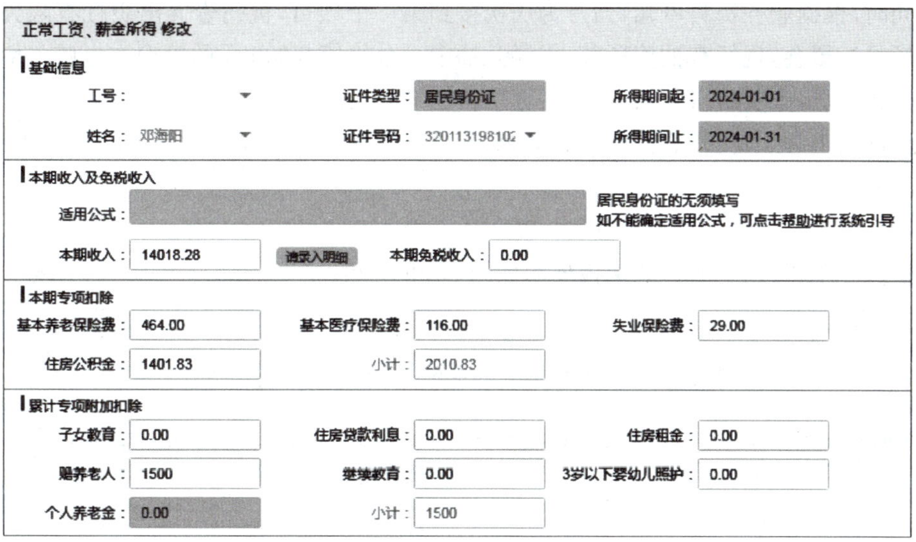

图 7-35　邓海阳工资、薪金所得的填报界面

7. 丁家明工资、薪金所得个人所得税预缴的计算

丁家明的专项扣除＝464＋116＋29＋1 368.83＝1 977.83(元)

丁家明无专项附加扣除。

丁家明 1 月工资、薪金应纳税所得额＝13 688.3－5 000－1 977.83＝6 710.47(元)

丁家明 1 月应预扣预缴税额＝6 710.47×3％＝201.31(元)

8. 李银河工资、薪金所得个人所得税预缴的计算

李银河的专项扣除＝464＋116＋29＋1 277.63＝1 886.63(元)

李银河无专项附加扣除。

李银河1月工资、薪金应纳税所得额＝12 776.26－5 000－1 886.63＝5 889.63(元)

李银河1月应预扣预缴税额＝5 889.63×3%＝176.69(元)

9. 井希珺工资、薪金所得个人所得税预缴的计算

井希珺的专项扣除＝464＋116＋29＋1 195.68＝1 804.68(元)

井希珺无专项附加扣除。

井希珺的工资、薪金中包括其因公外出在正常就餐时间未能返回公司，公司给其发放的600元补助。误餐补助不计入工资、薪金所得，不需要缴纳个人所得税，因此应从其工资、薪金中扣除600元计算个人所得税。

井希珺1月工资、薪金应纳税所得额＝11 956.8－600－5 000－1 804.68＝4 552.12(元)

井希珺1月应预扣预缴税额＝4 552.12×3%＝136.56(元)

10. 伊涵儿工资、薪金所得个人所得税预缴的计算

伊涵儿的专项扣除＝464＋116＋29＋981.66＝1 590.66(元)

伊涵儿，单身，在杭州租房居住，根据政策规定纳税人及配偶在主要工作城市没有自有住房而发生的住房租金支出，可以按照规定享受住房租金专项附加扣除，省会城市扣除标准为每月1 500元。伊涵儿每月可享受1 500元住房租金专项附加扣除。

同时，根据业务资料可知，当月为庆祝接到第一个项目，杭州壹文出版社有限公司安排一场员工聚会，现场有抽奖环节，伊涵儿抽中一台价值8 000元的笔记本电脑。伊涵儿属于公司雇员，中奖所得并入工资、薪金所得缴纳个人所得税。

伊涵儿1月工资、薪金应纳税所得额＝9816.6＋8 000－5 000－1 590.66－1 500＝9 725.94(元)

伊涵儿1月应预扣预缴税额＝9 725.94×3%＝291.78(元)

伊涵儿工资、薪金所得的填报界面如图7-36所示。

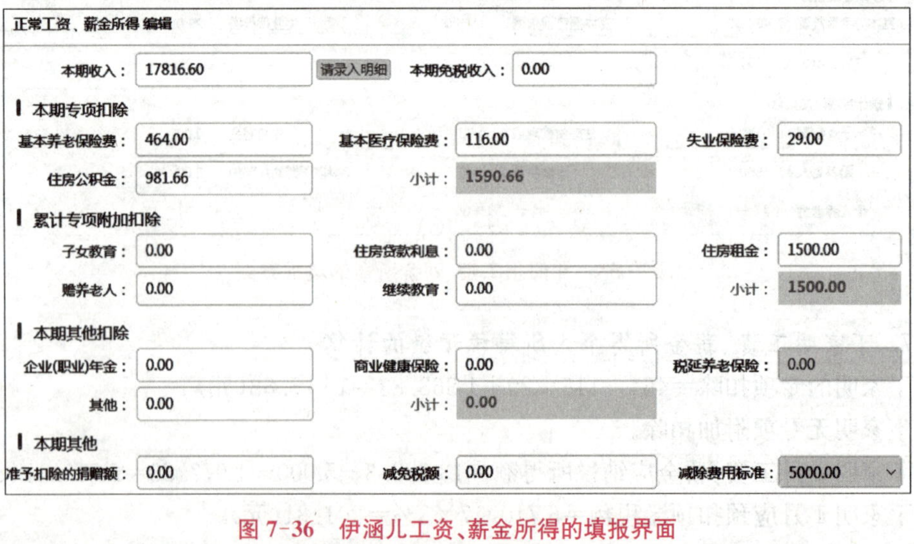

正常工资、薪金所得 编辑

本期收入：17816.60 请录入明细 本期免税收入：0.00

本期专项扣除

基本养老保险费：464.00 基本医疗保险费：116.00 失业保险费：29.00

住房公积金：981.66 小计：1590.66

累计专项附加扣除

子女教育：0.00 住房贷款利息：0.00 住房租金：1500.00

赡养老人：0.00 继续教育：0.00 小计：1500.00

本期其他扣除

企业(职业)年金：0.00 商业健康保险：0.00 税延养老保险：0.00

其他：0.00 小计：0.00

本期其他

准予扣除的捐赠额：0.00 减免税额：0.00 减除费用标准：5000.00

图7-36 伊涵儿工资、薪金所得的填报界面

11. 谭杰西工资、薪金所得个人所得税预缴的计算

谭杰西的专项扣除＝464＋116＋29＋1 106.68＝1 715.68(元)

谭杰西无专项附加扣除。

谭杰西 1 月工资、薪金应纳税所得额＝11 066.8－5 000－1 715.68＝4 351.12(元)

谭杰西 1 月应预扣预缴税额＝4 351.12×3%＝130.53(元)

12. 曹旭工资、薪金所得个人所得税预缴的计算

曹旭的专项扣除＝464＋116＋29＋1 247.2＝1 856.2(元)

曹旭无专项附加扣除。

曹旭 1 月工资、薪金应纳税所得额＝12 472－5 000－1 856.2＝5 615.8(元)

曹旭 1 月应预扣预缴税额＝5 615.8×3%＝168.47(元)

13. 邓程工资、薪金所得个人所得税预缴的计算

邓程的专项扣除＝464＋116＋29＋1 319.05＝1 928.05(元)

邓程无专项附加扣除。

邓程 1 月工资、薪金应纳税所得额＝13 190.5－5 000－1 928.05＝6 262.45(元)

邓程 1 月应预扣预缴税额＝6 262.45×3%＝187.87(元)

14. 李铁男工资、薪金所得个人所得税预缴的计算

李铁男的专项扣除＝464＋116＋29＋1 305.54＝1 914.54(元)

李铁男无专项附加扣除。

李铁男购买了商业健康保险，全年保险费为 1 800 元，税优识别码为 912100005857668831，保险期间为 2024 年 1 月 1 日至 2024 年 12 月 31 日。根据政策规定，对个人购买符合规定的商业健康保险产品的支出，允许在当年(月)计算应纳税所得额时予以税前扣除，扣除限额为 2 400 元/年(200 元/月)。需要注意的是，个人购买符合规定的商业健康保险支出在每月 200 元限额以内扣除，李铁男实际的保险费一年为 1 800 元，那么每月应只能扣除 150 元。

李铁男 1 月工资、薪金应纳税所得额＝13 055.4－5 000－1 914.54－150＝5 990.86(元)

李铁男 1 月应预扣预缴税额＝5 990.86×3%＝179.73(元)

李铁男工资、薪金所得的填报界面如图 7-37 所示。

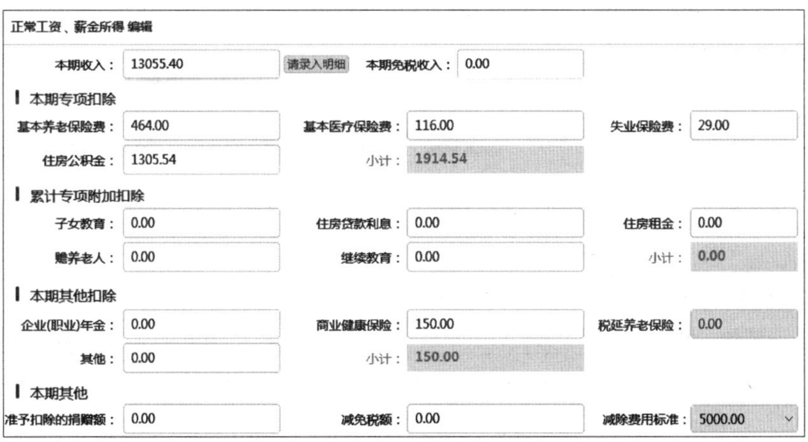

图 7-37　李铁男工资、薪金所得的填报界面

15. 韩美林工资、薪金所得个人所得税预缴的计算

韩美林的专项扣除＝464＋116＋29＋1 283.62＝1 892.62(元)

韩美林无专项附加扣除。

韩美林的工资、薪金中包括公司以误餐补助名义发放的津贴 500 元。由于以误餐补助名义发放的津贴不属于真正的误餐补助，不属于不征税收入，仍需缴纳个人所得税，无须调整该金额。

韩美林 1 月工资、薪金应纳税所得额＝12 836.2－5 000－1 892.62＝5 943.58(元)

韩美林 1 月应预扣预缴税额＝5 943.58×3%＝178.31(元)

(二) 其他所得个人所得税预缴的计算

1. 乔思雨劳务报酬所得

根据相关政策规定，正在接受全日制学历教育的学生因实习取得劳务报酬所得的，扣缴义务人预扣预缴个人所得税时，可按照《国家税务总局关于发布〈个人所得税扣缴申报管理办法(试行)〉的公告》(国家税务总局公告 2018 年第 61 号)规定的累计预扣法计算并预扣预缴税款。

相关的计算公式如下：

$$\begin{matrix}\text{本期应预扣}\\\text{预缴税额}\end{matrix}=\left(\begin{matrix}\text{累计收}\\\text{入额}\end{matrix}-\begin{matrix}\text{累计减}\\\text{除费用}\end{matrix}\right)\times\begin{matrix}\text{预扣}\\\text{率}\end{matrix}-\begin{matrix}\text{速算}\\\text{扣除数}\end{matrix}-\begin{matrix}\text{累计减}\\\text{免税额}\end{matrix}-\begin{matrix}\text{累计已预扣}\\\text{预缴税额}\end{matrix}$$

其中，累计减除费用按照 5 000 元/月乘以纳税人在本单位开始实习月份起至本月的实习月份数计算。累计收入额为收入减除 20%费用后的累计数。预扣率、速算扣除数，按照国家税务总局公告 2018 年第 61 号所附的《个人所得税预扣率表一》执行。

乔思雨 1 月劳务报酬应纳税所得额＝6 000×(1－20%)－5 000＝－200(元)

经计算，乔思雨 1 月取得劳务报酬应纳税所得额小于 0，无须在 1 月缴纳个人所得税。

乔思雨劳务报酬所得的填报界面如图 7-38 所示。

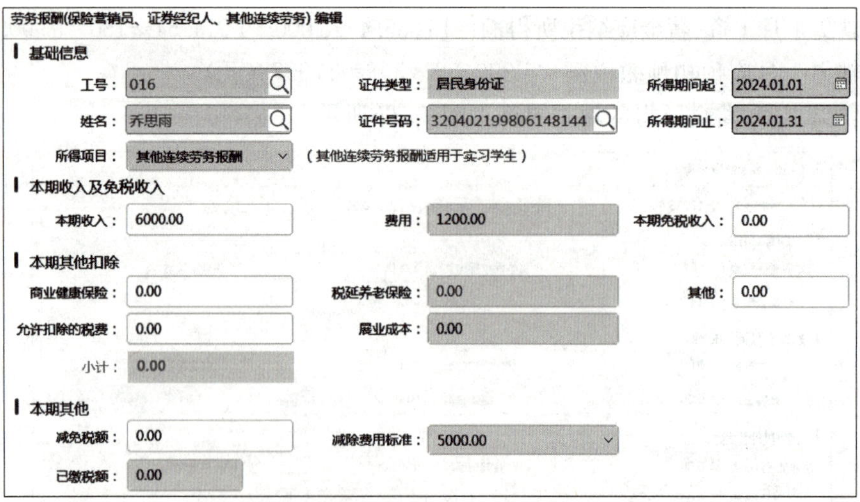

图 7-38 乔思雨劳务报酬所得的填报界面

2. 端木霖稿酬所得

居民个人端木霖在杭州壹文出版社有限公司出版了一本自己写的小说，取得公司支付的稿酬 23 000 元。根据政策规定，稿酬所得是指个人因其作品以图书、报刊等形式出版、发表而取得的所得。个人通过出版社出版小说取得的收入，按照“稿酬所得”项目计缴个人所得税。

扣缴义务人向居民个人支付稿酬所得时，应当按照以下方法按次或者按月预扣预缴税款：

(1) 稿酬所得以收入减除费用后的余额，减按 70%计算收入额。

(2) 预扣预缴税款时，稿酬所得每次收入不超过 4 000 元的，减除费用按 800 元计算；每次收入 4 000 元以上的，减除费用按收入的 20%计算。

稿酬所得以每次收入额为预扣预缴应纳税所得额，适用 20%的比例预扣率计算应预扣预缴税额。

端木霖 1 月应纳税所得额和应预扣预缴税额的计算如下：

端木霖 1 月稿酬应纳税所得额＝23 000×(1－20%)×70%＝12 880(元)

端木霖 1 月应预扣预缴税额＝12 880×20%＝2 576(元)

端木霖稿酬所得的填报界面如图 7-39 所示。

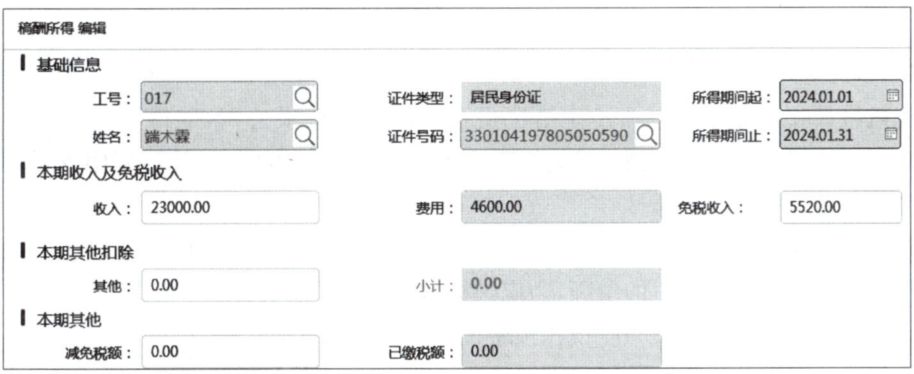
稿酬所得 编辑
基础信息
工号：017　证件类型：居民身份证　所得期间起：2024.01.01
姓名：端木霖　证件号码：330104197805050590　所得期间止：2024.01.31
本期收入及免税收入
收入：23000.00　费用：4600.00　免税收入：5520.00
本期其他扣除
其他：0.00　小计：0.00
本期其他
减免税额：0.00　已缴税额：0.00

图 7-39　端木霖稿酬所得的填报界面

3. 恭小兵特许权使用费所得

作家恭小兵将自己的文字作品手稿复印件拍卖给杭州壹文出版社有限公司，取得收入 120 000 元。根据政策规定，作者将自己的文字作品手稿原件或复印件拍卖取得的所得，按照“特许权使用费”所得项目缴纳个人所得税。

根据政策规定，扣缴义务人向居民个人支付特许权使用费所得时，应当按照以下方法按次或者按月预扣预缴税款：

(1) 特许权使用费所得以收入减除费用后的余额为收入额。

(2) 特许权使用费所得每次收入不超过 4 000 元的，减除费用按 800 元计算；每次收入 4 000 元以上的，减除费用按收入的 20%计算。

特许权使用费所得以每次收入额为预扣预缴应纳税所得额，计算应预扣预缴税额。特许权使用费所得适用 20%的比例预扣率。

居民个人办理年度综合所得汇算清缴时，应当依法计算劳务报酬所得、稿酬所得、特许权使用费所得的收入额，并入年度综合所得计算应纳税款，税款多退少补。

恭小兵1月应纳税所得额和应预扣预缴税额的计算如下：

恭小兵1月特许权使用费应纳税所得额＝120 000×(1－20%)＝96 000(元)

恭小兵1月应预扣预缴税额＝96 000×20%＝19 200(元)

恭小兵特许权使用费所得的填报界面如图7-40所示。

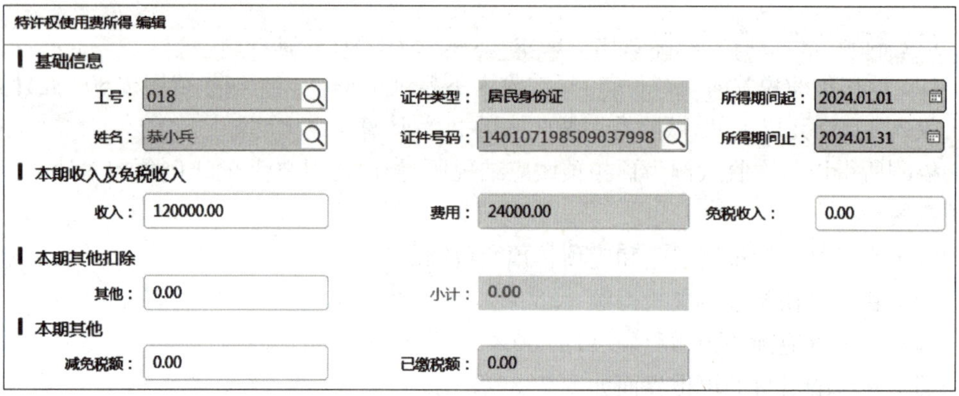

特许权使用费所得 编辑

基础信息

工号：018　证件类型：居民身份证　所得期间起：2024.01.01

姓名：恭小兵　证件号码：140107198509037998　所得期间止：2024.01.31

本期收入及免税收入

收入：120000.00　费用：24000.00　免税收入：0.00

本期其他扣除

其他：0.00　小计：0.00

本期其他

减免税额：0.00　已缴税额：0.00

图7-40　恭小兵特许权使用费所得的填报界面

4. 陈帆财产转让所得

陈帆将其收藏的一幅字画转让给杭州壹文出版社有限公司，取得不含增值税收入300 000元，能够提供财产原值凭证，该字画的原值为180 000元，转让过程中支付相关税费1 000元。

根据政策规定，个人财产转让所得适用的比例税税率为20%，以转让财产的收入额减除财产原值和合理费用后的余额，为应纳税所得额。

陈帆1月应纳税所得额和应预扣预缴税额的计算如下：

陈帆1月财产转让应纳税所得额＝300 000－180 000－1 000＝119 000(元)

陈帆1月应预扣预缴税额＝119 000×20%＝23 800(元)

陈帆财产转让所得的填报界面如图7-41所示。

5. 郭阳劳务报酬所得

作者郭阳接受杭州壹文出版社有限公司约稿，并按要求提供书稿给公司，公司因内部原因决定不予出版，但仍支付郭阳退稿费8 800元。

个人接受出版单位约稿，完成约稿后，出版单位支付的稿费个人按“稿酬所得”缴纳个人所得税。如果出版单位决定不予出版，但仍付给作者“退稿费”，按“劳务报酬所得”缴纳个人所得税。郭阳取得的退稿费8 800元按劳务报酬所得缴纳税额，由于超过4 000元，可扣除20%的减除费用。具体计算如下：

郭阳1月劳务报酬应纳税所得额＝8 800×(1－20%)＝7 040(元)

郭阳1月应预扣预缴税额＝7 040×20%＝1 408(元)

郭阳劳务报酬所得的填报界面如图7-42所示。

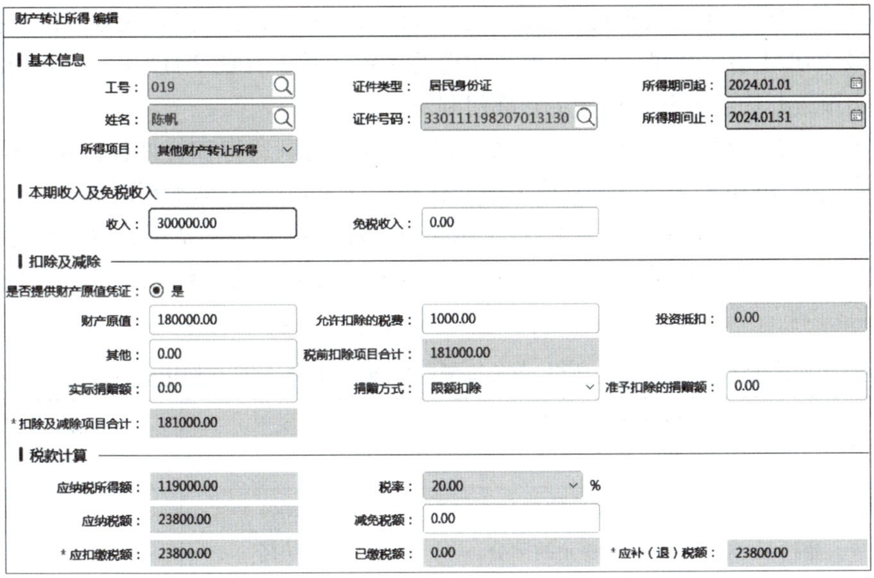

图 7-41　陈帆财产转让所得的填报界面

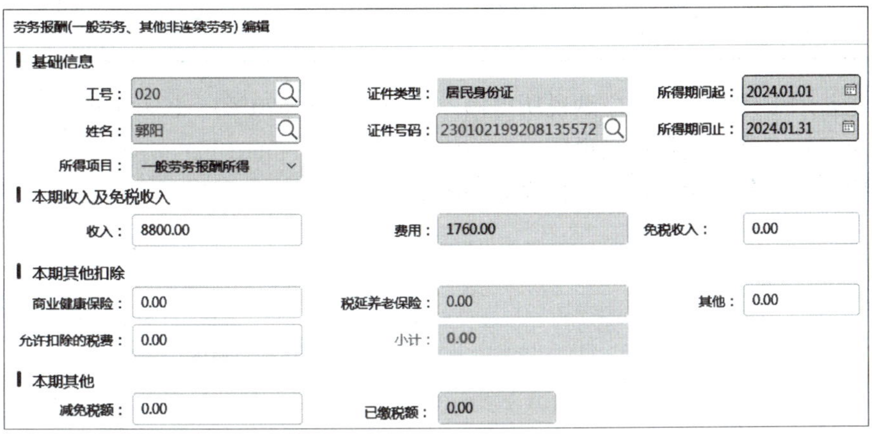

图 7-42　郭阳劳务报酬所得的填报界面

6. 姜沐言稿酬所得

专业作者姜沐言将自己编写的书稿以图书形式在杭州壹文出版社有限公司出版，取得收入 7 500 元。

根据政策规定，出版单位的专业作者撰写、编写或翻译的作品，由本单位以图书形式出版而取得的稿费收入，应按“稿酬所得”项目计算缴纳个人所得税。具体计算如下：

姜沐言 1 月稿酬应纳税所得额＝7 500×(1－20％)×70％＝4 200(元)

姜沐言 1 月应预扣预缴税额＝4 200×20％＝840(元)

(三) 非居民个人所得税的计算

1. 非居民个人艾比盖尔劳务报酬所得的计算

根据《中华人民共和国个人所得税法》的规定，外籍个人符合居民个人条件的，取得综合所得,按年计算个人所得税;有扣缴义务人的,由扣缴义务人按月或者按次预扣预缴税款;需要办理汇算清缴的,应当在取得所得的次年 3 月 1 日至 6 月 30 日内办理汇算清缴。预扣预缴办法由国务院税务主管部门制定。

非居民个人取得工资、薪金所得,劳务报酬所得,稿酬所得和特许权使用费所得,有扣缴义务人的,由扣缴义务人按月或者按次代扣代缴税款,不办理汇算清缴。

非居民个人取得的劳务报酬所得,以每次收入额扣除 20%的费用后的余额为应纳税所得额,适用按月换算后的个人所得税税率。月度个人所得税税率表如表 7-14 所示。

表 7-14　月度个人所得税税率表

(非居民个人的工资、薪金所得,劳务报酬所得、稿酬所得、特许权使用费所得适用)

级数	全月应纳税所得额	税率	速算扣除数
1	不超过 3 000 元的	3%	0
2	超过 3 000 元至 12 000 元的部分	10%	210
3	超过 12 000 元至 25 000 元的部分	20%	1 410
4	超过 25 000 元至 35 000 元的部分	25%	2 660
5	超过 35 000 元至 55 000 元的部分	30%	4 410
6	超过 55 000 元至 80 000 元的部分	35%	7 160
7	超过 80 000 元的部分	45%	15 160

艾比盖尔 1 月劳务报酬应纳税所得额=10 000×(1-20%)=8 000(元)

艾比盖尔 1 月应预扣预缴税额=8 000×10%-210=590(元)

艾比盖尔劳务报酬所得的填报界面如图 7-43 所示。

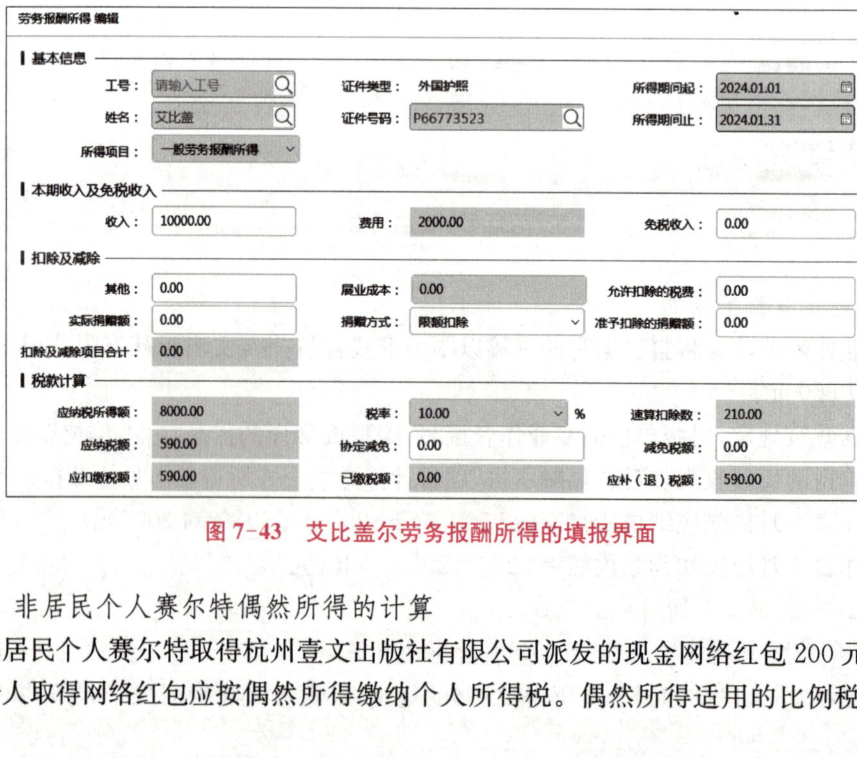

图 7-43　艾比盖尔劳务报酬所得的填报界面

2. 非居民个人赛尔特偶然所得的计算

非居民个人赛尔特取得杭州壹文出版社有限公司派发的现金网络红包 200 元。

个人取得网络红包应按偶然所得缴纳个人所得税。偶然所得适用的比例税税率为

20%。偶然所得以每次收入额为应纳税所得额。

赛尔特1月应预扣预缴税额=200×20%=40(元)

(四) 个人所得税申报实训成果

1. 人员信息采集

人员信息采集可以采用手工添加或模板批量导入,分别按照境内人员和境外人员进行采集,如图7-44所示。人员信息采集添加后进行报送。

图7-44　人员信息采集界面

2. 专项附加扣除信息采集

根据业务资料,逐一采集相关人员的专项附加扣除,添加完成后,点击报送。

以新增江晓原子女教育的专项附加扣除为例,专项附加扣除新增界面如图7-45所示,点击"新增"并填入其子女姓名、关系、证件类型、证件号码、出生日期、国籍(地区)等信息,待所有专项附加扣除信息填写完成后,点击"保存"。专项附加扣除信息采集的界面如图7-46所示。

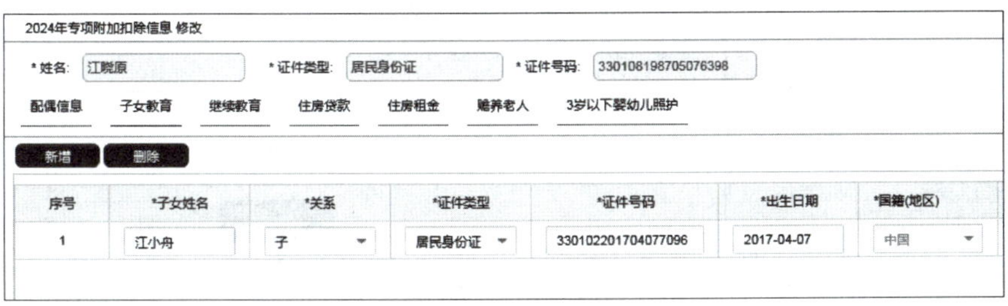

图7-45　专项附加扣除新增界面

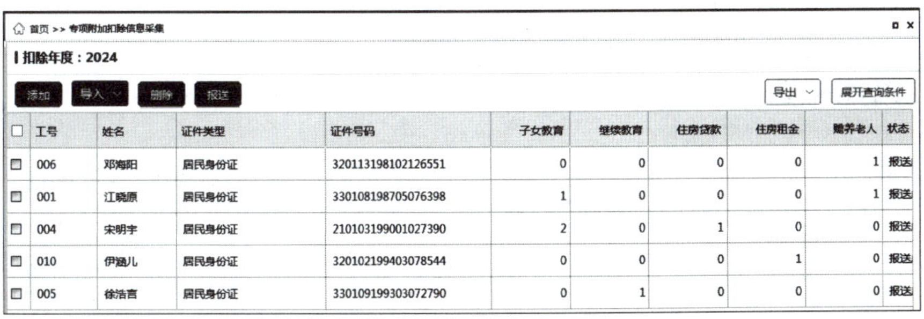

图7-46　专项附加扣除信息采集的界面

3. 收入及减除填写

工资、薪金所得同样可以手工添加或批量导入，添加或导入成功后正常工资、薪金所得的界面如图 7-47 所示。

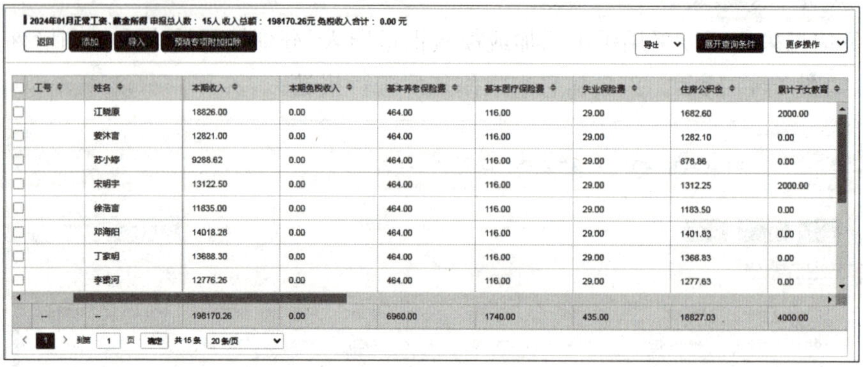

图 7-47　正常工资、薪金所得的界面

工资、薪金所得相关的收入与相关社保公积金填写完成后，点击预填专项附加扣除确认。相关界面如图 7-48 所示。

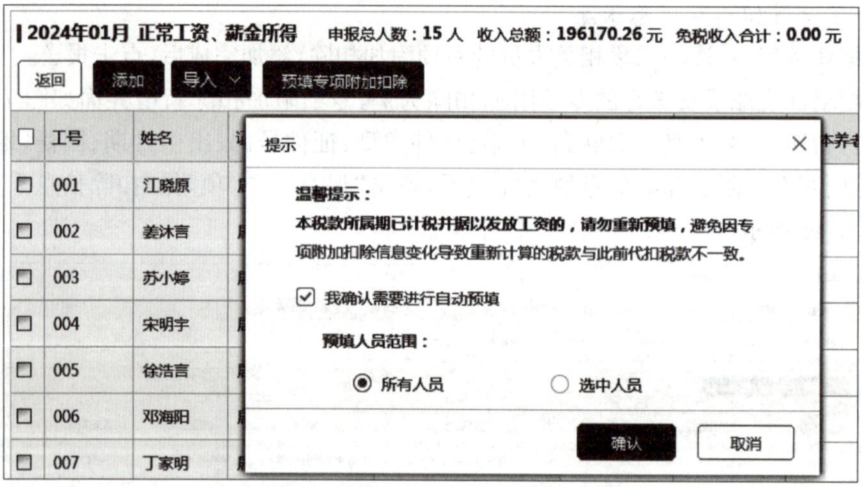

图 7-48　预填专项附加扣除确认的界面

分类所得收入及减除填写的界面如图 7-49 所示。

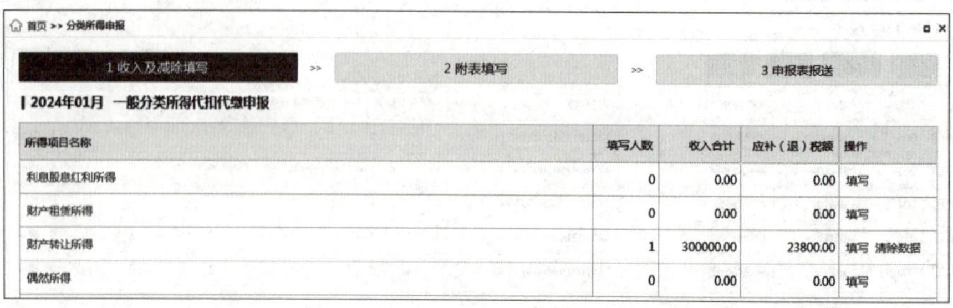

图 7-49　分类所得收入及减除填写的界面

4. 税款计算

税款计算的界面如图 7-50 所示。

1收入及减除填写 ≫ 2税款计算 ≫ 3附表填写 ≫ 4申报表报送

2024年01月 税款计算　申报总人数：19人　收入总额：363470.26元　应纳税额：26287.73元　应补退税额：26287.73元

重新计算　　算税方式：离线算税　导出　展开查询条件

所得项目：正常工资薪金　　纳税总人数：15人 本期收入总额：198170.26元 应补退税额：2263.73元

工号	姓名	所得项目	累计收入	累计免税收入	累计减除费用	累计扣除项目合计	累计准予扣除的捐...	累计应纳税所...	税率/预扣率
	江晓原	正常工资薪金	18826.00	0.00	5000.00	7291.60	5000.00	1534.40	3.00
	娄沐言	正常工资薪金	12821.00	0.00	5000.00	1891.10	0.00	5929.90	3.00
	苏小婷	正常工资薪金	9288.62	0.00	5000.00	1487.86	0.00	2800.76	3.00
	宋明宇	正常工资薪金	13122.50	0.00	5000.00	4921.25	0.00	3201.25	3.00
	徐浩言	正常工资薪金	11835.00	0.00	5000.00	5392.50	0.00	1442.50	3.00
	邓海阳	正常工资薪金	14018.28	0.00	5000.00	3510.83	0.00	5507.45	3.00
	丁家明	正常工资薪金	13688.30	0.00	5000.00	1977.83	0.00	6710.47	3.00
--		--	198170.26	0.00	75000.00	42712.03	5000.00	75458.23	45.00

< 1 > 到第 1 页 确定 共 15 条 20 条/页

图 7-50　税款计算的界面

5. 附表填写

以李轶男为例：

(1) 李轶男商业健康保险明细的界面如图 7-51 所示。

商业健康保险明细

姓名：	李轶男	证件类型：	居民身份证	证件号码：	330702198508123276
商业健康保险总额：	150.00				

序号	税优识别码	保单生效日期	年度保费	月度保费	本期扣除金额	操作
1	912100005857668831	2024-01-01	1800.00	150.00	150.00	新增　删除

图 7-51　商业健康保险明细的界面

(2) 附表填写的成果如图 7-52 所示。

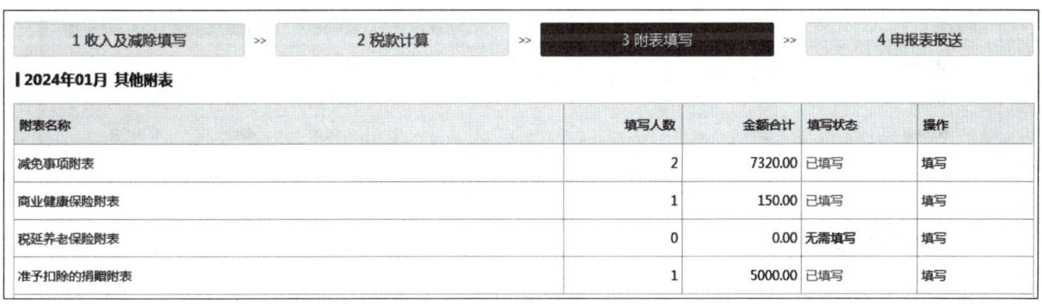

1 收入及减除填写 >> 2 税款计算 >> 3 附表填写 >> 4 申报表报送

2024年01月 其他附表

附表名称	填写人数	金额合计	填写状态	操作
减免事项附表	2	7320.00	已填写	填写
商业健康保险附表	1	150.00	已填写	填写
税延养老保险附表	0	0.00	无需填写	填写
准予扣除的捐赠附表	1	5000.00	已填写	填写

图 7-52　附表填写的成果

6. 申报表报送

综合所得申报实训成果如图 7-53 所示。

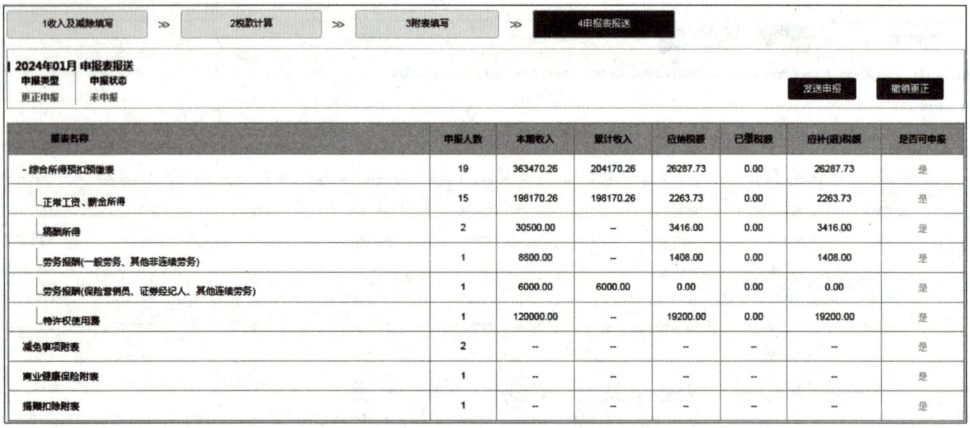

报表名称	申报人数	本期收入	累计收入	应纳税额	已缴税额	应补(退)税额	是否可申报
- 综合所得预扣预缴表	19	363470.26	204170.26	26287.73	0.00	26287.73	是
正常工资、薪金所得	15	198170.26	198170.26	2263.73	0.00	2263.73	是
稿酬所得	2	30500.00	--	3416.00	0.00	3416.00	是
劳务报酬(一般劳务、其他非连续劳务)	1	8800.00	--	1408.00	0.00	1408.00	是
劳务报酬(保险营销员、证券经纪人、其他连续劳务)	1	6000.00	6000.00	0.00	0.00	0.00	是
特许权使用费	1	120000.00	--	19200.00	0.00	19200.00	是
减免事项附表	2	--	--	--	--	--	是
商业健康保险附表	1	--	--	--	--	--	是
捐赠扣除附表	1	--	--	--	--	--	是

图 7-53 综合所得申报实训成果

分类所得申报实训成果如图 7-54 所示。

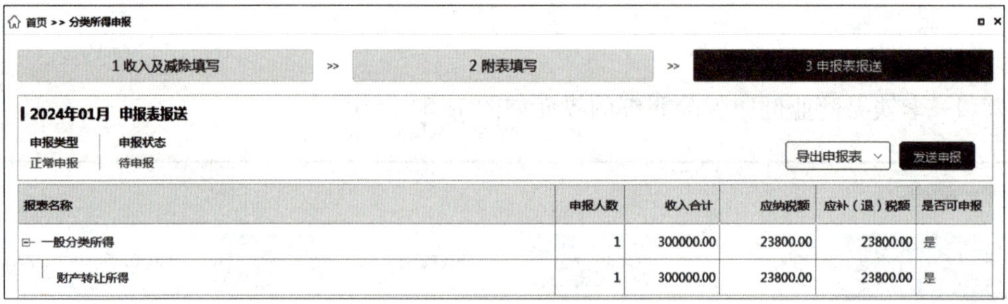

报表名称	申报人数	收入合计	应纳税额	应补（退）税额	是否可申报
⊟ 一般分类所得	1	300000.00	23800.00	23800.00	是
财产转让所得	1	300000.00	23800.00	23800.00	是

图 7-54 分类所得申报实训成果

非居民所得申报实训成果如图 7-55 所示。

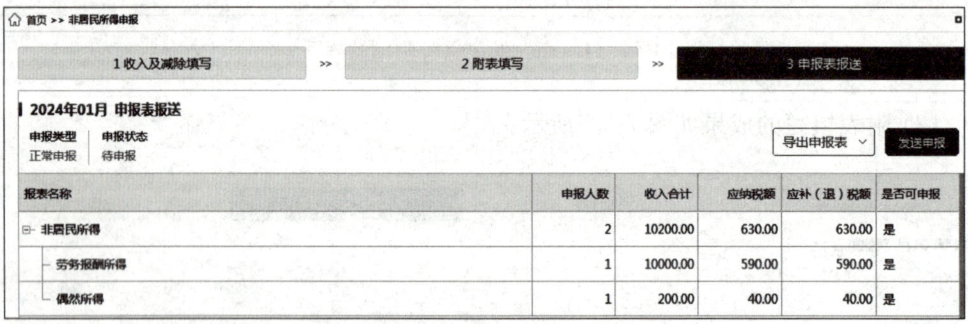

报表名称	申报人数	收入合计	应纳税额	应补（退）税额	是否可申报
⊟ 非居民所得	2	10200.00	630.00	630.00	是
劳务报酬所得	1	10000.00	590.00	590.00	是
偶然所得	1	200.00	40.00	40.00	是

图 7-55 非居民所得申报实训成果

实训操作

根据任务二的案例资料和业务数据在实训平台完成实训，进行系统评分并打印实训报告。

任务三　企业所得税申报综合实训

一、实训目的

掌握企业所得税年度汇算清缴的方法及计算；熟悉企业所得税年度汇算清缴申报程序；正确填写《中华人民共和国企业所得税年度纳税申报表(A类)》；在税务实训平台完成企业所得税申报综合实训。

业务要点

(1) 收入类项目纳税调整及报表填报。
(2) 扣除类项目纳税调整及报表填报。
(3) 资产类项目纳税调整及报表填报。
(4) 企业所得税税收优惠及报表填报。
(5) 弥补亏损明细表填报。

二、案例资料和业务数据

(一) 纳税人基础信息

纳税人名称：杭州优久箱包有限公司
统一社会信用代码：913358112021663758
成立时间：2009 年 6 月 22 日
法定代表人：舒展
经济性质：有限公司
注册资本：人民币伍佰万元
资产总额：1 238.68 万元
从业人数：312
股东信息：舒展(中国国籍，身份证号：310113198209153830)，投资比例 75%；江伟(中国国籍，身份证号：330104198505146616)，投资比例 25%。
地址及电话：杭州市拱墅区大关西七苑 21 号 102-104 室，0571-88100902
开户行及账号：中国农业银行杭州文化商城支行，19012208058020246
营业地址：杭州市拱墅区大关西七苑 21 号 102-104 室
所属行业：皮箱、包(袋)制造
适用的会计准则：企业会计准则(一般企业)
会计档案存放地：公司档案室
会计核算软件：用友
记账本位币：人民币
会计政策和估计是否发生变化：否

固定资产折旧方法：年限平均法

存货成本计价方法：先进先出法

坏账损失核算方法：备抵法

所得税计算方法：资产负债表债务法（企业会计准则要求对企业所得税采用资产负债表债务法进行核算）

生产经营范围：箱包皮具、皮革制造、拉杆箱、箱包辅料生产、加工、销售等。（依法须经批准的项目，经相关部门批准后方可开展经营活动）

企业所得税申报：①采用一般企业财务报表格式（2019 年版）。②纳税申报企业类型：非跨地区经营企业。

公司为非小型微利企业、非上市公司；属于增值税一般纳税人。

（二）业务资料

2022 年，杭州优久箱包有限公司预缴企业所得税 87 048.34 元，现进行 2022 年度所得税汇算清缴纳税申报。其他相关资料如下。

1. 利润表

杭州优久箱包有限公司 2022 年 12 月利润表如表 7-15 所示。

表 7-15　利润表

会企 02 表

编制单位：杭州优久箱包有限公司　　2022 年 12 月　　单位：元

项目	本期金额	上期金额
一、营业收入	9 181 520.00	11 100 000.00
减：营业成本	4 282 660.00	5 153 000.00
税金及附加	573 628.40	854 415.00
销售费用	1 315 731.72	1 683 300.00
管理费用	2 406 566.10	1 280 000.00
研发费用		
财务费用	85 620.00	72 325.00
其中：利息费用		
利息收入		
加：其他收益		
投资收益（损失以"－"号填列）	500 000.00	4 330 765.87
其中：对联营企业和合营企业的投资收益		
以摊余成本计量的金融资产终止确认收益（损失以"－"号填列）		
净敞口套期收益（损失以"－"号填列）		
公允价值变动收益（损失以"－"号填列）	15 000.00	

（续表）

项目	本期金额	上期金额
信用减值损失（损失以"－"号填列）		
资产减值损失（损失以"－"号填列）	－3 950.23	－288 546.77
资产处置收益（损失以"－"号填列）		30 900.00
二、营业利润（亏损以"－"号填列）	1 028 363.55	6 130 079.10
加：营业外收入	3 385 402.50	
减：营业外支出	215 000.00	68 255.63
三、利润总额（亏损总额以"－"号填列）	4 198 766.05	6 061 823.47
减：所得税费用	1 049 941.51	1 515 455.87
四、净利润（净亏损以"－"号填列）	3 148 824.54	4 546 367.60
（一）持续经营净利润（净亏损以"－"号填列）		
（二）终止经营净利润（净亏损以"－"号填列）		
五、其他综合收益的税后净额		
（一）不能重分类进损益的其他综合收益		
1. 重新计量设定受益计划变动额		
2. 权益法下不能转损益的其他综合收益		
3. 其他权益工具投资公允价值变动		
4. 企业自身信用风险公允价值变动		
……		
（二）将重分类进损益的其他综合收益		
1. 权益法下可转损益的其他综合收益		
2. 其他债权投资公允价值变动		
3. 金融资产重分类计入其他综合收益的金额		
4. 其他债权投资信用减值准备		
5. 现金流量套期储备		
6. 外币财务报表折算差额		
……		
六、综合收益总额		
七、每股收益：		
（一）基本每股收益		
（二）稀释每股收益		

2. 收入明细表

杭州优久箱包有限公司 2022 年营业收入明细如表 7-16 所示，营业外收入明细如表 7-17 所示。

表 7-16 营业收入明细表

序号	收入项目	入账金额(元)	备注
1	背包销售收入	4 822 960.00	
2	旅行袋销售收入	3 106 400.00	
3	拉杆箱销售收入	1 155 120.00	
4	提供劳务收入	97 040.00	
合计		9 181 520.00	

表 7-17 营业外收入明细表

序号	收入项目	入账金额(元)	备注
1	转让专利技术利得	2 050 000.00	
2	处置固定资产利得	653 402.50	
3	政府补助收入	500 000.00	
4	确实无法偿付的应付款项	182 000.00	
合计		3 385 402.50	

其中：

(1) 转让“托特包”生产专利技术，取得转让专利技术利得 2 050 000 元，不考虑成本及相关税费(其他数据以 0 填列)。该转让专利技术利得符合税收优惠条件。

(2) 取得经国务院批准、所在省财政厅财政补贴款 500 000 元，省财政厅文件具体要求该资金专门用于某种产品生产技术的研发，公司能对该资金的收入及支出单独进行核算，故公司将该笔资金作为不征税收入处理。公司当年尚未使用该资金。

3. 投资收益明细表

杭州优久箱包有限公司 2022 年投资收益明细如表 7-18 所示。

表 7-18 投资收益明细表

序号	收入项目	入账金额(元)	备注
1	国债利息收入	240 000.00	
2	股息(居民企业)	260 000.00	2021 年 7 月 1 日，直接投资杭州信德皮具有限公司(统一社会信用代码：913360052444127839) 280 万元，占股 10%。2022 年 12 月 22 日，杭州信德皮具有限公司公布利润分配决定，杭州优久箱包有限公司获得股利 260 000 元
4	合计	500 000.00	

4. 成本明细表

杭州优久箱包有限公司 2022 年营业成本明细如表 7-19 所示，营业外支出明细如表 7-20 所示。

表 7-19　营业成本明细表

序号	成本项目	入账金额(元)	备注
1	背包销售成本	2 241 180.00	
2	旅行袋销售成本	1 365 200.00	
3	拉杆箱销售成本	627 460.00	
4	提供劳务成本	48 820.00	
合计		4 282 660.00	

表 7-20　营业外支出明细表

序号	费用项目	入账金额(元)	备注
1	捐赠支出	180 000.00	
2	违约金支出	7 000.00	
3	赞助支出	20 000.00	
4	罚没支出	8 000.00	
合计		215 000.00	

其中：

(1) 2022 年 5 月，通过杭州市人民政府向 2022 年杭州亚运会捐赠现金 100 000 元。2022 年 8 月，通过杭州红十字会向灾区捐赠现金 80 000 元。

(2) 支付违反购销合同的违约金支出 7 000 元。

(3) 2022 年发生非广告性的赞助支出 20 000 元。

(4) 支付因违反政府规定被相关职能部门处罚的罚款支出 5 000 元；缴纳 2022 年税收滞纳金 3 000 元。

5. 管理费用明细表

杭州优久箱包有限公司 2022 年管理费用明细如表 7-21 所示。

表 7-21　管理费用明细表

序号	费用项目	入账金额(元)	备注
1	工资、薪金	685 224.00	
2	基本社会保险	105 442.80	
3	住房公积金	85 600.00	
4	业务招待费	171 306.00	

（续表）

序号	费用项目	入账金额(元)	备注
5	折旧费	63 328.00	
6	办公费	19 400.00	
7	房租费	120 000.00	
8	差旅费	97 760.00	
9	包装费	72 250.00	
10	费用化税金	46 632.80	
11	研发费用	889 622.50	
12	其他	50 000.00	
合计		2 406 566.10	

2022 年，杭州优久箱包有限公司的股东兼董事长将与企业经营无关的家庭的消费支出 50 000 元交给公司报销，并已计入管理费用。

6. 销售费用明细表

杭州优久箱包有限公司 2022 年销售费用明细如表 7-22 所示。

表 7-22　销售费用明细表

序号	费用项目	入账金额(元)	备注
1	工资、薪金	641 660.00	
2	基本社会保险	95 670.52	
3	住房公积金	71 013.30	
4	业务招待费	52 260.00	
5	广告费	83 000.00	
6	销售佣金	144 000.00	
7	折旧费	72 281.90	
8	差旅费	155 846.00	
合计		1 315 731.72	

其中：

(1) 2022 年，将一批自产产品(适用的增值税税率为 13%)用于广告和业务宣传，该批自产产品的不含税公允价值为 100 000 元、生产成本为 70 000 元，会计处理时记入“销售费用”科目的金额为 83 000 元，均符合广告费和业务宣传费支出的税前扣除条件。由以前年度累计结转至本年的广告费扣除额为 10 000 元。

(2) 2022 年 7 月，委托某具有合法经营资格的报关行办理一批自产货物的出口手续，签订服务合同确认的出口货物金额为 2 800 000 元，通过银行向该报关行转账支付佣金 144 000 元。

7. 财务费用明细表

杭州优久箱包有限公司 2022 年财务费用明细如表 7-23 所示。

表 7-23　财务费用明细表

序号	费用项目	入账金额(元)	备注
1	手续费	3 620.00	
2	利息支出	80 000.00	
3	其他	2 000.00	
合计		85 620.00	

其中：

(1) 2022 年 1 月初，以年利率 8%向某经批准从事信托投资业务的公司借入期限为 6 个月的生产专用资金 200 万元，支付借款利息 80 000 元。

(2) 支付给银行逾期罚息 2 000 元。

8. 研发费用明细表

杭州优久箱包有限公司 2022 年研发费用明细如表 7-24 所示。

表 7-24　研发费用明细表

序号	费用项目明细	入账金额(元)
1	直接从事研发活动人员工资、薪金	673 702.60
2	直接从事研发活动人员五险一金	95 810.30
3	通过经营租赁方式租入的用于研发活动的仪器、设备租赁费	77 436.50
4	用于研发活动的仪器的折旧费	42 673.10
合　计		889 622.50

其中：

(1) 该项目研发费用都为国内发生的研究开发费用支出，符合新技术、新产品、新工艺的研究开发费用加计扣除标准。

(2) 2022 年，公司研发费用全部作为费用化支出处理。

9. 资产减值情况表

杭州优久箱包有限公司 2022 年资产减值情况如表 7-25 所示。

表 7-25　资产减值情况表

单位：元

项目	年初余额	本期计提	本期转回	年末余额
坏账准备	11 472.00	3 950.23		15 422.23

10. 资产折旧/摊销调整表

2022 年，杭州优久箱包有限公司持有的固定资产及无形资产均采用年限平均法计提折旧，固定资产的净残值率为 5%。所有固定资产和无形资产在会计上的原值与计税基础一致。

杭州优久箱包有限公司 2022 年资产折旧/摊销调整如表 7-26 所示。

表 7-26　资产折旧/摊销调整表

金额单位：元

序号	资产项目	折旧(摊销)年限	资产原值	本年折旧	累计折旧
1	机器设备	10 年	1 362 900.00	157 151.25	1 005 779.75
2	与生产经营有关的器具工具家具	5 年	823 507.00	106 466.33	511 038.38
3	电子设备	3 年	681 756.20	115 898.55	504 499.58
4	房屋建筑物	20 年	3 520 000.00	167 200.00	1 304 160.00
5	无形资产——专利	10 年	1 500 000.00	129 194.36	514 907.62

11. 职工薪酬明细表

杭州优久箱包有限公司 2022 年职工薪酬明细如表 7-27 所示。

表 7-27　职工薪酬明细表

单位：元

序号	费用项目	账载金额	实际发生额	备注
1	工资、薪金支出	1 442 820.00	1 442 820.00	
2	福利费用支出	216 421.70	216 421.70	
3	职工教育经费支出	124 441.00	124 441.00	
4	工会经费支出	89 514.20	28 560.40	
5	基本社会保险支出	127 528.25	127 528.25	
6	住房公积金支出	86 569.20	86 569.20	
合　计		2 087 294.35	2 026 340.55	

其中：

(1) 工资、薪金支出符合税法扣除规定。

(2) 实际上缴并取得工会开具收据的工会经费为 28 560.4 元。

(3) 2022 年，安置残疾人员 1 名，签订劳动合同并缴纳社会保险，符合税收优惠政策要求：为残疾人员支付工资 26 200 元、社会保险费 4 026 元、住房公积金 1 965 元。

12. 以前年度盈亏情况表

杭州优久箱包有限公司以前年度盈亏情况如表 7-28 所示。

表 7-28　以前年度盈亏情况表

年度	盈利额或亏损额(元)	备注
2017	258 640.00	
2018	416 620.00	

（续表）

年度	盈利额或亏损额(元)	备注
2019	1 336 880.00	
2020	－604 936.00	该年度亏损
2021	503 512.00	

三、业务处理和实训成果

(一) 业务资料分析

1. 政府补助收入分析

根据表 7-17 及相关业务资料，公司 2022 年取得的政府补助收入 500 000 元，省财政厅文件具体要求将该资金专门用于某种产品生产技术的研发，同时公司能对该资金的收入及支出单独进行核算，故公司将该笔资金作为不征税收入处理。该部分政府补助收入不并入企业所得税应税收入，因此需要作纳税调减 500 000 元。

不征税收入填进 A105040《专项用途财政性资金纳税调整明细表》后，纳税调减数据在 A105000《纳税调整项目明细表》第 8 行“(七)不征税收入”中呈现。

2. 转让专利技术利得分析

根据表 7-17 及相关业务资料，公司转让“托特包”生产专利技术，取得转让专利技术利得 2 050 000 元，不考虑相关税费，表明该转让专利技术利得符合税收优惠条件。

根据相关政策规定，一个纳税年度内，居民企业转让技术所得不超过 500 万元的部分，免征企业所得税；超过 500 万元的部分，减半征收企业所得税。公司 2022 年转让收入为 2 050 000 元，不考虑成本及相关税费，转让所得不超过 500 万元，故免征企业所得税。转让专利技术利得需要填写在 A107020《所得减免优惠明细表》。

3. 投资收益分析

国债利息收入与符合条件的居民企业之间的股息、红利都属于免税收入，从表 7-18 可知，公司 2022 年取得国债利息收入 240 000 元，居民企业之间的股息、红利为 260 000 元。

其中，国债利息收入是免税收入，需要填写在 A107010《免税、减计收入及加计扣除优惠明细表》第 2 行“(一)国债利息收入免征企业所得税”。免税的股息、红利数据在填写至 A107011《符合条件的居民企业之间的股息、红利等权益性投资收益优惠明细表》之后，自动转入 A107010《免税、减计收入及加计扣除优惠明细表》。

4. 捐赠支出分析

根据表 7-20 可知，公司通过杭州市人民政府向 2022 年杭州亚运会捐赠现金 100 000 元。根据政策规定，企业、社会组织和团体赞助、捐赠杭州亚运会的资金、物资和服务支出予以全额扣除。因此，该笔捐赠无须作纳税调整。

2022 年 8 月，公司通过杭州红十字会向灾区捐赠现金 80 000 元。属于公益性捐赠，在年度利润总额 12%以内的部分，准予在计算当年应纳税所得额时扣除。公司 2022 年利润总额为 4 198 766.05 元，因此，当年公益性捐赠支出扣除限额为 503 851.93 元（4 198 766.05×12%）。公司捐赠的 80 000 元小于扣除限额 503 851.93 元，无须作纳税调整。

捐赠支出需要填写在 A105070《捐赠支出及纳税调整明细表》。

5. 赞助支出分析

根据规定，赞助支出不得在企业所得税前扣除。根据表 7-20 可知，公司于 2022 年发生的赞助支出为 20 000 元，因此需要作纳税调增 20 000 元。

赞助支出纳税调增需要填写在 A105000《纳税调整项目明细表》第 21 行“(九)赞助支出”。

6. 工商罚款、税收滞纳金分析

根据规定，罚款、税收滞纳金不得在企业所得税前扣除，应作纳税调增处理。

从表 7-20 可知，2022 年，公司有工商罚款 5 000 元、税收滞纳金 3 000 元。工商罚款是行政性罚款，因此无法在企业所得税前扣除，需要作纳税调增 5 000 元，工商罚款纳税调增需要填写在 A105000《纳税调整项目明细表》第 19 行“(七)罚金、罚款和被没收财物的损失”；税收滞纳金也不得在企业所得税前扣除，需要作纳税调增 3 000 元，税收滞纳金纳税调增需要填写在 A105000《纳税调整项目明细表》第 20 行“(八)税收滞纳金、加收利息”。

7. 广告费分析

1) 视同销售填报

根据表 7-22 及相关业务资料，广告费的账载金额为 83 000 元(100 000×13%+70 000)。企业将自产产品用于广告和业务宣传，增值税和企业所得税都需要作视同销售处理，企业所得税视同销售收入为其不含税公允价值 100 000 元，视同销售成本为 70 000 元，需要填写在 A105010《视同销售和房地产开发企业特定业务纳税调整明细表》，将视同销售收入 100 000 元填写在第 3 行“(二)用于市场推广或销售视同销售收入”，视同销售成本 70 000 元填写在第 13 行“(二)用于市场推广或销售视同销售成本”。视同销售纳税调增 30 000 元(100 000－70 000)。

同时，根据《国家税务总局关于修订企业所得税年度纳税申报表有关问题的公告》(国家税务总局公告 2019 年第 41 号)的填表说明中的规定，企业将货物、财产、劳务用于捐赠、广告等用途时，进行视同销售纳税调整后，对应支出的会计处理与税收规定有差异需纳税调整的金额填写在表 A105000《纳税调整项目明细表》第 30 行“(十七)其他”，因此应将上述视同销售纳税调增的 30 000 元在表 A105000《纳税调整项目明细表》第 30 行“(十七)其他”栏中作相应的纳税调减。

2) 广告费扣除限额的计算

企业发生的符合条件的广告费和业务宣传费支出，除国务院财政、税务主管部门另有规定外，不超过当年销售(营业)收入 15%的部分，准予扣除；超过部分，准予在以后纳税年度结转扣除。

企业在计算业务招待费、广告费和业务宣传费等费用扣除限额时，其销售(营业)收入额应包括视同销售(营业)收入额。

从上述政策可知，计算广告费限额的基数为当年的营业收入与视同销售收入之和，表 7-15 已给出营业收入为 9 181 520 元，视同销售收入为 100 000 元，因此广告费扣除限额的基数为 9 281 520 元(9 181 520+100 000)。

广告费扣除限额的计算如下：

2022 年广告费扣除限额＝9 281 520×15%＝1 392 228(元)。

当年发生的广告费并未超过扣除限额，但业务资料表明 2022 年度由以前年度累计结转至本年的广告费扣除额为 10 000 元。因此，广告费需要作纳税调减 10 000 元。

通过填写 A105060《广告费和业务宣传费等跨年度纳税调整明细表》进行广告费纳税调减。

8. 业务招待费分析

企业发生的与生产经营活动有关的业务招待费支出，按照发生额的 60%扣除，但最高不得超过当年销售(营业)收入的 5‰。

根据表 7-21 和 7-28 可知，公司当年发生的业务招待费为 223 566(171 306＋52 260)元，其发生额的 60%为 134 139.6 元(223 566×60%)。销售(营业)收入的 5‰为 46 407.6 元(9 281 520×5‰)。当年可以在企业所得税前扣除的业务招待费支出为 46 407.6元，需要作纳税调增 177 158.4 元(223 566－46 407.6)。

业务招待费纳税调增数据需要填写在 A105000《纳税调整项目明细表》第 15 行“(三)业务招待费支出”。

9. 与取得收入无关的支出

根据表 7-21 及相关业务资料，公司的股东兼董事长于 2022 年将与企业经营无关的家庭的消费支出 50 000 元交给公司报销，这 5 000 元属于与取得收入无关的支出。

根据《企业所得税法》的规定，与收入无关的支出不得在企业所得税前扣除，因此需要作纳税调增 50 000 元。

与取得收入无关的支出纳税调增需要填写在 A105000《纳税调整项目明细表》第 27 行“(十四)与取得收入无关的支出”。

10. 销售佣金分析

2022 年 7 月，公司委托某具有合法经营资格的报关行办理一批自产货物的出口手续，签订服务合同确认的出口货物金额为 2 800 000 元，公司通过银行向该报关行转账支付佣金 144 000 元。

根据政策规定，企业发生的与生产经营有关的手续费及佣金支出，不超过计算限额以内的部分，准予扣除；超过部分，不得扣除。限额按与具有合法经营资格中介服务机构或个人(不含交易双方及其雇员、代理人和代表人等)所签订服务协议或合同确认的收入金额的 5%计算。

因此，公司的佣金支出可扣除限额为 140 000 元(2 800 000×5%)，实际支付佣金 144 000元，超过限额 4 000 元(144 000－140 000)，故需要作纳税调增 40 000 元。

11. 财务费用分析

根据政策规定，企业在生产经营过程中向金融企业借款的利息支出准予扣除。信托公司属于金融机构，公司向某经批准从事信托投资业务的公司借款支付的利息支出准予全额扣除，无须作纳税调整。

支付给银行的逾期罚息 2 000 元不属于行政罚款，可以在企业所得税前扣除，无须作纳税调整。

12. 研发费用分析

根据表 7-24，填写 A107012《研发费用加计扣除优惠明细表》。

根据相关政策规定，2022 年制造业企业开展研发活动中实际发生的研发费用，未形成无形资产计入当期损益的，在按规定据实扣除的基础上，按照实际发生额的 100%在税前加计扣除。因此，2022 年，公司可以享受加计扣除 889 622.5 元。

13. 坏账准备分析

企业计提的坏账准备金不得在企业所得税前扣除。根据表 7-25 可知，公司 2022 年计提坏账准备 3 950.23 元，因此需要作纳税调增 3 950.23 元。

资产减值准备金调增数据需要填写在 A105000《纳税调整项目明细表》第 33 行“(二)资产减值准备金”。

14. 资产折旧摊销分析

根据表 7-26 可知，2022 年，公司持有的固定资产及无形资产在会计上的折旧(摊销)年限均符合税法最低折旧年限的规定，因此无须作纳税调整。

资产折旧、摊销不论是否涉及纳税调整，公司都需要填写 A105080《资产折旧、摊销及纳税调整明细表》。

15. 职工薪酬分析

1) 职工福利费

企业发生的职工福利费支出，不超过工资、薪金总额 14%的部分，准予扣除。工资、薪金的 14%为 201 994.8 元(1 442 820×14%)，从表 7-27 可知，公司 2022 年发生福利费 216 421.7 元，超过以上计算的扣除限额，需要作纳税调增 14 426.9 元(216 421.70－201 994.8)。

2) 职工教育经费

企业发生的职工教育经费支出，不超过工资、薪金总额 8%的部分，准予在计算企业所得税应纳税所得额时扣除；超过部分，准予在以后纳税年度结转扣除。工资、薪金的 8%为 115 425.6 元(1 442 820 × 8%)，从表 7－27 可知，公司 2022 年发生职工教育经费为 124 441 元，超过以上计算的扣除限额，需要作纳税调增 9 015.4 元(124 441－115 425.6)。

3) 工会经费

企业拨缴的工会经费，不超过工资、薪金总额 2%的部分，准予扣除。工资、薪金的 2%为 28 856.4 元(1 442 820×2%)，从表 7-27 可知，公司 2022 年工会经费的账载金额为 89 514.2 元，实际上缴并取得工会开具收据的工会经费为 28 560.4 元，即可以在企业所得税前扣除的工会经费为 28 560.4 元，需要作纳税调增 60 953.8 元(89 514.20－28 560.40)。

职工薪酬纳税调整需要填写在 A105050《职工薪酬支出及纳税调整明细表》。

4) 残疾人员工资

2022 年，公司安置残疾人员 1 名，为残疾人员支付工资 26 200 元。

根据政策规定，企业安置残疾人员的，在据实扣除支付给残疾职工工资的基础上，可以在计算应纳税所得额时按照支付给残疾职工工资的 100%加计扣除。因此，公司可以加计扣除 26 200 元，但为残疾人员支付的社保及公积金不允许加计扣除。

残疾人员工资加计扣除需要填写在 A107010《免税、减计收入及加计扣除优惠明细表》第 29 行“(四)安置残疾人员所支付的工资加计扣除”。

16. 弥补亏损分析

企业纳税年度发生的亏损，准予向以后年度结转，用以后年度的所得弥补，但结转年限最长不得超过 5 年。根据表 7-28 可知，公司 2020 年发生亏损额 604 936 元，2021 年已经弥补 503 512 元，2022 年待弥补亏损额为 101 424 元(604 936－503 512)。

弥补亏损需要填写在 A106000《企业所得税弥补亏损明细表》。

17. 公允价值变动收益分析

在资产负债表日，交易性金融资产、以公允价值模式计量的投资性房地产的账面价值随着公允价值的变动而调整，公允价值与账面价值的差额在会计上确认为公允价值变动损益，影响利润；而税法采取历史成本为计税基础，不认可持有期间增值或减值的变动。因此，对于会计上已经计入当期利润的公允价值变动损益，需要进行纳税调整。

根据表 7-15 可知，公司 2022 年度公允价值变动损益为 15 000 元，税法上不确认该收益，因此需要作纳税调减 15 000 元。

公允价值变动损益纳税调减需要填写在 A105000《纳税调整项目明细表》第 7 行“(六)公允价值变动净损益”。

(二) 企业所得税应补(退)税额的计算

1. 应纳税所得额的计算

2022 年应纳税所得额的计算如下：

应纳税所得额＝4 198 766.05(利润总额)＋100 000(视同销售收入调增)－15 000(公允价值变动净损益调减)－500 000(不征税收入调减)－70 000(视同销售成本调减)＋177 158.40(业务招待费调增)－10 000(广告费调减)＋5 000(罚款调增)＋3 000(税收滞纳金调增)＋20 000(赞助支出调增)＋4 000(佣金调增)＋50 000(与取得收入无关的支出调增)－30 000(其他调减)＋3 950.23(坏账准备调增)－(240 000＋260 000)(免税收入)－2050 000(所得减免)＋(14 426.9＋9 015.4＋60 953.8)(职工薪酬调增)－26 200(残疾人工资加计扣除)－889 622.50(研发费用加计扣除)－101 424(弥补以前年度亏损)＝454 024.28(元)

2. 小型微利企业的判断

由于公司人数为 312 人，不符合小型微利企业的条件，公司适用的企业所得税税率为 25%。

3. 应补(退)税额的计算

汇算清缴企业所得税应补(退)税额的计算如下：

应纳税额＝454 024.28×25%＝113 506.07(元)

应补税额＝113 506.07－87 048.34(季度已预缴税额)＝26 457.73(元)

(三) 企业所得税申报实训成果

1. 部分纳税调整项目报表的填报

1) 自产产品用于推广视同销售的填报

《视同销售和房地产开发企业特定业务纳税调整明细表》的填报结果如图 7-56

所示。

视同销售和房地产开发企业特定业务纳税调整明细表			
行次	项 目	税收金额	纳税调整金额
		1	2
1	一、视同销售（营业）收入（2+3+4+5+6+7+8+9+10）	100, 000. 00	100, 000. 00
2	（一）非货币性资产交换视同销售收入	0. 00	0. 00
3	（二）用于市场推广或销售视同销售收入	100, 000. 00	100, 000. 00
4	（三）用于交际应酬视同销售收入	0. 00	0. 00
5	（四）用于职工奖励或福利视同销售收入	0. 00	0. 00
6	（五）用于股息分配视同销售收入	0. 00	0. 00
7	（六）用于对外捐赠视同销售收入	0. 00	0. 00
8	（七）用于对外投资项目视同销售收入	0. 00	0. 00
9	（八）提供劳务视同销售收入	0. 00	0. 00
10	（九）其他	0. 00	0. 00
11	二、视同销售（营业）成本（12+13+14+15+16+17+18+19+20）	70, 000. 00	-70, 000. 00
12	（一）非货币性资产交换视同销售成本	0. 00	0. 00
13	（二）用于市场推广或销售视同销售成本	70, 000. 00	-70, 000. 00
14	（三）用于交际应酬视同销售成本	0. 00	0. 00
15	（四）用于职工奖励或福利视同销售成本	0. 00	0. 00
16	（五）用于股息分配视同销售成本	0. 00	0. 00
17	（六）用于对外捐赠视同销售成本	0. 00	0. 00
18	（七）用于对外投资项目视同销售成本	0. 00	0. 00
19	（八）提供劳务视同销售成本	0. 00	0. 00
20	（九）其他	0. 00	0. 00

图 7-56 《视同销售和房地产开发企业特定业务纳税调整明细表》的填报结果

2）不征税收入（专项用途财政性资金）的填报

《专项用途财政性资金纳税调整明细表》的填报结果如图 7-57 所示。

专项用途财政性资金纳税调整明细表									
行次	项目	取得年度	财政性资金	其中：符合不征税收入条件的财政性资金		以前年度支出情况			
				金额	其中：计入本年损益的金额	前五年度	前四年度	前三年度	前二年度
		1	2	3	4	5	6	7	8
1	前五年度	2017	0. 00	0. 00	0. 00	0. 00	0. 00	0. 00	0. 00
2	前四年度	2018	0. 00	0. 00	0. 00	*	0. 00	0. 00	0. 00
3	前三年度	2019	0. 00	0. 00	0. 00	*	*	0. 00	0. 00
4	前二年度	2020	0. 00	0. 00	0. 00	*	*	*	0. 00
5	前一年度	2021	0. 00	0. 00	0. 00	*	*	*	*
6	本 年	2022	500, 000. 00	500, 000. 00	500, 000. 00	*	*	*	*
7	合计（1+2+3+4+5+6）	*	500, 000. 00	500, 000. 00	500, 000. 00	*	*	*	*

图 7-57 《专项用途财政性资金纳税调整明细表》的填报结果

3）职工薪酬支出及纳税调整的填报

《职工薪酬支出及纳税调整明细表》的填报结果如图 7-58 所示。

4）捐赠支出及纳税调整的填报

《捐赠支出及纳税调整明细表》的填报结果如图 7-59 所示。

职工薪酬支出及纳税调整明细表							
行次	项 目	账载金额	实际发生额	税收规定扣除率	以前年度累计结转扣除额	税收金额	纳税调整金额
		1	2	3	4	5	6（1-5）
1	一、工资薪金支出	1,442,820.00	1,442,820.00	*	*	1,442,820.00	0.00
2	其中：股权激励	0.00	0.00	*	*	0.00	0.00
3	二、职工福利费支出	216,421.70	216,421.70	14.00%	*	201,994.80	14,426.90
4	三、职工教育经费支出	124,441.00	124,441.00	*	0.00	115,425.60	9,015.40
5	其中：按税收规定比例扣除的职工教育经费	124,441.00	124,441.00	8.00%	0.00	115,425.60	9,015.40
6	按税收规定全额扣除的职工培训费用	0.00	0.00	100.00%	*	0.00	0.00
7	四、工会经费支出	89,514.20	28,560.40	2.00%	*	28,560.40	60,953.80
8	五、各类基本社会保障性缴款	127,528.25	127,528.25	*	*	127,528.25	0.00
9	六、住房公积金	86,569.20	86,569.20	*	*	86,569.20	0.00
10	七、补充养老保险	0.00	0.00	5.00%	*	0.00	0.00
11	八、补充医疗保险	0.00	0.00	5.00%	*	0.00	0.00
12	九、其他	0.00	0.00	*	*	0.00	0.00
13	合计（1+3+4+7+8+9+10+11+12）	2,087,294.35	2,026,340.55	*	0.00	2,002,898.25	84,396.10

图 7-58 《职工薪酬支出及纳税调整明细表》的填报结果

捐赠支出及纳税调整明细表					
项 目	账载金额	以前年度结转可扣除的捐赠额	按税收规定计算的扣除限额	税收金额	纳税调增金额
	1	2	3	4	5
一、非公益性捐赠	0.00	*	*	*	0.00
二、限额扣除的公益性捐赠（3+4+5+6）	80,000.00	0.00	503,851.93	80,000.00	0.00
前三年度（2019年）	*	0.00	*	*	*
前二年度（2020年）	*	0.00	*	*	*
前一年度（2021年）	*	0.00	*	*	*
本年（2022年）	80,000.00	*	503,851.93	80,000.00	0.00
三、全额扣除的公益性捐赠	100000.00	*	*	100000.00	*
2902|杭州2022年亚运会捐赠	100000.00	*	*	100000.00	*
	0.00	*	*	0.00	*
	0.00	*	*	0.00	*
	0.00	*	*	0.00	*
	0.00	*	*	0.00	*
合计（1+2+7）	180,000.00	0.00	503,851.93	180,000.00	0.00
2015年度至本年发生的公益性扶贫捐赠合计金额	0.00	*	*	0.00	*

图 7-59 《捐赠支出及纳税调整明细表》的填报结果

5）纳税调整项目的填报

《纳税调整项目明细表》收入类调整项目的填报结果如图 7-60 所示。

纳税调整项目明细表					
行次	项 目	账载金额	税收金额	调增金额	调减金额
		1	2	3	4
1	一、收入类调整项目（2+3+4+5+6+7+8+10+11）	0	0	100,000.00	515,000.00
2	（一）视同销售收入（填写A105010）	0	100,000.00	100,000.00	0
3	（二）未按权责发生制原则确认的收入（填写A105020）	0.00	0.00	0.00	0.00
4	（三）投资收益（填写A105030）	0.00	0.00	0.00	0.00
5	（四）按权益法核算长期股权投资对初始投资成本调整确认收益	0	0	0	0.00
6	（五）交易性金融资产初始投资调整	0	0	0.00	0
7	（六）公允价值变动净损益	15,000.00	0	0.00	15,000.00
8	（七）不征税收入	0	0	0.00	500,000.00
9	其中：专项用途财政性资金（填写A105040）	0	0	0.00	500,000.00
10	（八）销售折扣、折让和退回	0.00	0.00	0.00	0.00
11	（九）其他	0.00	0.00	0.00	0.00

图 7-60 《纳税调整项目明细表》收入类调整项目的填报结果

《纳税调整项目明细表》扣除类调整项目的填报结果如图 7-61 所示。

12	二、扣除类调整项目（13+14+…24+26+27+28+29+30）	0	0	343, 554. 50	110, 000. 00
13	（一）视同销售成本（填写A105010）	0	70, 000. 00	0	70, 000. 00
14	（二）职工薪酬（填写A105050）	2, 087, 294. 35	2, 002, 898. 25	84, 396. 10	0. 00
15	（三）业务招待费支出	223, 566. 00	46, 407. 60	177, 158. 40	0
16	（四）广告费和业务宣传费支出（填写A105060）	0	0	0. 00	10, 000. 00
17	（五）捐赠支出（填写A105070）	180, 000. 00	180, 000. 00	0. 00	0. 00
18	（六）利息支出	0. 00	0. 00	0. 00	0. 00
19	（七）罚金、罚款和被没收财物的损失	5, 000. 00	0	5, 000. 00	0
20	（八）税收滞纳金、加收利息	3, 000. 00	0	3, 000. 00	0
21	（九）赞助支出	20, 000. 00	0	20, 000. 00	0
22	（十）与未实现融资收益相关在当期确认的财务费用	0. 00	0. 00	0. 00	0. 00
23	（十一）佣金和手续费支出（保险企业填写A105060）	144, 000. 00	140, 000. 00	4, 000. 00	0. 00
24	（十二）不征税收入用于支出所形成的费用	0	0	0. 00	0
25	其中：专项用途财政性资金用于支出所形成的费用（填写A105040）	0	0	0. 00	0
26	（十三）跨期扣除项目	0. 00	0. 00	0. 00	0. 00
27	（十四）与取得收入无关的支出	50, 000. 00	0	50, 000. 00	0
28	（十五）境外所得分摊的共同支出	0	0	0. 00	0
29	（十六）党组织工作经费	0. 00	0. 00	0. 00	0. 00
30	（十七）其他	83, 000. 00	113, 000. 00	0. 00	30, 000. 00

图 7-61 《纳税调整项目明细表》扣除类调整项目的填报结果

《纳税调整项目明细表》资产类调整项目的填报结果如图 7-62 所示。

31	三、资产类调整项目（32+33+34+35）	0. 00	0. 00	3, 950. 23	0. 00
32	（一）资产折旧、摊销 （填写A105080）	675, 910. 49	675, 910. 49	0. 00	0. 00
33	（二）资产减值准备金	3, 950. 23	0	3, 950. 23	0. 00
34	（三）资产损失（填写A105090）	0. 00	0. 00	0. 00	0. 00
35	（四）其他	0. 00	0. 00	0. 00	0. 00

图 7-62 《纳税调整项目明细表》资产类调整项目的填报结果

2. 免税收入、加计扣除的填报

（1）国债利息收入及居民企业之间的股息、红利免税收入的填报结果如图 7-63、图 7-64 所示。

符合条件的居民企业之间的股息、红利等权益性投资收益优惠明细表

行次	被投资企业	被投资企业统一社会信用代码（纳税人识别号）	投资性质	投资成本	投资比例	被投资企业利润分配确认金额		被投资企业清算确认金额	
						被投资企业做出利润分配或转股决定时间	依决定归属于本公司的股息、红利等权益性投资收益金额	分得的被投资企业清算剩余资产	被清算企业累计未分配利润和累计盈余公积应享有部分
	1	2	3	4	5	6	7	8	9
1	杭州信德皮具有限公司	913360052444127839	01|直接投资	2, 800, 000. 00	10. 00%	2022-12-22	260, 000. 00	0. 00	0. 00
2									
3									
4									
5									
6									
7									

图 7-63 《符合条件的居民企业之间的股息、红利等权益性投资收益优惠明细表》的填报结果

免税、减计收入及加计扣除优惠明细表		
行次	项　　目	金　　额
1	一、免税收入（2+3+9+…+16）	500, 000. 00
2	（一）国债利息收入免征企业所得税	240, 000. 00
3	（二）符合条件的居民企业之间的股息、红利等权益性投资收益免征企业所得税（4+5+6+7+8）	260, 000. 00
4	1. 一般股息红利等权益性投资收益免征企业所得税（填写A107011）	260000. 00
5	2. 内地居民企业通过沪港通投资且连续持有H股满12个月取得的股息红利所得免征企业所得税（填写A107011）	0. 00
6	3. 内地居民企业通过深港通投资且连续持有H股满12个月取得的股息红利所得免征企业所得税（填写A107011）	0. 00
7	4. 居民企业持有创新企业CDR取得的股息红利所得免征企业所得税（填写A107011）	0. 00
8	5. 符合条件的永续债利息收入免征企业所得税（填写A107011）	0. 00

图 7-64　《免税、减计收入及加计扣除优惠明细表》免税收入的填报结果

(2)《研发费用加计扣除优惠明细表》(部分)的填报结果如图 7-65 所示。

研发费用加计扣除优惠明细表		
行次	项目	金额（数量）
1	本年可享受研发费用加计扣除项目数量	1
2	一、自主研发、合作研发、集中研发（3+7+16+19+23+34）	889, 622. 50
3	（一）人员人工费用（4+5+6）	769, 512. 90
4	1. 直接从事研发活动人员工资薪金	673, 702. 60
5	2. 直接从事研发活动人员五险一金	95, 810. 30
6	3. 外聘研发人员的劳务费用	0. 00
7	（二）直接投入费用（8+9+10+11+12+13+14+15）	77, 436. 50
…	…	…
14	7. 用于研发活动的仪器、设备的运行维护、调整、检验、维修等费用	0. 00
15	8. 通过经营租赁方式租入的用于研发活动的仪器、设备租赁费	77, 436. 50
16	（三）折旧费用（17+18）	42, 673. 10
17	1. 用于研发活动的仪器的折旧费	42, 673. 10
…	…	…
35	二、委托研发（36+37+39）	0. 00
…	…	…
39	（三）委托境外个人进行研发活动发生的费用	0. 00
40	三、年度研发费用小计（2+36×80%+38）	889, 622. 50
41	（一）本年费用化金额	889, 622. 50
42	（二）本年资本化金额	0. 00
43	四、本年形成无形资产摊销额	0. 00
44	五、以前年度形成无形资产本年摊销额	0. 00
45	六、允许扣除的研发费用合计（41+43+44）	889, 622. 50
46	减：特殊收入部分	0. 00
47	七、允许扣除的研发费用抵减特殊收入后的金额(45-46)	889, 622. 50
48	减：当年销售研发活动直接形成产品（包括组成部分）对应的材料部分	0. 00
49	减：以前年度销售研发活动直接形成产品（包括组成部分）对应材料部分结转金额	0. 00
50	八、加计扣除比例（%）	100. 00% ▼
51	九、本年研发费用加计扣除总额（47-48-49）×50	889, 622. 50
52	十、销售研发活动直接形成产品（包括组成部分）对应材料部分结转以后年度扣减金额（当47-48-49≥0，本行=0；当47-48-49<0，本行=47-48-49的绝对值）	0. 00

图 7-65　《研发费用加计扣除优惠明细表》(部分)的填报结果

3. 所得减免优惠的填报

《所得减免优惠明细表》的填报结果如图 7-66 所示。

所得减免优惠明细表

行次	减免项目	项目名称	优惠事项名称	优惠方式	项目收入	项目成本
		1	2	3	4	5
18		小计	*	*	0.00	0.00
19	四、符合条件的技术转让项目	“托特包”生产专利技术	0402|一般技术转让项目	*	2,050,000.00	0.00
20				*		
21				*		
22				*		
23				*		
24		小计	*	*	2,050,000.00	0.00

(a)

所得减免优惠明细表

相关税费	应分摊期间费用	纳税调整额	项目所得额		减免所得额
			免税项目	减半项目	
6	7	8	9	10	11(9+10×50%)
0.00	0.00	0.00	0.00	0.00	0.00
0.00	0.00	0.00	0.00	0.00	*
			0.00	0.00	*
			0.00	0.00	*
			0.00	0.00	*
			0.00	0.00	*
0.00	0.00	0.00	2,050,000.00	0.00	2,050,000.00

(b)

图 7-66 《所得减免优惠明细表》的填报结果

4. 年度纳税申报主表的填报

《中华人民共和国企业所得税年度纳税申报表(A 类)》的填报结果如图 7-67 所示。

中华人民共和国企业所得税年度纳税申报表（A类）			
行次	类别	项目	金额
1	利润总额计算	一、营业收入(填写A101010\101020\103000)	9,181,520.00
2		减：营业成本(填写A102010\102020\103000)	4,282,660.00
3		减：税金及附加	573,628.40
4		减：销售费用(填写A104000)	1,315,731.72
5		减：管理费用(填写A104000)	2,406,566.10
6		减：财务费用(填写A104000)	85,620.00
7		减：资产减值损失	3,950.23
8		加：公允价值变动收益	15,000.00
9		加：投资收益	500,000.00
10		二、营业利润(1-2-3-4-5-6-7+8+9)	1,028,363.55
11		加：营业外收入(填写A101010\101020\103000)	3,385,402.50
12		减：营业外支出(填写A102010\102020\103000)	215,000.00
13		三、利润总额（10+11-12）	4,198,766.05
14	应纳税所得额计算	减：境外所得（填写A108010）	0.00
15		加：纳税调整增加额（填写A105000）	447,504.73
16		减：纳税调整减少额（填写A105000）	625,000.00
17		减：免税、减计收入及加计扣除（填写A107010）	1,415,822.50
18		加：境外应税所得抵减境内亏损（填写A108000）	0.00
19		四、纳税调整后所得（13-14+15-16-17+18）	2,605,448.28
20		减：所得减免（填写A107020）	2,050,000.00
21		减：弥补以前年度亏损（填写A106000）	101,424.00
22		减：抵扣应纳税所得额（填写A107030）	0.00
23		五、应纳税所得额（19-20-21-22）	454,024.28
24	应纳税额计算	税率（25%）	25.00%
25		六、应纳所得税额（23×24）	113,506.07
26		减：减免所得税额（填写A107040）	0.00
27		减：抵免所得税额（填写A107050）	0.00
28		七、应纳税额（25-26-27）	113,506.07
29		加：境外所得应纳所得税额（填写A108000）	0.00
30		减：境外所得抵免所得税额（填写A108000）	0.00
31		八、实际应纳所得税额（28+29-30）	113,506.07
32		本年累计实际已缴纳的所得税额	87,048.34
33		九、本年应补（退）所得税额（31-32）	26,457.73
34		其中：总机构分摊本年应补（退）所得税额(填写A109000)	0.00
35		财政集中分配本年应补（退）所得税额（填写A109000）	0.00
36		总机构主体生产经营部门分摊本年应补（退）所得税额(填写A109000)	0.00

图 7-67 《中华人民共和国企业所得税年度纳税申报表(A 类)》的填报结果

技能提升

请根据给定的企业资料和业务数据，完成：

(1) 发票开具、发票认证任务。

(2) 增值税及附加税费申报任务。

(3) 企业所得税年度汇算清缴任务。

相关业务资料

思政课堂

税费红利增强企业发展底气

我国税收取之于民、用之于民。税收是国家宏观调控的重要工具。国家税务总局于2023年11月27日发布的数据显示：2023年1月至10月，全国新增减税降费及退税缓费16 607亿元。其中，民营经济纳税人是税费优惠政策的主要受益对象。2023年1月至10月，全国民营经济纳税人新增减税降费及退税缓费12 385.6亿元，金额占比近75%。此外，制造业及与之相关的批发零售业是享受优惠占比最大的行业，受益最为明显。

税费优惠政策以新的方式为企业注入资金，解决企业发展资金难题，减轻企业负担，为企业助力，也提高了企业自主研发创新的热情。从2023年7月政策落实情况看，全国共有30.8万户企业提前办理了研发费用加计扣除，可享受减免税额约2 300亿元。税费红利正在源源不断地转化为企业高质量发展的推力。

多项税收优惠政策延续优化实施、精准，有利于稳定企业预期，增强市场信心，持续助力中小微企业发展，有利于经济持续发展。全国各地税务部门充分发挥优质服务功能，从“政策找人”到“政策落地”，各个环节持续提升税务行政效能，为企业、为经济发展持续助力。

资料来源：人民日报.上半年全国新增减税降费及退税缓费9 279亿元　税费红利增强企业发展底气[EB/OL].(2023-08-08)[2023-12-27]. https://www.chinatax.gov.cn/chinatax/n810219/n810780/c5210629/content.html.

实训操作

根据任务三的案例资料和业务数据在实训平台完成实训，进行系统评分并打印实训报告。

项目八

财税大数据风控综合实训

知识目标

1. 了解纳税评估的相关知识和业务流程
2. 熟悉食品加工行业税收风险及纳税评估指标体系的建立
3. 熟悉房地产业风险指标及风险引擎

技能目标

1. 能区分风险事项，对税收风险进行识别和分析
2. 能够对涉税风险疑点选择正确的风险应对措施

素养目标

1. 通过风险分析，培养严谨、认真的工作作风
2. 培养依法纳税意识和诚实守信的职业道德

任务一　企业纳税评估单点策略实训

一、实训目的

了解食品加工行业生产经营的特点；掌握食品加工行业纳税评估对象的确定、案头审核分析方法、约谈举证及实地核查方法等内容；掌握业务流程，从采购、销售、加工等环节和财务核算方式中查找容易产生税收风险的重要节点；掌握区分风险事项，分别按照重点税收风险和一般性税收风险进行识别和分析；掌握食品加工行业纳税评估的流程；研究分析食品加工行业存在的税收风险；探索、学习建立食品加工行业纳税评估指标；提高纳税评估的技巧和水平。

教学录像 8-1
企业纳税评估单点策略实训操作

二、实训业务流程

企业纳税评估实训业务流程如图 8-1 所示。

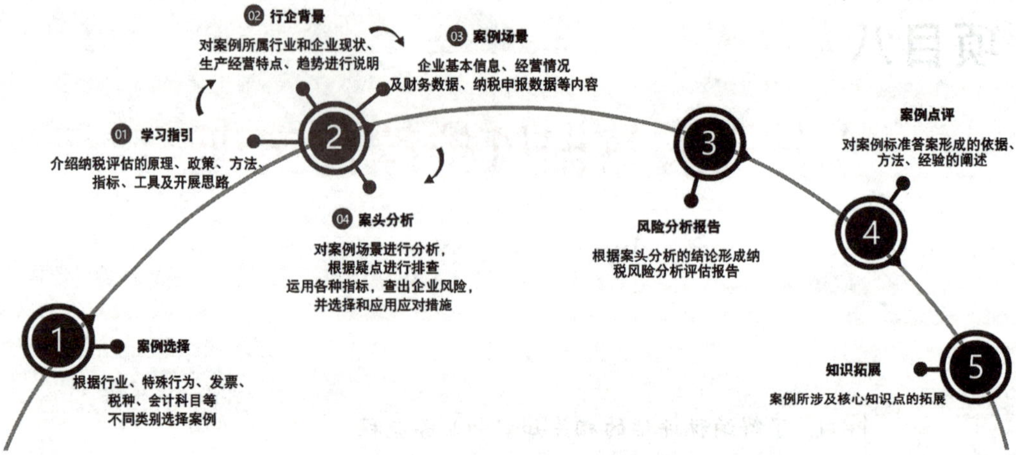

图 8-1　企业纳税评估实训业务流程

三、食品加工行业纳税评估指标及评估方法

微课 8-1
食品加工行业管理难点分析

食品加工属于劳动密集型产业，食品加工行业产品科技含量低，产品生产周期较短，资金回笼较快，对流动资金的充裕度要求相对较低。该行业生产原材料有很大一部分是农产品，其收购环节受税收政策和制度的制约，管理监控面临很多困难，也为纳税人虚增进项税提供了空间。

(一) 投入产出分析法

投入产出分析法根据食品加工企业评估期实际投入的原材料、辅助材料、包装物等的数量，按照确定的投入产出比测算出企业评估期的产品产量，结合库存产品数量、产品销售量、销售单价测算分析纳税人实际产销量、销售收入。投入产出分析法是指将测算出的实际产销量、销售收入与纳税人的财务报表、纳税申报表进行对比分析的一种方法。

1. 评估模型

相关计算公式如下：

$$\text{评估期企业实际的产品产量}=\text{评估期投入原材料和其他辅助材料数量}\times\text{原料成品率}$$

$$\text{评估期企业实际产品销售收入}=\left(\text{评估期库存产品数量}+\text{评估期产品产量}-\text{评估期期末库存量}\right)\times\text{平均产品单价}$$

$$\text{测算税收差异}=(\text{测算销售收入}-\text{实际申报销售收入})\times\text{适用税率}$$

2. 应用要点

应用该模型能核对企业申报的销售额是否真实。如测算产值大于其申报的销售收入，则要查证有无账外经营，瞒报、漏报、迟报计税销售额等问题。

(1) 注意将测算分析和实地核查相结合。测算出的产品产量可与实地查验结果核对，找出问题值。正常情况下，企业发生滞后销售问题，往往通过实地查验，将测算出的结果或账载数量与实际库存数量相核对，找出问题值。

(2) 用最终测算出的评估期销售收入与企业实际申报的销售收入进行对比，核对企业申报的销售额是否真实。如问题值较大，企业则可能存在少计产成品入库数量的情况，可能造成少计销售收入、少缴增值税，或延期计销售收入造成当期应纳增值税后移。

(二) 电耗测算法

电耗测算法是根据纳税人评估期生产用电量的耗用情况，利用单位产品电耗定额测算纳税人评估期产品数量和应税销售收入，并与纳税人申报信息相对比、作分析的一种方法。该分析方法广泛应用于工业企业。

1. 评估模型

相关计算公式如下：

$$\text{生产用电量}=\text{总耗用电量}\times(1-\text{非生产用电比例})$$

或

$$=\sum(\text{各生产环节耗用电量})$$

评估期产品数量＝评估期生产用电量÷单位产品电耗定额

测算应税销售收入＝(期初库存产品数量＋评估期产品数量－期末库存产品数量)×评估期产品销售单价

问题值＝(测算应税销售收入－企业实际申报应税销售收入)×适用税率(征收率)

2. 应用要点

(1) 对初步采集的数据进行汇总分析时，应对不同企业单位产品耗电率数据剔除设备磨损差异、正常损耗差异等相关因素影响，参照同行业国家标准并走访业内专业人士，测算出行业耗电率。

(2) 正常的企业非生产性(办公照明、空调使用等)用电占比比例很小，可以忽略不计。但对差异额较大的，应分析是否存在隐瞒产量、少计销售收入的可能，是否存在将电转售其他企业或用于非应税项目等情况，或少计其他业务收入或多抵进项等情况；对需要通过电费推算用电量的，应考虑扣除企业缴纳的基本电费。

微课 8-2
食品加工行业税收风险防控——虚列成本费用多抵扣进项税额

四、食品加工行业的背景

(一) 食品加工行业的总体情况

1. 食品加工行业介绍

食品加工行业一般是指直接以农、林、牧、渔业产品为原料进行谷物磨制、饲料加工、和制糖加工、屠宰及肉类加工、水产品加工，以及蔬菜、水果和坚果等食品加工活动的行业。

2. 食品加工行业的生产特点

(1) 大多数产品加工有明显的季节性，产量会随季节的变化而波动，价格也会随季节的变化而波动。

(2) 产品重复加工频繁，多以小批量的方式进行生产。

(3) 存在面向库存的初加工和面向订单的复加工两种加工方式，在原料收获季节会大批量采购原料，进行初加工处理后通过容器进行贮存，而复加工则是依据订单和市场销售预测安排生产。

(4) 配方时常变动。

(5) 配方保密性高。

(6) 批号跟踪和保质期限管理较严格。

(7) 食品有多种数量单位,不同数量单位的价格不一样。

(8) 客户价格管理多种多样,老客户和新客户价格不同,付款方式、客户等级、信用度、地区、销售数量等价格也不同。客户多,则容易出错。

(9) 存在客户预存款返利管理。客户先付款作为预存款出货,预存款出货完后,再返利给客户,对账困难。

(10) 成本计算需要精细化,某些材料可重复利用,成本计算和统计困难。

(二) 食品加工行业趋势

1. 食品加工行业发展趋势

食品加工行业发展趋势如下:①行业整合、集中度提高。②保障加工食品的安全绿色。③食品安全的要求越来越高。

2. 农副食品加工业发展趋势

农副食品加工业是食品加工行业的一部分,其发展趋势如下:

(1) 产业集中度提高和规模化竞争是必然趋势。随着行业的发展,整个行业的竞争将由原始的价格竞争转变为综合实力的竞争。规模企业将率先实现行业标准化、产品系列化、销售高端化;小微企业需增强综合实力,保证在规模化竞争中立于不败之地。一些技术水平低、产品加工程度低的小型企业势必在竞争中被淘汰。

(2) 产品功能性认知和市场发展空间逐年扩展。农副产品品种丰富,加工工艺多种多样,节日消费、礼品馈赠、休闲食品等市场需求的多元化,成就了农副产品的市场空间,推动了产品的升级换代,也使市场空间的拓展成为现实。

(3) 产业升级日益加快。

五、案例资料和业务数据

(一) 纳税人基本信息

纳税人名称:浙江绿色食品有限公司

统一社会信用代码:913302197384125089

成立时间:2004 年 7 月 1 日

经济性质:有限责任公司

所属行业:农副食品加工业

纳税人资格:一般纳税人

开户行及账号:中国银行杭州市滨江支行,2345678000000

地址及电话:杭州市滨江区南环路 375 号,0571-87855640

生产经营范围:预包装食品及散装食品、包装制品、炒货食品及坚果制品、谷物类营养饮品的研发、生产和销售;农副土特产品、杂粮、干果、坚果及果仁的种植、加工、存储和销售。广告的设计、制作和发布。货物进出口及代理。(依法须经批准的项目,经相关部门批准后方可开展经营活动)

公司目前拥有 3 条坚果炒货流水线,2 条油炸食品流水线;1 条果蔬脆片流水线。公司总人数为 303 人,其中,总经理 1 人,财务部职员 14 人,销售部职员 35 人,行政管理部职员 8 人，采购部职员 10 人，生产部职员 235 人。

公司主要涉及的税费包括增值税及其他附加税费、企业所得税、个人所得税、房产税、印花税等。其中，企业所得税为查账征收，税率为 25%；房产税按照比例减除 30%。

(二) 企业经营情况

1. 采购模式

公司与固定农产品种植户签订长期合作协议，每到收割季节，由业务员外出收购，但也有部分农产品原材料由农户送上门。

2. 销售模式

公司以市场作为先导，由销售部根据市场或特定客户的要求拟订产品方案，获得审核通过后，下达生产任务单，有序地组织采购和生产工作，最后将产品交付客户或者由销售人员推向市场。公司采用直销模式，充分满足客户需求，从而获得收入、利润和现金流。

公司产品全部内销，销售方式有委托超市及商场代销、专卖店直接销售、通过各大电商网站销售三种。

3. 经营情况

(1) 2019 年营业收入为 379 890 143.13 元，2018 年营业收入为 372 453 010.04 元。

(2) 2019 年营业成本为 291 165 426.13 元，2018 年营业成本为 282 376 886.69 元。

(3) 2019 年固定资产增减明细如表 8-1 所示。

表 8-1　固定资产增减明细表　　单位：元

项目	期初账面原值	本期增加	本期处置报废	期末账面余额
房产及建筑物	20 063 193.00	7 022 117.55		27 085 310.55
机器设备	12 916 800.00	2 624 000.00	1 469 440.00	14 071 360.00
运输设备	8 280 000.00	1 335 000.00	504 960.00	9 110 040.00
办公设备	633 600.00	56 150.00		689 750.00
合计	41 893 593.00	11 037 267.55	1 974 400.00	50 956 460.55

4. 公司涉税事项

公司涉及增值税及其他附加税费、企业所得税、个人所得税、房产税、印花税。其中，印花税涉及购销合同，仓储保管合同，权利、许可证照，产权转移书据 4 个税目贴花。

5. 其他说明

(1) 目前公司销售渠道主要是超市及商场、专卖店、淘宝及各大电商平台。其中，超市及商场销售收入约占总收入的 86%，专卖店销售收入约占总收入的 11.76%，淘宝及电商其他销售收入约占总收入的 2.24%。从账面上可以发现，每家专卖店每年营业成本均在 80 万元以上。

(2) 公司福利制度规定，每到节日时刻，公司都会拿出自产产品发放给员工作为福利。油炸及果蔬脆片加工食品长期供员工作为下午茶享用。

(3) 2019 年，公司一楼改为内部食堂，为员工提供中餐、晚餐。其他三楼都为办公场所，整栋办公楼设有一个电表，未对食堂耗电进行单独核算。

(4) 2019 年 6 月，股东赵伟决定扩建经营，决定增加实收资本，公司于 7 月 10 日收到款项。

(三) 数据对比表

同地区同规模行业企业分析指标及预警值如表 8-2 所示。

表 8-2　同地区同规模行业企业分析指标及预警值

序号	指标	预警值
1	投入产出率推算销售收入	＞报表反映的收入
2	年耗电量增长率	＞销售收入增长率
3	一般纳税人增值税税负率	＜3.5%
4	一般纳税人税负率偏离度	＞20%
5	年管理费用增长率与营业收入增长率弹性系数	＞20%
6	主营业务收入费用率	＞20%
7	农产品收购发票进项税额占比	＞36%
8	营业成本增长率	＞本企业营业收入增长率
9	年预收账款变动率	＞10%
10	年其他应付款变动率	＞10%
11	年其他应收款变动率	高于 10%
12	年存货周转率	变慢(且低于 3)
13	年进项税额增长率	＞销项税额增长率
14	年销项税额增长率	＜销售收入增长率
15	进项税额变动率和销项税额变动率弹性系数	＞10%
16	年营业成本与营业收入弹性系数	＞110%

对纳税对象进行评估时：

(1) 预警区间无指标满足：无风险。

(2) 一个指标满足：低风险。

(3) 两个指标满足：中风险。

(4) 三个及以上指标满足：高风险。

(四) 财务报表及纳税申报表

公司 2019 年度利润表如表 8-3 所示。

表 8-3　利润表

会企 02 表

编制单位：浙江绿色食品有限公司　　　　2019 年　　　　单位：元

项目	本期金额	上期金额
一、营业收入	379 890 143.13	372 453 010.04
减：营业成本	291 165 426.13	282 376 886.69
税金及附加	1 416 505.10	1 610 582.16

（续表）

项目	本期金额	上期金额
销售费用	77 835 566.04	82 666 323.66
管理费用	7 026 761.54	3 735 600.80
研发费用		
财务费用	−226 531.39	−129 445.13
其中：利息费用		
利息收入		
加：其他收益	100 000.00	
投资收益（损失以“−”号填列）		
其中：对联营企业和合营企业的投资收益		
以摊余成本计量的金融资产终止确认收益（损失以“−”号填列）		
净敞口套期收益（损失以“−”号填列）		
公允价值变动收益（损失以“−”号填列）		
信用减值损失（损失以“−”号填列）		
资产减值损失（损失以“−”号填列）		
资产处置收益（损失以“−”号填列）		
二、营业利润（亏损以“−”号填列）	2 772 415.71	2 193 061.86
加：营业外收入	318 357.76	121 425.22
减：营业外支出	569 835.21	466 683.62
三、利润总额（亏损总额以“−”号填列）	2 520 938.26	1 847 803.46
减：所得税费用	630 234.57	461 950.86
四、净利润（净亏损以“−”号填列）	1 890 703.69	1 385 852.60
（一）持续经营净利润（净亏损以“−”号填列）		
（二）终止经营净利润（净亏损以“−”号填列）		
五、其他综合收益的税后净额		
（一）不能重分类进损益的其他综合收益		
1. 重新计量设定收益计划变动额		
2. 权益法下不能转损益的其他综合收益		
3. 其他权益工具投资公允价值变动		
4. 企业自身信用风险公允价值变动		
……		
（二）将重分类进损益的其他综合收益		
1. 权益法下可转损益的其他综合收益		

（续表）

项目	本期金额	上期金额
2. 其他债权投资公允价值变动		
3. 金融资产重分类计入其他综合收益的金额		
4. 其他债权投资信用减值准备		
5. 现金流量套期储备		
6. 外币财务报表折算差额		
……		
六、综合收益总额		
七、每股收益：		
（一）基本每股收益		
（二）稀释每股收益		

公司 2018 年度利润表如表 8-4 所示。

表 8-4 利润表

会企 02 表

编制单位：浙江绿色食品有限公司　　2018 年　　单位：元

项目	本期金额	上期金额
一、营业收入	372 453 010.04	331 483 178.93
减：营业成本	282 376 886.69	242 844 122.55
税金及附加	1 610 582.16	1 443 081.61
销售费用	82 666 323.66	68 034 384.37
管理费用	3 735 600.80	3 548 820.76
研发费用		
财务费用	−129 445.13	−122 972.87
其中：利息费用		
利息收入		
加：其他收益		
投资收益（损失以“－”号填列）		
其中：对联营企业和合营企业的投资收益		
以摊余成本计量的金融资产终止确认收益（损失以“－”号填列）		
净敞口套期收益（损失以“－”号填列）		
公允价值变动收益（损失以“－”号填列）		

（续表）

项目	本期金额	上期金额
信用减值损失（损失以"－"号填列）		
资产减值损失（损失以"－"号填列）		
资产处置收益（损失以"　"号填列）		
二、营业利润（亏损以"－"号填列）	2 193 061.86	15 735 742.51
加：营业外收入	121 425.22	137 210.49
减：营业外支出	466 683.62	403 214.65
三、利润总额（亏损总额以"－"号填列）	1 847 803.46	15 469 738.35
减：所得税费用	461 950.86	3 867 434.59
四、净利润（净亏损以"－"号填列）	1 385 852.60	11 602 303.76
（一）持续经营净利润（净亏损以"－"号填列）		
（二）终止经营净利润（净亏损以"－"号填列）		
五、其他综合收益的税后净额		
（一）不能重分类进损益的其他综合收益		
1. 重新计量设定受益计划变动额		
2. 权益法下不能转损益的其他综合收益		
3. 其他权益工具投资公允价值变动		
4. 企业自身信用风险公允价值变动		
……		
（二）将重分类进损益的其他综合收益		
1. 权益法下可转损益的其他综合收益		
2. 其他债权投资公允价值变动		
3. 金融资产重分类计入其他综合收益的金额		
4. 其他债权投资信用减值准备		
5. 现金流量套期储备		
6. 外币财务报表折算差额		
……		
六、综合收益总额		
七、每股收益：		
（一）基本每股收益		
（二）稀释每股收益		

公司 2019 年资产负债表如表 8-5 所示。

表 8-5 资产负债表

会企 01 表

编制单位：浙江绿色食品有限公司　　2019 年 12 月 31 日　　单位：元

资产	期末余额	上年年末余额	负债和所有者权益（或股东权益）	期末余额	上年年末余额
流动资产：			流动负债：		
货币资金	657 671 345.09	569 914 323.09	短期借款	593 654 447.05	482 800 000.00
交易性金融资产			交易性金融负债		
衍生金融资产			衍生金融负债		
应收票据			应付票据		
应收账款	39 436 905.48	32 283 035.47	应付账款	35 141 399.19	27 253 107.18
应收款项融资			预收款项	14 078 547.80	12 231 124.76
预付款项	10 229 900.80	9 855 817.50	合同负债		
其他应收款	5 686 096.72	4 420 592.98	应付职工薪酬	24 636 120.00	19 708 896.00
存货	150 417 072.90	120 094 283.54	应交税费	747 971.22	1 484 133.69
合同资产			其他应付款	22 797 477.99	23 003 108.02
持有待售资产			持有待售负债		
一年内到期的非流动资产			一年内到期的非流动负债		
其他流动资产	50 122 385.64	43 830 012.88	其他流动负债	87 199.36	97 042.30
流动资产合计	913 563 706.63	780 398 065.46	流动负债合计	691 143 162.61	566 577 411.95
非流动资产：			非流动负债：		
债权投资			长期借款	47 653 380.33	41 740 312.70
其他债权投资			应付债券		
长期应收款			其中：优先股		
长期股权投资	7 189 980.39	6 997 672.31	永续债		
其他权益工具投资			租赁负债		
其他非流动金融资产			长期应付款		
投资性房地产			预计负债		
固定资产	34 308 301.95	29 407 474.04	递延收益		
在建工程			递延所得税负债		
生产性生物资产			其他非流动负债		

（续表）

资产	期末余额	上年年末余额	负债和所有者权益（或股东权益）	期末余额	上年年末余额
油气资产			非流动负债合计	47 653 380.33	41 740 312.70
使用权资产			负债合计	738 796 542.94	608 317 724.65
无形资产	1 823 255.85	1 884 759.75	所有者权益（或固定权益）：		
开发支出			实收资本（或股本）	34 305 000.00	28 075 000.00
商誉			其他权益工具		
长期待摊费用	780 177.26	718 124.90	其中：优先股		
递延所得税资产	562 454.07	303 973.32	永续债		
其他非流动资产			资本公积	379 016.03	379 016.03
非流动资产合计	44 664 169.52	39 312 004.32	减：库存股		
			其他综合收益		
			专项储备		
			盈余公积	777 140.71	858 856.32
			未分配利润	183 970 176.47	182 079 472.78
			所有者权益（或股东权益）合计	219 431 333.21	211 392 345.13
资产总计	958 227 876.15	819 710 069.78	负债和所有者权益（或股东权益）总计	958 227 876.15	819 710 069.78

公司 2018 年资产负债表如表 8-6 所示。

表 8-6　资产负债表

会企 01 表

单位：浙江绿色食品有限公司　　2018 年 12 月 31 日　　单位：元

资产	期末余额	上年年末余额	负债和所有者权益（或股东权益）	期末余额	上年年末余额
流动资产：			流动负债：		
货币资金	569 914 323.09	527 414 466.31	短期借款	482 800 000.00	438 002 700.00
交易性金融资产			交易性金融负债		
衍生金融资产			衍生金融负债		
应收票据	32 283 035.47	30 282 676.75	应付票据	27 253 107.18	24 636 018.33
应收账款			应付账款		
应收款项融资			预收款项	12 231 124.76	10 810 624.90

（续表）

资产	期末余额	上年年末余额	负债和所有者权益（或股东权益）	期末余额	上年年末余额
预付款项	9 855 817.50	8 648 950.00	合同负债		
其他应收款	4 420 592.98	4 160 585.07	应付职工薪酬	19 708 896.00	18 091 377.55
存货	120 094 283.54	105 980 312.20	应交税费	1 484 133.69	1 351 052.26
合同资产			其他应付款	23 003 108.02	21 802 429.67
持有待售资产			持有待售负债		
一年内到期的非流动资产			一年内到期的非流动负债		
其他流动资产	43 830 012.88	47 273 401.16	其他流动负债	97 042.30	87 345.50
流动资产合计	780 398 065.46	723 760 391.49	流动负债合计	566 577 411.95	514 781 548.21
非流动性资产：			非流动负债：		
债权投资			长期借款	41 740 312.70	34 255 788.47
其他债权投资			应付债券		
长期应收款			其中：优先股		
长期股权投资	6 997 672.31	6 591 744.59	永续债		
其他权益工具投资			租赁负债		
其他非流动金融资产			长期应付款		
投资性房地产			预计负债		
固定资产	29 407 474.04	25 989 753.56	递延收益		
在建工程			递延所得税负债		
生产性生物资产			其他非流动负债		
油气资产			非流动负债合计	41 740 312.70	34 255 788.47
使用权资产			负债合计	608 317 724.65	549 037 336.68
无形资产	1 884 759.75	1 636 975.87	所有者权益（或股东权益）：		
开发支出			实收资本（或股本）	28 075 000.00	28 075 000.00
商誉			其他权益工具		
长期待摊费用	718 124.90	709 494.04	其中：优先股		
递延所得税资产	303 973.32	282 021.09	永续债		
其他非流动资产			资本公积	379 016.03	365 759.95
非流动资产合计	39 312 004.32	35 209 989.15	减：库存股		

（续表）

资产	期末余额	上年年末余额	负债和所有者权益（或股东权益）	期末余额	上年年末余额
			其他综合收益		
			专项储备		
			盈余公积	858 856.32	798 663.83
			未分配利润	182 079 472.78	180 693 620.18
			所有者权益（或股东权益）合计	211 392 345.13	209 933 043.96
资产总计	819 710 069.78	758 970 380.64	负债和所有者权益（或股东权益）总计	819 710 069.78	758 970 380.64

公司 2019 年 12 月《增值税及附加税费申报表（一般纳税人适用）》如表 8-7 所示。

表 8-7　增值税及附加税费申报表

（一般纳税人适用）

根据国家税收法律法规及增值税相关规定制定本表。纳税人不论有无销售额，均应按税务机关核定的纳税期限填写本表，并向当地税务机关申报。

税款所属时间：自 2019 年 12 月 1 日至 2019 年 12 月 31 日　　　　金额单位：元（列至角分）

项　目		栏次	一般项目		即征即退项目	
			本月数	本年累计	本月数	本年累计
销售额	（一）按适用税率计税销售额	1	38 938 739.67	379 890 143.13	0	0
	其中：应税货物销售额	2	38 938 739.67	379 890 143.13	0	0
	应税劳务销售额	3	0	0	0	0
	纳税检查调整的销售额	4	0	0	0	0
	（二）按简易办法计税销售额	5	0	0	0	0
	其中：纳税检查调整的销售额	6	0	0	0	0
	（三）免、抵、退办法出口销售额	7	0	0	—	—
	（四）免税销售额	8	0	0	—	—
	其中：免税货物销售额	9	0	0	—	—
	免税劳务销售额	10	0	0	—	—
税款计算	销项税额	11	5 485 403.93	53 516 135.92	0	0
	进项税额	12	5 020 712.31	45 734 427.80	0	0
	上期留抵税额	13	0	0	0	—
	进项税额转出	14	0	0	—	—
	免、抵、退应退税额	15	0	0	—	—

（续表）

项　目		栏次	一般项目		即征即退项目	
			本月数	本年累计	本月数	本年累计
税款计算	按适用税率计算的纳税检查应补缴税额	16	0	0	—	—
	应抵扣税额合计	17＝12＋13－14－15＋16	5 020 712.31	—	—	—
	实际抵扣税额	18(如 17<11，则为 17，否则为 11)	5 020 712.31	45 734 427.80	0	0
	应纳税额	19＝11－18	464 691.62	7 781 708.12	0	0
	期末留抵税额	20＝17－18	0	0	0	—
	简易计税办法计算的应纳税额	21	0	0	0	0
	按简易计税办法计算的纳税检查应补缴税额	22	0	0	—	—
	应纳税额减征额	23	0	0	0	0
	应纳税额合计	24 ＝ 19 ＋ 21－23	464 691.62	7 781 708.12	0.00	0.00
税款缴纳	期初未缴税额(多缴为负数)	25	522 034.56	522 034.56	0.00	0.00
	实收出口开具专用缴款书退税额	26	0	0	—	—
	本期已缴税额	27＝28＋29＋30＋31	522 034.56	522 034.56	0	0
	① 分次预缴税额	28	0	—	0	—
	② 出口开具专用缴款书预缴税额	29	0	—	—	—
	③ 本期缴纳上期应纳税额	30	522 034.56	522 034.56	0	0
	④ 本期缴纳欠缴税额	31	0	0	0	0
	期末未缴税额(多缴为负数)	32＝24＋25＋26－27	464 691.62	464 691.62	0	0
	其中：欠缴税额(≥0)	33 ＝ 25 ＋ 26－27	0	—	0	—
	本期应补(退)税额	34 ＝ 24 － 28－29	464 691.62	—	0	—
	即征即退实际退税额	35	—	—	0	0
	期初未缴查补税额	36	0	0	—	—
	本期入库查补税额	37	0	0	—	—
	期末未缴查补税额	38＝16＋22＋36－37	—	—	—	—

公司 2018 年 12 月《增值税及附加税费申报表(一般纳税人适用)》如表 8-8 所示。

表 8-8　增值税及附加税费申报表

（一般纳税人适用）

根据国家税收法律法规及增值税相关规定制定本表。纳税人不论有无销售额，均应按税务机关核定的纳税期限填写本表，并向当地税务机关申报。

税款所属时间：自 2018 年 12 月 1 日至 2018 年 12 月 31 日　　　　金额单位：元(列至角分)

项　目		栏次	一般项目		即征即退项目	
			本月数	本年累计	本月数	本年累计
销售额	(一) 按适用税率计税销售额	1	41 574 136.10	372 453 010.04	0	0
	其中：应税货物销售额	2	41 574 136.10	760 157 082.23	0	0
	应税劳务销售额	3	0	0	0	0
	纳税检查调整的销售额	4	0	0	0	0
	(二) 按简易办法计税销售额	5	0	0	0	0
	其中：纳税检查调整的销售额	6	0	0	0	0
	(三) 免、抵、退办法出口销售额	7	0	0	—	—
	(四) 免税销售额	8	0	0	—	—
	其中：免税货物销售额	9	0	0	—	—
	免税劳务销售额	10	0	0	—	—
税款计算	销项税额	11	5 835 467.72	52 278 597.30	0	0
	进项税额	12	4 660 822.30	41 607 369.77	0	0
	上期留抵税额	13	0	0	0	—
	进项税额转出	14	0	0	—	—
	免、抵、退应退税额	15	0	0	—	—
	按适用税率计算的纳税检查应补缴税额	16	0	0	—	—
	应抵扣税额合计	17＝12＋13－14－15＋16	4 660 822.30	—	—	—
	实际抵扣税额	18(如 17＜11，则为 17，否则为 11)	4 660 822.30	41 607 369.77	0	0
	应纳税额	19＝11－18	1 174 645.42	10 671 227.53	0	0
	期末留抵税额	20＝17－18	0	0	0	—
	简易计税办法计算的应纳税额	21	0	0	0	0
	按简易计税办法计算的纳税检查应补缴税额	22	0	0	—	—
	应纳税额减征额	23	0	0	0	0
	应纳税额合计	24＝19＋21－23	1 174 645.42	10 671 227.53	0	0

（续表）

项　目		栏次	一般项目		即征即退项目	
			本月数	本年累计	本月数	本年累计
税款缴纳	期初未缴税额(多缴为负数)	25	1 289 760.67	1 289 760.67	0	0
	实收出口开具专用缴款书退税额	26	0	0	—	—
	本期已缴税额	27＝28＋29＋30＋31	1 289 760.67	1 289 760.67	0	0
	①分次预缴税额	28	0	—	0	—
	②出口开具专用缴款书预缴税额	29	0	—	—	—
	③本期缴纳上期应纳税额	30	1 289 760.67	1 289 760.67	0	0
	④本期缴纳欠缴税额	31	0	0	0	0
	期末未缴税额(多缴为负数)	32＝24＋25＋26－27	1 174 645.42	1 174 645.42	0	0
	其中：欠缴税额(≥0)	33 ＝ 25 ＋ 26－27	0	—	0	—
	本期应补(退)税额	34 ＝ 24 － 28－29	1 174 645.42	—	0	—
	即征即退实际退税额	35	—	—	0	0
	期初未缴查补税额	36	0	0	—	—
	本期入库查补税额	37	0	0	—	—
	期末未缴查补税额	38＝16＋22＋36－37	—	—	—	—

公司 2019 年《房产税纳税申报表》如表 8-9 所示。

表 8-9　房产税纳税申报表

申报日期：2019 年 12 月 31 日　　税款所属期：自 2019 年 1 月 1 日至 2019 年 12 月 31 日

纳税人识别号(统一社会信用代码)：913302197364125069

金额单位：元(列至角分)；面积单位：平方米

纳税人信息	名称	浙江绿色食品有限公司	纳税人分类	□ 单位　□ 个人
	登记注册类型	有限责任公司	所属行业	食品加工行业
	身份证件类型	身份证　护照　其他	身份证件号码	330102198403076642
	联系人	赵花	联系方式	3176564551

（续表）

一、从价计征房产税											
	房产编号	房产原值	其中：出租房产原值	计税比例	税率	所属期起	所属期止	本期应纳税额	本期减免税额	本期已缴税额	本期应补（退）税额
1	*	20 063 193.00		70%	1.20%	2019.01	2019.12	168 530.82			168 530.82
2	*										
3	本										
合计	*	*		*	*		*	168 530.82	0	0	168 530.82

二、从租计征房产税						
	本期申报租金收入			本期减免税额	本期已缴税额	本期应补（退）税额
1						
合计						

六、业务处理和实训成果

（一）业务资料分析

（1）公司 2019 年耗电 496 096.87 度电，每度电 1.1 元，合计金额为 545 706.56 元，2018 年耗电 339 986.12 度电，每度电 1.1 元，合计金额为 373 984.73 元。

（2）“管理费用”科目中列支印花税金额为 113 967.04 元。

（3）公司 2019 年原材料投入量为 10 000 000 千克，单位产成品（每袋成品）原材料耗用量为 1 千克；每袋成品单价为 40 元。

（4）检查人员盘点发现仓库中有一批油炸食品已经过期，但一直放置于仓库，未作任何会计处理。

（5）发现 2019 年公司申报进项税抵扣明细，其中：增值税专用发票 980 份，合计抵扣进项税额 19 665 803.95 元；农产品收购发票 11 730 份，合计抵扣进项税额 25 781 902.45 元；其他发票合计抵扣进项税额 286 721.4 元。

（6）从增值税防伪税控系统中发现公司 2019 年合计开具增值税发票 10 199 份，其中增值税专用发票 9 237 份，增值税普通发票 962 份。增值税专用发票均开给超市及商场，共计开具金额为 326 705 523.09 元。增值税普通发票开具给专卖店，金额为 44 694 361.2 元；开具给淘宝及其他电子商务公司，金额为 8 490 258.84 元。

（7）从工商登记信息了解到，销售该企业产品的专卖店，共计 123 家，均办理了个体工商户执照。专卖店申报收入 44 694 361.2 元。

（8）假定存货明细科目：“库存商品”科目期初和期末金额均为 5 000 万元。

(9) 2019 年 9 月,公司收购的湿青皮核桃出产率为 18%。

(二) 要求说明

从税务局风险管理人员的角度,以公司上报的财务报表、纳税申报表数据为基础,运用纳税评估相关知识,结合食品加工行业特点、食品加工行业纳税人经营及纳税情况对本案例公司纳税情况展开分析,查找可能存在的税收风险点,进行案头分析。

(三) 主要任务

利用系统提供的案源的各类信息、数据,结合掌握的风险指标、风险模型和纳税评估知识、税收政策,按照风险点判断和结论、风险特征计算分析、风险信息排除确认、风险等级评价及应对措施,对公司进行税收风险评估。具体任务如下。

1. 风险点判断和结论

(1) 通过案头分析,你认为该公司可能存在哪些税收风险点?(在所认定正确的项目前打"√")

☑ 公司可能存在食堂进项税未足额转出的情况

☑ 公司可能存在电耗异常的情况

☑ 公司可能存在原材料投入产出异常的情况

☑ 公司可能存在虚增营业成本的情况

☑ 公司可能存在虚增期间费用(如管理费用、销售费用)的情况

☑ 公司可能存在虚开农产品收购发票的情况

☑ 公司可能存在应税收入未视同销售的情况

☑ 公司可能存在过期存货未转出的情况

☑ 公司可能存在账外账的情况

☐ 公司可能存在虚开增值税发票的情况

☐ 公司可能存在虚领增值税发票的情况

☑ 公司可能存在少缴印花税的情况

☐ 公司可能存在虚增实收资本的情况

☑ 公司可能少缴房产税的情况

☑ 公司可能存在固定资产处置应税收入未缴增值税的情况

☐ 公司可能存在未分配利润结转错误的情况

☑ 公司可能存在虚增人工成本的情况

☐ 公司可能存在超经营范围经营的情况

☐ 公司可能存在虚假享受政府补助的情况

☐ 公司可能存在内控风险

☐ 公司可能存在转移财产风险

(2) 对上述分析判断的思路和依据进行阐述。

第一,根据案例资料、财务报表数据及经营情况信息可知,公司财务报表显示 2019 年度营业收入涨幅不大(仅比上年增长 2%);2019 年,公司将一楼改为内部食堂,但是未对食堂耗电进行单独核算,可能存在耗电异常及进项未转出的情况。

第二,按照投入产出率推算出公司 2019 年度销售收入大于公司财务报表营业收入,

可能存在隐瞒收入的情况。

第三，根据财务报表初步分析可知，营业成本增长高于营业收入增长，公司可能存在虚增营业成本的情况。

第四，根据案例资料、《增值税及附加税费申报表（一般纳税人适用）》初步分析可知，农产品收购发票进项税额占比较高，公司可能存在虚开农产品收购发票。

第五，根据行业特征、《增值税及附加税费申报表（一般纳税人适用）》、案例资料等信息可知，《增值税及附加税费申报表（一般纳税人适用）》销售额与增值税发票金额相同，可能存在应税收入未视同销售的情况。

第六，根据案例资料，检查人员发现仓库中有一批油炸食品过期，但是未作任何处理，可能存在过期存货未及时转出的情况。

第七，根据公司经营情况及案例资料，检查人员发现工商登记专卖店有一百多家，远少于公司的账务处理，可能存在账外账的情况。

第八，根据财务报表，公司 2019 年增加了资本金，印花税可能少缴。

第九，根据固定资产明细表及《房产税纳税申报表》，房产税可能少缴。

第十，根据财务报表、《增值税及附加税费申报表（一般纳税人适用）》和固定资产明细表，可能存在固定资产处置应税收入未及时纳税的情况。

第十一，相关计算公式如下：

$$\text{主营业务收入费用率指标}=\left(\text{主营业务收入费用率}-\text{行业平均主营业务收入费用率}\right)\div\text{行业平均主营业务收入费用率}\times 100\%$$

$$\text{主营业务收入费用率}=\text{本期期间费用}\div\text{本期主营业务收入}$$

主营业务收入费用率明显高于行业平均水平的，应判断为异常，须查明纳税人有无多提、多摊相关费用，有无将资本性支出一次性在当期列支。

2. 风险特征计算分析

(1) 根据所判断的风险类型，设置考察的指标，加以计算，并逐个分析，确认存在的风险。（在所认定正确的项目前打“√”）

☑ 2019 年增值税税负率低于 3.5%

☑ 2019 年一般纳税人税负率偏离度高于 20%

☑ 2019 年营业成本增长率与营业收入增长率弹性系数高于 110%

☑ 2019 年管理费用增长率与营业收入增长率弹性系数高于 20%

☑ 2019 年预收账款变动率高于 10%

☐ 2019 年其他应付款变动率高于 10%

☑ 2019 年其他应收款变动率高于 10%

☑ 2019 年存货周转率变慢

☑ 2019 年进项税额增长率高于销项税额增长率

☐ 2019 年销项税额增长率低于销售收入增长率

☑ 2019 年进项税额变动率超过销项税额变动率

☑ 2019 年印花税申报异常

☑ 2019 年房产税纳税申报异常

☑ 2019 年 9 月，湿青皮山核桃出产率低于行业平均(行业平均为 20%)

☑ 2019 年农产品收购发票进项税额占比总进项税额高于同行业平均值 36%

☑ 2019 年耗电量增长率高于销售收入增长率

☑ 2019 年主营业务收入费用率高于行业平均值

(2) 对上述分析判断的思路和依据进行阐述。

第一，根据投入产出率推算，公司 2019 年度销售收入应为 4 亿元，高于财务报表值，可能存在隐瞒收入的情况。

根据《增值税及附加税费申报表(一般纳税人适用)》，计算出公司 2019 年一般纳税人增值税税负率为 2.05%，2018 年一般纳税人增值税税负率为 2.87%。行业平均一般纳税人增值税税负率为 3.5%。

公司 2019 年一般纳税人税负率偏离度为 41.43%[(2.05%－3.5%)÷3.5%]，高于预警值(预警值为 20%)。

第二，公司 2019 年营业成本增长率为 3.1%，营业收入增长率为 2%，营业成本与营业收入弹性系数为 155.87%。

第三，公司 2019 年管理费用增长率与销售收入增长率弹性系数为 44.12%，大于预警值(预警值为 20%)。

第四，公司主营业务收入费用率为 22.3%，大于行业平均主营业务收入费用率 20%。

第五，公司 2019 年预收账款变动率为 15.1%，高于预警值(预警值为 10%)；2019 年应收款变动率为 22.2%；2019 年存货周转率为 2.15；2018 年存货周转率为 2.498。

第六，根据《增值税及附加税费申报表(一般纳税人适用)》，计算出公司 2019 年进项税额变动率为 9.92%，高于销项税额变动率 2.37%。

“进项税额变动率和销项税额变动率弹性系数＝(进项税额变动率－销项税额变动率)÷销项税额变动率＝(9.92%－2.37%)÷2.37%＝3.19”，远大于预警值 10%。

第七，根据公司经营情况及印花税申报资料，公司 2019 年印花税纳税申报异常。“379 890 143.13(销售收入)×0.03%＋6 230 000(实收资本增加额)×0.05%＝113 967.04＋3 115＝117 082.04 元”，公司仅申报印花税 113 967.04 元。

第八，根据表 8-1，及房产税纳税申报资料，公司 2019 年房产税纳税申报异常。房产期末账面 27 085 310.55 元，房产税纳税申报表上的房产原值仅 20 063 193 元。

第九，根据案例资料，2019 年 9 月，公司收购的湿青皮核桃出产率为 18%。

第十，公司 2019 年农产品收购发票进项税额占比总进项税额为 56.37%。

第十一，根据案例资料，计算出公司 2019 年耗电量同比增长率为 45.92%，销售收入增长率仅为 2%。

3. 风险信息排除确认

(1) 对税收风险进行判断、验证、排除、确认。(在所认定正确的项目前打“√”)

☐ 公司肯定不存在耗电异常的情况

☑ 公司肯定存在耗电异常的情况

☐ 公司是否存在耗电异常的情况，还无法确定

☐ 公司肯定不存在原材料投入产出异常的情况
☐ 公司肯定存在原材料投入产出异常的情况
☑ 公司是否存在原材料投入产出异常的情况，还无法确定
☐ 公司肯定不存在虚增营业成本的情况
☐ 公司肯定存在虚增营业成本的情况
☑ 公司是否存在虚增营业成本的情况，还无法确定
☐ 公司肯定不存在虚开农产品收购发票的情况
☐ 公司肯定存在虚开农产品收购发票的情况
☑ 公司是否存在虚开农产品收购发票的情况，还无法确定
☐ 公司肯定不存在应税收入未视同销售的情况
☑ 公司肯定存在应税收入未视同销售的情况
☐ 公司是否存在应税收入未视同销售的情况，还无法确定
☐ 公司肯定不存在过期存货未转出的情况
☑ 公司肯定存在过期存货未转出的情况
☐ 公司是否存在过期存货未转出的情况，还无法确定
☐ 公司肯定不存在账外账的情况
☐ 公司肯定存在账外账的情况
☑ 公司是否存在账外账的情况，还无法确定
☐ 公司肯定不存在少缴印花税的情况
☑ 公司肯定存在少缴印花税的情况
☐ 公司是否存在少缴印花税的情况，还无法确定
☐ 公司肯定不存在少缴房产税的情况
☑ 公司肯定存在少缴房产税的情况
☐ 公司是否存在少缴房产税的情况，还无法确定
☐ 公司肯定不存在固定资产处置收益未缴增值税的情况
☐ 公司肯定存在固定资产处置收益未缴增值税的情况
☑ 公司是否存在固定资产处置收益未缴增值税的情况，还无法确定
☐ 公司肯定不存在虚增人工成本的情况
☐ 公司肯定存在虚增人工成本的情况
☑ 公司是否存在虚增人工成本的情况，还无法确定

(2) 对上述分析判断的思路和依据进行阐述。

第一，根据案例资料，公司 2019 年电耗增幅较大，远超过营业收入增幅，并且公司于 2019 年将一楼改为内部食堂，但是未区分电表，食堂耗电也未单独核算，肯定存在部分耗电进项税未及时转出的情况。

第二，2019 年根据原材料投入产出率推算可能隐匿收入，但是无法确定。

第三，2019 年营业成本同步增长系数高于同行业，农产品收购发票进项税额占比高于同行业，可能存在虚增营业成本的情况，但是还无法确定。

第四，2019 年农产品收购发票进项税额占比总进项税额高于同行业，触预警值，可能

存在虚开农产品收购发票的情况，但是还无法确定。

第五，根据《增值税及附加税费申报表(一般纳税人适用)》销售额与增值税开票系统金额一致，且按公司制度，公司每逢过节都会拿自产产品发放给员工作为福利，肯定存在应税收入未视同销售的情况。

第六，根据案例资料，检查人员在仓库中发现一批油炸食品已经过期，一直放置于仓库，未作财务处理，肯定存在过期存货未转出的情况。

第七，根据案例资料，检查人员从工商登记信息中了解，销售该公司产品的专卖店有123家，但是根据会计核算资料反映出专卖店仅有50多家，是否存在账外账，还无法确定。

第八，根据印花税纳税申报明细，公司肯定未及时足额缴纳印花税。

第九，根据房产税纳税申报明细，公司肯定未及时足额缴纳房产税。

第十，根据表8-1可知，公司2019年处置报废了机器设备、运输设备，是否产生应税收入还不能确定，只能推测公司可能存在固定资产处置收益未缴纳增值税的情况。

第十一，根据风险特征分析计算，2019年应付职工薪酬同比增长率远高于营业收入同比增长率，公司可能存在虚增人工成本的情况。

4. 风险应对经验策略

(1) 按照前述风险判断、分析、确认结果，对浙江绿色食品有限公司2019年和2018年纳税遵从情况进行分析，评定其风险等级为“高”。(可供选项：高、中、低、无风险)

(2) 根据判断和分析对该公司的风险情况进行评价和应对。(在所认定正确的项目前打“√”)

☑ 核查公司原材料领料明细单、产品入库明细单，并与行业数据进行比对，确定是否存在部分产品未入库的情况

☑ 核查公司开具的农产品收购发票明细、采购合同、资金流及原材料入库明细是否一致，确定是否存在虚开农产品收购发票的情况

☑ 核查公司营业成本明细账及对应的原始凭证，确定是否存在虚增营业成本的情况

☑ 核查公司专卖店收入台账、营业收入明细账与工商登记的专卖店进行核实，确认是否存在账外账的情况

☑ 核查公司存货账面明细、实地盘点存货，确定食品过期金额及需要转出的进项税额

☑ 核查公司固定资产厂房及建筑物增加明细情况，包括采购的时间、采购的金额，确定是否需要补缴房产税

☑ 核查公司固定资产机器设备、运输设备处置报废明细，区分是否是处置出售还是报废，确认是否存在资产处置损益的情况

☑ 核查员工花名册、员工签订的劳动合同、工资发放明细单及应付职工薪酬明细账，确认公司是否存在虚增人工成本的情况

☑ 核查公司“实收资本”当期增加金额，是否按资金账簿计算缴纳印花税；是否按照购销合同金额计算缴纳印花税

☐ 核查公司防伪税控增值税开票明细单、合同明细，确认企业是否存在虚开增值税

发票的情况

☐ 核查公司增值税发票领购簿、领购明细，确认是否存在虚领增值税发票的情况

☑ 核查公司进项税额转出明细，确认公司食堂对应的进项税额是否未转出

☐ 核查公司实收资本增加明细账、资金流，确认公司是否存在虚增实收资本的情况

☐ 核查公司未分配利润明细，确认是否存在结转错误的情况

☐ 核查公司生产经营范围、经营项目，确认公司是否存在超范围生产经营的情况

☐ 核查公司政府补助申请资料，是否满足政府补助的要求，确认是否存在虚假享受政府补助的情况

☐ 了解公司内控制度，确认公司是否存在内控风险

☑ 先发出税务约谈通知书，约谈企业财务负责人对问题进行解释

☐ 核查企业捐赠明细，确认是否存在应税收入未按规定作视同销售的情况

(3) 对上述分析判断的思路和依据进行阐述。

第一，根据企业经营情况资料可知，公司可能存在原材料投入产出异常的情况，但是还需要进一步核实，需要核查公司原材料领料明细单、产品入库明细单，并与行业数据进行比对，确定是否存在部分产品未入库。

第二，根据增值税防伪税控开票系统，勾选认证系统及增值税申报可知，公司可能存在虚开农产品收购发票的情况，但是还需要进一步核实，需要核查公司开具的农产品收购发票明细、采购合同、资金流及原材料入库明细是否一致，确定是否存在虚开农产品收购发票的情况。

第三，根据企业经营情况资料可知，公司营业成本增加幅度大于营业收入增加幅度，公司可能存在虚增营业成本的情况，但是还需要进一步核实，需要核查公司营业成本明细账及对应的原始凭证，确定是否存在虚增营业成本。

第四，公司专卖店营业收入及初步推测专卖店数量，与工商登记的数量不吻合，公司可能存在部分专卖店收入未入账的情况，但是还需要进一步核实，需要核查公司专卖店收入台账、营业收入明细账与工商登记的专卖店进行核实，确定是否存在账外账的情况。

第五，根据企业经营情况资料可知，存货周转变慢，是因存货管理不善，还是其他原因导致的，需要核查存货账面明细、实地盘点存货，确定食品过期金额及需要转出的进项税额。

第六，根据企业经营情况资料可知，公司 2019 年增加了不动产，房产税缴纳异常，需核查不动产采购的时间、采购的金额，确定需补交的房产税。

第七，根据企业经营情况资料可知，公司职工薪酬增长幅度远大于营业收入增长幅度，公司可能存在虚增人工成本的情况，但是还需要进一步核实，需要核查员工花名册、员工签订的劳动合同、工资发放明细单、应付职工薪酬明细账、原始单据等信息，确定公司是否存在虚增人工成本的情况。

七、案例点评

本案例选择食品加工行业中的代表公司为评估对象，风险评估人员通过分析行业特点，查找存在的税收风险点，利用税负率、毛利率、费用率等筛选指标确定企业税收风险，

结合该行业经营及纳税情况测算分析，确定纳税评估对象。

风险评估人员以公司的财务报表分析、纳税申报表为基础，运用纳税评估相关指标、结合食品加工行业特点展开分析，查找公司存在的疑点，并进行公司实地核查。

在数据面前，公司承认员工食堂电费未单独核算，进项税额未及时转出，虚开增值税专用发票，部分专卖店收入及零售收入未入账，公司表示愿自查补缴相应税款。

提示

1. 筛选纳税评估对象

筛选纳税评估对象要依据税收宏观分析、行业税负监控结果等信息，结合各项评估指标及其预警值和风险应对人员掌握的纳税人实际情况，参照纳税人所属行业、经济类型、经营规模、信用等级等因素进行全面、综合审核对比分析。

2. 重点评估分析对象

经综合审核对比分析，对有问题或疑点的纳税人要作为重点评估分析对象；重点税源户、特殊行业的重点企业，将销售收入增加而税收下降、销售增幅与税收增幅不匹配、销售收入规模、税收规模与生产经营规模不匹配的企业，以及税负异常变化、税负率低于同地区同行业、长时间零税负和负税负申报、纳税信用等级低下、日常管理和税务检查中发现较多问题的纳税人作为重点纳税评估对象。

知识链接

微课 8-3
食品加工行业税收风控——水电费未作进项税额转出

微课 8-4
食品加工行业税收风控——非正常损失存货未作进项税额转出

微课 8-5
食品加工行业税收风控——未计销项税额

实训操作

根据任务一的案例资料和业务数据在实训平台完成实训，进行系统评分并打印实训报告。

任务二　财税大数据风控综合实训

一、实训目的

完成房地产业财税合规检查，对不合规的问题点提出整改思路；建立房地产业风险验证指标及风险引擎；利用所建立的风险引擎进行风险排查和风险后果自测；针对税务检查疑点查找需要补税的税种，计算补税金额；能够对涉税风险疑点选择正确的风险应对措施。

二、实训业务流程

财税大数据风控综合实训业务流程如图 8-2 所示。

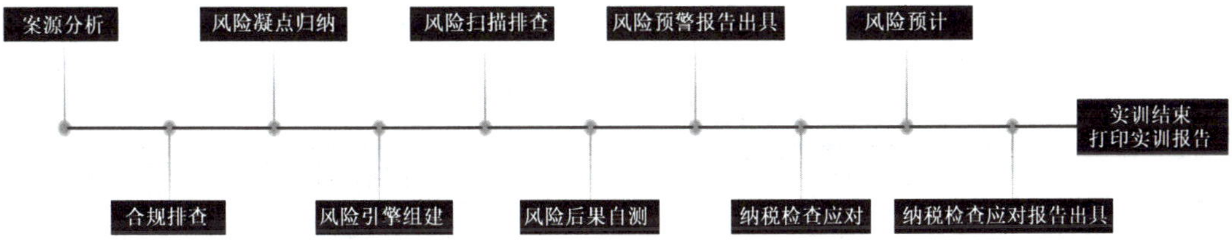

图 8-2　财税大数据风控综合实训业务流程

教学录像 8-2
财税大数据风控综合实训操作视频

三、案例资料和业务数据

(一) 纳税人基本信息

纳税人名称：北海顶顺房地产开发有限公司

统一社会信用代码：913303097384118000

经济性质：有限责任公司

纳税人资格：一般纳税人

开户行：中国银行广西北海市银海支行

注册地址：北海市银海区美景路 87 号

生产经营范围：房地产开发及销售、水电安装、物业管理等。

(二) 企业经营情况

(1) 2019 年 2 月，拍得一块 80 000 平方米的土地，地价为 3 000 元/平方米。土地出让合同约定 2019 年 5 月交付给公司。2019 年 6 月，取得土地使用证，合同约定土地出让金金额为 2.4 亿元，市政建设配套费为 1 600 万元。该地区城镇土地使用税为 5 元/平方米，契税税率为 3%。

(2) 地块分为三期开发，第一期开发 18 000 平方米，于 2019 年 7 月动工，2019 年 12 月开始预售。增值税按一般办法征收。公司 2021 年要建造的幼儿园为二期工程，预估成本为 1 500 万元，到 2020 年年底尚未开工建设，相关预估成本已经摊入一期工程销售成本。

(3) 2019 年度账面预收账款——住宅贷方发生额为 54 629 275 元。2020 年度账面预收账款——住宅贷方发生额为 198 454 084.5 元。2019 年，申报产权转移书据印花税 27 314.64 元。

(4) 2020 年 2 月，收到购房者定金 190 000 元，记入“其他应付款”账户，到年底没有转入预收账款，该定金的购房户已经签订房屋买卖合同。该地区规定，商品房的土地增值税预征率为 2%。

(5) 将售楼处及样板间装修费、家具费共计 205.3 万余元，一次性记入“销售费用”账户，并全部在税前进行了扣除，该项目已交房 80%。

(6) 2020 年 2 月，因受新冠病毒感染影响，公司购买一批价值 40 万元的蔬菜和肉蛋，直接通过居委会捐赠给被隔离的小区居民。

（三）财务报表

1. 利润表

公司2020年利润表如表8-10所示。

表8-10 利润表

会企02表

编制单位：北海顶顺房地产开发有限公司　　2020年　　单位：元

项目	本期金额	上期金额
一、营业收入	200 074 550.00	
减：营业成本	168 030 785.20	
税金及附加	2 366 623.94	1 242 941.30
销售费用	7 807 608.84	5 087 112.69
管理费用	3 431 632.72	5 411 452.46
研发费用		
财务费用	9 778 572.74	1 778 635.00
其中：利息费用		
利息收入		
加：其他收益		
投资收益（损失以“－”号填列）		
其中：对联营企业和合营企业的投资收益		
以摊余成本计量的金融资产终止确认收益（损失以“－”号填列）		
净敞口套期收益（损失以“－”号填列）		
公允价值变动收益（损失以“－”号填列）		
资产减值损失（损失以“－”号填列）		
资产处置收益（损失以“－”号填列）		
二、营业利润（亏损以“－”号填列）	8 659 326.56	－13 520 141.45
加：营业外收入		
减：营业外支出	1 870 052	412 050.00
三、利润总额（亏损总额以“－”号填列）	6 789 274.56	－13 932 191.45
减：所得税费用	1 697 318.64	
四、净利润（净亏损以“－”号填列）	5 091 955.92	－13 932 191.45
（一）持续经营净利润（净亏损以“－”号填列）		
（二）终止经营净利润（净亏损以“－”号填列）		
五、其他综合收益的税后净额		
（一）不能重分类进损益的其他综合收益		
1. 重新计量设定受益计划变动额		
2. 权益法下不能转损益的其他综合收益		
3. 其他权益工具投资公允价值变动		

（续表）

项目	本期金额	上期金额
4. 企业自身信用风险公允价值变动		
……		
（二）将重分类进损益的其他综合收益		
1. 权益法下可转损益的其他综合收益		
2. 其他债权投资公允价值变动		
3. 金融资产重分类计入其他综合收益的金额		
4. 其他债权投资信用减值准备		
5. 现金流量套期储备		
6. 外币财务报表折算差额		
……		
六、综合收益总额		
七、每股收益：		
（一）基本每股收益		
（二）稀释每股收益		

2. 资产负债表

公司 2020 年资产负债表如表 8-11 所示。

表 8-11　资产负债表

会企 01 表

编制单位：北海顶顺房地产开发有限公司　　2020 年 12 月 31 日　　单位：元

资产	期末余额	上年年末余额	负债和所有者权益（或股东权益）	期末余额	上年年末余额
流动资产：			流动负债：		
货币资金	81 255 558.75	94 926 805.89	短期借款	10 000 000.00	10 000 000.00
交易性金融资产			交易性金融负债		
衍生金融资产			衍生金融负债		
应收票据			应付票据		
应收账款	1 700 000.00		应付账款	17 748 885.40	93 015 098.86
应收款项融资			预收款项	35 002 100.00	54 629 275.00
预付款项		893 807.85	合同负债		
其他应收款	1 375 168.87	1 857 594.71	应付职工薪酬	5 056 804.56	10 877 266.93
存货	32 093 585.91		应交税费	7 040 267.20	11 515 211.54
合同资产			其他应付款	23 560 323.73	19 345 004.64
持有待售资产			持有待售负债		
一年内到期的非流动资产			一年内到期的非流动负债		

（续表）

资产	期末余额	上年年末余额	负债和所有者权益（或股东权益）	期末余额	上年年末余额
其他流动资产			其他流动负债		
流动资产合计	116 424 313.53	97 678 208.45	流动负债合计	98 408 380.89	199 381 856.97
非流动性资产：			非流动负债：		
债券投资			长期借款	130 000 000.00	120 000 000.00
其他债券投资			应付债券	51 000 000.00	
长期应收款			其中：优先股		
长期股权投资			永续债		
其他权益工具投资			租赁负债		
其他非流动金融资产			长期应付款	52 350 000.00	65 370 000.00
投资性房地产			预计负债	12 332 224.05	
固定资产	3 167 670.27	11 030 761.31	递延收益		
在建工程	300 310 957.00		递延所得税负债		
生产性生物资产			其他非流动负债		
油气资产			非流动负债合计	245 682 224.05	185 370 000.00
使用权资产			负债合计	344 090 604.94	384 751 856.97
无形资产	38 000 000.00		所有者权益（或股东权益）：		
开发支出		355 036 997.21	实收资本（或股本）	80 000 000.00	80 000 000.00
商誉			其他权益工具		
长期待摊费用	12 508 000.00	1 005 890.00	其中：优先股		
递延所得税资产	5 115 228.01		永续债		
其他非流动资产			资本公积	1 011 052.49	
非流动资产合计	359 101 855.28	367 073 648.52	减：库存股		
			其他综合收益		
			专项储备		
			盈余公积	1 156 551.44	
			未分配利润	49 267 959.94	
			所有者权益（或股东权益）合计	131 435 563.87	80 000 000.00
资产总计	475 526 168.81	464 751 856.97	负债和所有者权益（或股东权益）总计	475 526 168.81	464 751 856.97

（四）纳税申报情况

1. 增值税及附加税费预缴情况

（1）公司 2019 年《增值税及附加税费预缴表》如表 8-12 所示。

表 8-12　增值税及附加税费预缴表

税款所属时间：2019 年　月　日至 2019　年　月　日

纳税人识别号(统一社会信用代码)：913303097384118000　　是否适用一般计税方法　是 □　否☑

纳税人名称：北海顶顺房地产开发有限公司　　金额单位：元(列至角分)

项目编号：A20190001　　项目名称：星星港湾

项目地址：南园路 12 号

预征项目和栏次		销售额	扣除金额	预征率	预征税额	
		1	2	3	4	
建筑服务	1	0	0	0	0	
销售不动产	2	12 385 321	0	3%	371 559.63	
出租不动产	3	0	—	0	0	
	4					
	5					
合计	6					
附加税费						
城市维护建设税实际预缴税额		26 009.17	教育费附加实际预缴费额	11 146.79	地方教育附加实际预缴费额	7 431.19

（2）公司 2020 年增值税及附加税费预缴情况如下：销售不动产销售额为 182 067 967.43 元，预缴增值税为 5 450 000 元；城市维护建设税实际预缴税额为 37 106.42 元；教育费附加实际预缴费额为 15 902.74 元；地方教育附加实际预缴费额为 10 601.83 元。

2. 财产和行为税纳税申报情况

公司 2019 年《财产和行为税纳税申报表》如表 8-13 所示。

表 8-13　财产和行为税纳税申报表

纳税人识别号(统一社会信用代码)：913303097384118000

纳税人名称：北海顶顺房地产开发有限公司　　金额单位：人民币元(列至角分)

序号	税种	税目	税款所属期起	税款所属期止	计税依据	税率	应纳税额	减免税额	已缴税额	应补(退)税额
1	印花税	产权转移书据	2022.01.01	2022.12.31	54 629 272	0.000 05	27 314.64			27 314.64
2	契税				240 000 000	0.030 00	7 200 000.00			7 200 000.00

（续表）

序号	税种	税目	税款所属期起	税款所属期止	计税依据	税率	应纳税额	减免税额	已缴税额	应补（退）税额
3	土地增值税				1 350 000	0.010 00	135 000.00			135 000.00
4										
5										
6										
7										
8										
9										
10										
11	合计	—	—	—	—	—	7 362 314.64			7 362 314.64

公司 2020 年《财产和行为税纳税申报表》如表 8-14 所示。

表 8-14 财产和行为税纳税申报表

纳税人识别号（统一社会信用代码）：913303097384118000

纳税人名称：北海顶顺房地产开发有限公司　　　　金额单位：人民币元（列至角分）

序号	税种	税目	税款所属期起	税款所属期止	计税依据	税率	应纳税额	减免税额	已缴税额	应补（退）税额
1	城镇土地使用税		2022.01.01	2022.12.31	11 801.5	5.00	59 007.50			59 007.50
2	土地增值税				152 000 000.5	0.02	3 040 000.00			3 040 000.00
3										
4										
5										
6										
7										
8										
9										
10										
11	合计	—	—	—	—	—	3 099 007.53			3 099 007.53

3. 企业所得税汇算清缴情况

公司 2019 年视同销售和房地产开发企业特定业务纳税调整明细表的部分填报结果

如表 8-15 所示。

表 8-15 视同销售和房地产开发企业特定业务纳税调整明细表

行次	项 目	税收金额	纳税调整金额
		1	2
	……		
21	三、房地产开发企业特定业务计算的纳税调整额(22—26)	4 658 444.15	4 658 444.15
22	(一) 房地产企业销售未完工开发产品特定业务计算的纳税调整额(24—25)	4 658 444.15	4 658 444.15
23	1. 销售未完工产品的收入	50 118 600.92	
24	2. 销售未完工产品预计毛利额	7 517 790.14	7 517 790.14
25	3. 实际发生的营业税金及附加、土地增值税	2 859 345.99	2 859 345.99
26	(二) 房地产企业销售的未完工产品转完工产品特定业务计算的纳税调整额(28—29)		
27	1. 销售未完工产品转完工产品确认的销售收入		
28	2. 转回的销售未完工产品预计毛利额		
29	3. 转回实际发生的营业税金及附加、土地增值税		

公司 2020 年纳税调整明细表中的“捐赠支出”项目的填报结果如表 8-16 所示。

表 8-16 纳税调整项目明细表

行次	项 目	账载金额	税收金额	调增金额	调减金额
		1	2	3	4
	……				
17	(五)捐赠支出(填写 A105070)	400 000.00	400 000.00	—	—
	……				

四、合规性检查

根据题干,进行合规性检查,判断公司是否存在合规性问题,并提供整改思路。

(1) 相关问题的合规性判断及整改思路如表 8-17 至表 8-27 所示。

表 8-17 问题 1 判断分析表

题干	公司对招聘的新员工组织培训共发生教育培训支出 50 万元,公司当年发生的工资、薪金总额为 600 万元,公司在年度汇算清缴时没有对教育培训费作纳税调增处理
是否存在合规性问题	是

（续表）

判断依据	《财政部 税务总局关于企业职工教育经费税前扣除政策的通知》（财税〔2008〕51 号）规定，企业发生的职工教育经费支出，不超过工资、薪金总额 8%的部分，准予在计算企业所得税应纳税所得额时扣除
整改思路	当年度作纳税调增 2 万元，结转到以后年度扣除

表 8-18 问题 2 判断分析表

题干	公司在申报契税的时候，计税依据只包含了土地出让金，没有包含已发生的市政建设配套费和拆迁补偿费
是否存在合规性问题	是
判断依据	契税的计税依据不仅指土地出让金，其成交价格包括土地出让金、土地补偿费、安置补助费、地上附着物和青苗补偿费、拆迁补偿费
整改思路	将市政建设配套费和拆迁补偿费都计入契税的计税依据，补缴此部分契税

表 8-19 问题 3 判断分析表

题干	公司向税局申报收入 700 万元，住建部门网签收入 1 000 万元，两者差异为 300 万元，申报收入与网签收入比值为 0.7
是否存在合规性问题	是
判断依据	申报收入应大于等于网签收入
整改思路	检查申报收入小于网签收入的金额，根据正确的数据补缴此部分税金

表 8-20 问题 4 判断分析表

题干	房地产公司购入用于建造商品房的土地使用权，应计入开发成本，在持有代售期间，记入资产负债表中的“存货”项目
是否存在合规性问题	否
判断依据	根据《企业会计准则》，房地产公司取得的土地使用权用于建造对外出售的房屋建筑物，相关的土地使用权应当计入所建造的房屋建筑成本
整改思路	无

表 8-21 问题 5 判断分析表

题干	公司筹建期间发生的业务招待费 25 万元，汇算清缴时按发生额的 60%在企业所得税前扣除
是否存在合规性问题	否
判断依据	公司在筹建期间，发生的与筹办活动有关的业务招待费支出，可按实际发生额的 60%计入公司筹办费，并按有关规定在税前扣除
整改思路	无

表 8-22 问题 6 判断分析表

题干	房地产公司承租某房产作为管理现场办公室，取得增值税专用发票，财务人员将其按照租赁费入账管理费用
是否存在合规性问题	是
判断依据	企业为直接组织和管理开发项目所发生的，且不能将其归属于特定成本对象的成本费用性支出，应计入开发间接费
整改思路	从“管理费用”科目调整到“开发间接费”科目

表 8-23 问题 7 判断分析表

题干	公司 2020 年通过校园招聘会招录了应届毕业生 10 人。2020 年 6 月，公司分别与应届毕业生、所属高校签订了三方就业合同。合同明确了工资、薪金，合同签约年限等问题。三方就业合同没有缴纳印花税
是否存在合规性问题	否
判断依据	由于公司与新员工签订的三方就业合同不属于《中华人民共和国印花税法》列明的应税凭证，不需要缴纳印花税
整改思路	无

表 8-24 问题 8 判断分析表

题干	房地产公司建造的商品房，在出售前没有缴纳房产税
是否存在合规性问题	否
判断依据	房地产公司建造的商品房，在出售前不征收房产税，但出售前已使用(如办公用房等)、出借(如无偿借出等)的商品房，应当自房屋使用或交付之次月起，从价计征缴纳房产税
整改思路	无

表 8-25 问题 9 判断分析表

题干	房地产公司销售过程中开展“买房赠车”促销活动，没有由房地产公司代扣代缴个人所得税
是否存在合规性问题	是
判断依据	房地产公司销售过程中开展的各类促销活动、商务活动中随机赠送给客户的赠品、礼品应由房地产公司代扣代缴个人所得税
整改思路	检查房地产公司销售过程中开展的各类促销活动、商务活动中随机赠送给客户的赠品、礼品，由房地产公司补充扣缴个人所得税

表 8-26　问题 10 判断分析表

题干	公司销售未完工产品取得预收款，按计税毛利率分季计算出预计毛利额，计入当期应纳税所得额，申报缴纳企业所得税
是否存在合规性问题	否
判断依据	公司销售未完工产品取得收入，应首先按预计计税毛利率分季/月计算出预计毛利额，计入当期应纳税所得额，申报缴纳企业所得税
整改思路	无

表 8-27　问题 11 判断分析表

题干	公司采取预收款方式销售自行开发的房地产项目，在收到预收款时按照 3% 的预征率预缴增值税
是否存在合规性问题	否
判断依据	《国家税务总局关于发布〈房地产开发企业销售自行开发的房地产项目增值税征收管理暂行办法〉的公告》（国家税务总局公告 2016 年第 18 号）第十条规定，一般纳税人采取预收款方式销售自行开发的房地产项目，应在收到预收款时按照 3%的预征率预缴增值税
整改思路	无

（2）合规性检查实训系统展示界面如图 8-3 所示。

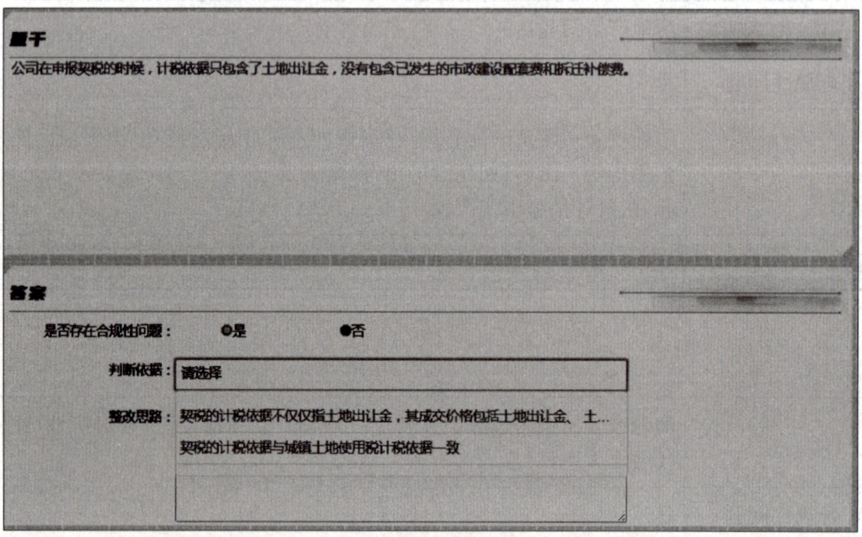

图 8-3　合规性检查实训系统展示界面

五、风险疑点预判

（1）添加风险方向，选取正确的风险验证指标。风险疑点预判表如表 8-28 所示。

表 8-28 风险疑点预判表

风险方向	风险验证指标
增值税异常	预缴增值税与预售收入比
土地增值税与增值税预征依据对比差异过大	土地增值税与增值税预征依据对比差异
毛利异常	毛利率
资金及往来异常	其他应付款变动率
印花税申报不足	借款合同印花税申报不足
虚增成本费用	销售费用占比
营业外支出金额较大可能未做纳税调整	营业外支出变动率

(2)添加风险疑点预判实训系统展示界面如图 8-4 所示。

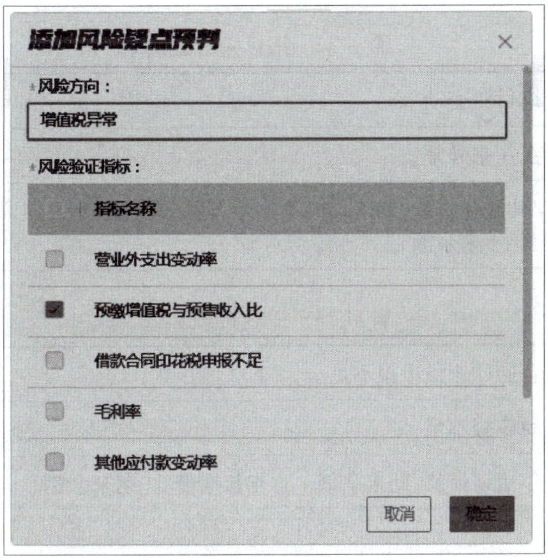

图 8-4 添加风险疑点预判实训系统展示界面

六、风险引擎建立

(一)指标管理

(1)通过建立的风险方向、风险验证指标，设置指标公式。具体设置如表 8-29 至表 8-35 所示。

表 8-29 指标 1 设置表

指标 1 名称	预缴增值税与预售收入比
所属风险方向	增值税异常
指标公式	本年销售不动产_预征税额÷本年销售不动产_销售额

表 8-30　指标 2 设置表

指标 2 名称	土地增值税与增值税预征依据对比差异
所属风险方向	土地增值税与增值税预征依据对比差异过大
指标公式	本年销售不动产_销售额÷本年土地增值税_计税依据

表 8-31　指标 3 设置表

指标 3 名称	毛利率
所属风险方向	毛利率异常
指标公式	(本年营业收入_本年累计－本年营业收入_减：营业成本_本年累计)÷本年营业收入_本年累计

表 8-32　指标 4 设置表

指标 4 名称	其他应付款变动率
所属风险方向	资金及往来异常
指标公式	(本年其他应付款_期末余额－本年其他应付款_上年年末余额)÷本年其他应付款_上年年末余额

表 8-33　指标 5 设置表

指标 5 名称	借款合同印花税申报不足
所属风险方向	印花税申报不足
指标公式	[(本年短期借款_期末余额＋本年长期借款_期末余额)－(本年短期借款_上年年末余额＋本年长期借款_上年年末余额)]×0.000 05－本年借款合同－本期应纳税额

表 8-34　指标 6 设置表

指标 5 名称	销售费用占比
所属风险方向	虚增成本费用
指标公式	本年营业收入_销售费用_本年累计÷本年营业收入_本年累计

表 8-35　指标 7 设置表

指标 6 名称	营业外支出变动率
所属风险方向	营业外支出金额较大,可能未作纳税调整
指标公式	(本年营业利润_减：营业外支出－本年累计－上年营业利润_减：营业外支出－本年累计)÷上年营业利润_减：营业外支出－本年累计

(2) 指标计算公式及数据获取设置展示界面如图 8-5 所示。

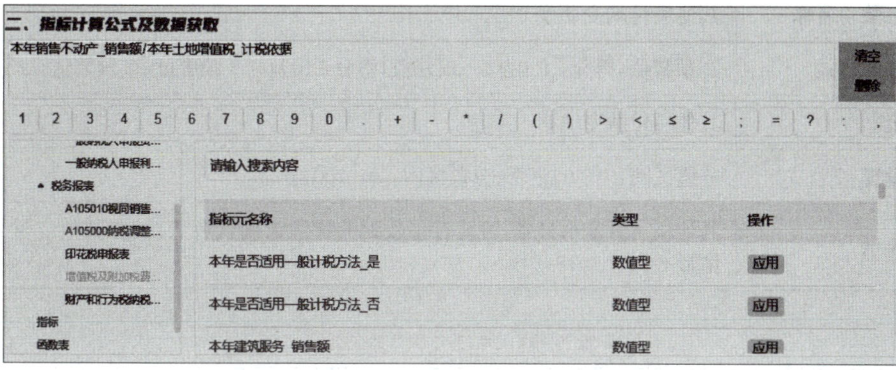

图 8-5　指标计算公式及数据获取设置展示界面

(二) 风险引擎管理

建立风险引擎模型,如表 8-36 至表 8-42 所示。

表 8-36　风险引擎 1 设置表

风险引擎 1 名称	预缴增值税与预售收入比
指标得分公式	＜预警值,得分：100;≥预警值,得分：0
预警值	预缴增值税与预售收入比
结束设置	分值区间：0～0,正常;分值区间：1～100,异常
应对提示	预缴增值税不足

表 8-37　风险引擎 2 设置表

风险引擎 2 名称	土地增值税与增值税预征依据对比差异
指标得分公式	＜预警值,得分：0;≥预警值,得分：100
预警值	土地增值税与增值税预征依据对比差异
结束设置	分值区间：0～0,正常;分值区间：1～100,异常
应对提示	土地增值税与增值税预征依据对比差异过大

表 8-38　风险引擎 3 设置表

风险引擎 3 名称	毛利率
指标得分公式	＜预警值,得分：100;≥预警值,得分：0
预警值	毛利率
结束设置	分值区间：0～0,正常;分值区间：1～100,异常
应对提示	毛利率过低,可能存在少计收入或多计成本的风险点

表 8-39　风险引擎 4 设置表

风险引擎 4 名称	其他应付款变动率
指标得分公式	≥预警值，得分：100；<－预警值，得分：100；>－预警值、<预警值，得分：0
预警值	其他应付款变动率
结束设置	分值区间：0～0，正常；分值区间：1～100，异常
应对提示	其他应付款变动异常，可能有将收到的货款未确认收入，放在其他应付款的情形

表 8-40　风险引擎 5 设置表

风险引擎 5 名称	借款合同印花税申报不足
指标得分公式	<预警值，得分：0；≥预警值，得分：100
预警值	借款合同印花税申报不足
结束设置	分值区间：0～0，正常；分值区间：1～100，异常
应对提示	借款合同印花税缴纳不足

表 8-41　风险引擎 6 设置表

风险引擎 6 名称	销售费用占比
指标得分公式	<预警值，得分：0；≥预警值，得分：100
预警值	销售费用占收入比例
结束设置	分值区间：0～0，正常；分值区间：1～100，异常
应对提示	销售费用占比较高，可能有虚增广告费、促销费用的风险

表 8-42　风险引擎 7 设置表

风险引擎 7 名称	营业外支出变动率
指标得分公式	<预警值，得分：0；≥预警值，得分：100
预警值	营业外支出变动率
结束设置	分值区间：0～0，正常；分值区间：1～100，异常
应对提示	营业外支出变动高于基期水平，该公司可能存在不符合规定的营业外支出未做纳税调整的情况

七、风险排查及风险后果自测

根据风险引擎，进行风险排查及风险后果自测，具体分析结果如表 8-43 至表 8-49 所示。

表 8-43　风险引擎 1 分析结果

风险引擎 1 名称	预缴增值税与预售收入比
风险应对指引	一般纳税人采取预收款方式销售自行开发的房地产项目，应在收到预收款时，按照 3%的预征率预缴增值税
风险排查	异常
应对方案	检查预缴增值税申报表，检查预缴的增值税与当年新增的预收账款贷方之比，预征率不是 3%，而是 2.99%(5 450 000÷182 067 967.43)
风险后果自测	补税——增值税：182 067 967.43×0.03−5 450 000=12 039.02(元) 补税——附加税费：12 039.02×0.12=14 44.68(元)

表 8-44　风险引擎 2 分析结果

风险引擎 2 名称	土地增值税与增值税预征依据对比差异
风险应对指引	检查土地增值税和预缴增值税的申报表和计税底稿，查看少交的税
风险排查	异常
应对方案	检查 2020 年预收账款——住宅贷方发生额是否与预缴增值税计税依据匹配
风险后果自测	补税——土地增值税：2020 年度账面预收账款——住宅贷方发生额为 198 454 084.50元，预缴增值税计税依据为 182 067 967.43 元(198 454 084.50÷1.09)是正确的。应预缴土地增值税 3 859 840.91 元[(198 454 084.5−182 067 967.43×0.03)×0.02]，实际缴纳 3 040 000 元，应补缴土地增值税 819 840.91 元

表 8-45　风险引擎 3 分析结果

风险引擎 3 名称	毛利率
风险应对指引	检查是否收入少计，成本多计。尤其要注意是否有预估成本列入完工产品成本
风险排查	异常
应对方案	公司 2021 年要建造的幼儿园为二期工程，预估成本为 1 500 万元，到 2020 年年底尚未开工建设，相关预估成本已经摊入一期工程销售成本
风险后果自测	补税——企业所得税：15 000 000×0.25=3 750 000(元)

表 8-46　风险引擎 4 分析结果

风险引擎 4 名称	其他应付款变动率
风险应对指引	检查其他应付款的主要组成，是否有房屋销售合同已经签订，订金和诚意金未结转收入的情形，是否有将定金计入其他应付款未计入预收账款缴纳增值税的情形
风险排查	异常

(续表)

应对方案	检查到“其他应付款”账户中有向购房者收取的定金 190 000 元未结转收入，导致未预缴增值税和土地增值税
风险后果自测	补税——增值税：190 000÷1.09×0.03=5 229.36(元) 补税——附加税费：5 229.39×0.12=627.52(元) 补税——土地增值税：(190 000−5 229.36)×0.02=3 695.41(元)

表 8-47　风险引擎 5 分析结果

风险引擎 5 名称	借款合同印花税申报不足
风险应对指引	检查本年度新增借款合同的期限和金额，检查借款合同、财产和行为税纳税申报表
风险排查	异常
应对方案	检查到短期借款为 1 000 万元，与年初相比没有增加；长期借款为 1.3 亿元，与年初相比增加 1 000 万元，应申报借款合同印花税 500 元(10 000 000×0.000 05)
风险后果自测	补税——印花税：500 元

表 8-48　风险引擎 6 分析结果

风险引擎 6 名称	销售费用占比
风险应对指引	检查销售费用明细，检查是否有不应该一次性列入销售费用的支出
风险排查	异常
应对方案	检查到公司将售楼处及样板间装修费、家具费共计 205.3 万余元，一次性记入“销售费用”账户，并全部在税前进行了扣除，该项目已交房 80%
风险后果自测	补税——企业所得税：205.3×0.2×0.25×10 000=102 650(元)

表 8-49　风险引擎 7 分析结果

风险引擎 7 名称	营业外支出变动率
风险应对指引	检查营业外支出明细账，查看是否有不可税前扣除的营业外支出，如滞纳金、罚款、非正常财产损失、不合规定的捐赠等
风险排查	异常
应对方案	经检查营业外支出明细账发现，2020 年 2 月，因受新冠病毒感染影响，公司购买一批价值 40 万元的蔬菜和肉蛋，直接通过居委会捐赠给被隔离小区的居民。此捐赠没有通过公益性社会组织和县级以上人民政府及其部门等国家机关，不予税前扣除，但发现企业所得税纳税调整明细表对此部分没有作纳税调整
风险后果自测	补税——企业所得税：400 000×0.25=100 000(元)

八、风险应对措施

(一) 风险提示告知书

北海顶顺房地产开发有限公司收到其主管税务机关出具的《风险提示告知书》如下。

风险提示告知书

北海顶顺房地产开发有限公司：

经对你公司相关涉税数据资料分析，发现以下涉税疑点：

一、第三方信息显示该项目普通住宅为主，增值税征收方式是一般征收。2020 年度账面预收账款——住宅贷方发生额为 198 454 084.5 元，应预缴土地增值税为 3 641 359.35 元[198 454 084.5÷(1+0.09)×0.02]。金税三期显示，2020 年申报预缴土地增值税 3 040 000 元，测算 2020 年少申报预缴土地增值税 601 359.35 元。可能有少交土地增值税的风险。

二、第三方信息显示该项目普通住宅为主，增值税征收方式是一般征收。2020 年度账面预收账款——住宅贷方发生额为 198 454 084.5 元，应预缴增值税为 5 462 039.02 元[198 454 084.5÷(1+0.09)×0.03]。金税三期显示，2020 年申报预缴增值税 5 450 000 元，测算 2020 年少申报预缴增值税 12 039.02 元。可能有少申报预缴增值税的风险。

三、2020 年其他应付款较上年变动率，超过本地区同行业预警值 20%，请检查其他应付款的主要组成，是否有房屋销售合同已经签订，订金和诚意金未结转收入，是否有将定金计入其他应付款未计入预收账款缴纳增值税的情形。

四、2019 年账面预收账款——住宅贷方发生额为 54 629 275 元，2019 年销售未完工产品预计毛利额应为 7 517 790.14 元[54 629 275÷(1+9%)×15%](计税毛利率为 15%)，销售未完工产品实际应缴纳税金及附加 180 426.96 元[54 629 275÷(1+9%)×3%×12%](增值税为 3%、城市维护建设税及附加为 12%)，销售未完工产品应预缴土地增值税 1 062 514.34 元[(54 629 275−54 629 275÷(1+9%)×3%)×2%]，销售未完工产品特定业务计算的纳税调整额应为 6 274 848.84 元(7 517 790.14−180 426.96−1 062 514.34)；住宅与房地产信息网 2019 年无竣工验收备案项目，则销售未完工产品转完工产品特定业务计算的纳税调整额应为 0，2019 年房地产开发企业特定业务计算的纳税调整额应为 6 274 848.84 元(6 274 848.84−0)，2019 年度 A105010《视同销售和房地产开发企业特定业务纳税调整明细表》中申报房地产企业销售未完工开发产品特定业务计算的纳税调整额为 4 658 444.15 元，2019 年度少申报房地产企业销售未完工开发产品特定业务计算的纳税调整额为 1 616 404.69 元(6 274 848.84−4 658 444.15)，少申报企业所得税 404 101.17 元(1 616 404.69×25%)。

五、从中华人民共和国国土资源部获得信息：2019 年 2 月，你公司拍得一块价值为 2.4亿元的土地，市政建设配套费为 1 600 万元。该地区契税税率为 3%，应交契税 7 680 000元[(240 000 000+16 000 000)×0.03]，你公司 2019 年契税申报数据为 7 200 000元，少申报契税 480 000 元。

六、从中华人民共和国国土资源部获得信息：2019 年 2 月，你公司拍得一块 80 000 平方米的土地，该地区城镇土地使用税为 5 元/平方米，应交城镇土地使用税 333 333.33 元(80 000×5÷12×10)，你公司 2019 年城镇土地使用税申报数据为 0，少申报城镇土地使用税 333 333.33 元。

七、从中华人民共和国自然资源部获悉你公司于 2019 年取得土地出让金 2.4 亿元，从房地产信息网获悉 2019 年公司预售收入为 54 629 275 元，则公司应缴纳产权转移书据印花税 147 314.64 元[(240 000 000+54 629 272)×0.000 5]，2019 年财产和行为税纳税申报表“产权转移书据——印花税”实际申报 27 314.64 元，应补缴产权转移书据——印花税 120 000 元。

请你公司自收到本告知书之日起对以上疑点对纳税情况进行自查，并作出解释说明。自查结束，请将自查情况在 7 日内向主管税务机关作书面反馈。

联系人：×××

联系电话：×××××××××××

税务机关地址：×××××××××××

国家税务总局北海市××税务局

2021 年 3 月 15 日

(二) 风险疑点判断及处理

(1) 风险疑点判断及处理如表 8-50 至表 8-56 所示。

表 8-50 风险疑点 1 判断及处理

风险疑点 1	第三方信息显示该项目普通住宅为主，增值税征收方式是一般征收。2020 年度账面预收账款——住宅贷方发生额为 198 454 084.5 元，应预缴土地增值税 3 641 359.35元[198 454 084.5÷(1+0.09)×0.02]。金税三期显示，2020 年申报预缴土地增值税 3 040 000 元，测算 2020 年少申报预缴土地增值税 601 359.35元。可能有少交土地增值税的风险
疑点是否存在	是
判断依据	2020 年新增预收账款贷方发生额为 198 454 084.5 元，应预缴土地增值税 3 641 359.35元正确，土地增值税预缴数字也正确
自查方法	检查预收账款贷方发生额与年度预缴土地增值税是否匹配，土地增值税预征的计征依据=预收款−应预缴增值税税额
处理方式	补税
处理依据	土地增值税预征的计征依据=预收款−应预缴增值税税额
风险疑点定位	税表−财产和行为税纳税申报表−2020−土地增值税−应纳税额
涉及金额(元)	601 359.35

表 8-51 风险疑点 2 判断及处理

风险疑点 2	第三方信息显示该项目普通住宅为主，增值税征收方式是一般征收。2020 年度账面预收账款——住宅贷方发生额为 198 454 084.5 元，应预缴增值税为 5 462 039.02元[198 454 084.5÷(1+0.09)×0.03]。金税三期显示，2020 年申报预缴增值税 5 450 000 元，测算 2020 年少申报预缴增值税 12 039.02 元。可能有少申报预缴增值税的风险

（续表）

疑点是否存在	是
判断依据	一般纳税人采取预收款方式销售自行开发的房地产项目，应在收到预收款时，按照3%的预征率预缴增值税
自查方法	检查预收账款贷方发生额与预缴增值税是否匹配，跟风险疑点上的数字是否相符
处理方式	补税
处理依据	《国家税务总局关于发布〈房地产开发企业销售自行开发的房地产项目增值税征收管理暂行办法〉的公告》（国家税务总局公告2016年第18号）规定，一般纳税人采取预收款方式销售自行开发的房地产项目，应在收到预收款时，按照3%的预征率预缴增值税
风险疑点定位	税表－增值税及附加税费预缴表－2020－销售不动产－预征税额
涉及金额（元）	12 039.02

表8-52　风险疑点3判断及处理

风险疑点3	2020年其他应付款较上年变动率，超过本地区同行业预警值20%，请检查其他应付款的主要组成，是否有房屋销售合同已经签订，订金和诚意金未结转收入，是否有将定金计入其他应付款且未计入预收账款缴纳增值税的情形
疑点是否存在	是
判断依据	收到购房者定金190 000元计入其他应付款，到2020年年底没有转入预收账款
自查方法	检查其他应付款的主要组成，是否有房屋销售合同已经签订，订金和诚意金未结转收入，是否有将定金计入其他应付款且未计入预收账款缴纳增值税的情形
处理方式	补税
处理依据（1）	应预缴土地增值税＝土地增值税预征的计征依据×预征率
风险疑点定位（1）	税表－财产和行为税纳税申报表－2020－土地增值税－应纳税额
涉及金额（1）（元）	3 695.41
处理依据（2）	收到购房定金记入“预收账款”账户，按3%预缴增值税
风险疑点定位（2）	税表－增值税及附加税费预缴表－2020－合计－预征税额
涉及金额（2）（元）	5 229.36
处理依据（3）	预缴增值税的纳税人在其机构所在地申报缴纳增值税时，以其实际缴纳的增值税税额为计税依据，并按机构所在地的城市维护建设税适用税率和教育费附加征收率就地计算缴纳城市维护建设税和教育费附加
风险疑点定位（3）	税表－增值税及附加税费预缴表－2020－附加税费－地方教育附加实际预缴费额 税表－增值税及附加税费预缴表－2020－附加税费－教育费附加实际预缴费额 税表－增值税及附加税费预缴表－2020－附加税费－城市维护建设税实际预缴税额
涉及金额（3）（元）	627.53（104.59＋156.88＋366.06）

表 8-53 风险疑点 4 判断及处理

风险疑点 4	2019 年账面预收账款——住宅贷方发生额为 54 629 275 元，2019 年销售未完工产品预计毛利额应为 7 517 790.14 元[54 629 275÷(1+9%)×15%](计税毛利率为 15%)，销售未完工产品实际应缴纳税金及附加 180 426.96 元[54 629 275÷(1+9%)×3%×12%](增值税为 3%、城市维护建设税及附加为 12%)，销售未完工产品应预缴土地增值税 1 062 514.34 元[(54 629 275－54 629 275÷(1+9%)×3%)×2%]，销售未完工产品特定业务计算的纳税调整额应为 6 274 848.84 元(7 517 790.14－180 426.96－1 062 514.34)；住宅与房地产信息网 2019 年无竣工验收备案项目，则销售未完工产品转完工产品特定业务计算的纳税调整额应为 0，2019 年房地产开发企业特定业务计算的纳税调整额应为 6 274 848.84 元(6 274 848.84－0)，2019 年度 A105010《视同销售和房地产开发企业特定业务纳税调整明细表》中申报房地产企业销售未完工开发产品特定业务计算的纳税调整额为 4 658 444.15 元，2019 年度少申报房地产企业销售未完工开发产品特定业务计算的纳税调整额为 1 616 404.69 元(6 274 848.84－4 658 444.15)，少申报企业所得税 404 101.17 元(1 616 404.69×25%)
疑点是否存在	是
判断依据	企业销售未完工开发产品取得的收入，应先按预计计税毛利率分季(或月)计算出预计毛利额，计入当期应纳税所得额
自查方法	检查 2019 年销售统计表，确认预收账款发生额数字正确。2019 年，A105010《视同销售和房地产开发企业特定业务纳税调整明细表》中申报房地产企业销售未完工开发产品特定业务计算的纳税调整额为 465 844.15 元，预缴附加税费应为 180 426.96元，预缴土地增值税应为 1 062 514.34 元
处理方式	税务调整
处理依据	企业销售未完工开发产品取得的收入，应先按预计计税毛利率分季(或月)计算出预计毛利额，计入当期应纳税所得额
风险疑点定位	税表－A105010：视同销售和房地产开发企业特定业务纳税调整明细表－2019－房地产企业销售未完工开发产品特定业务计算的纳税调整额－纳税调整金额
涉及金额(元)	1 616 404.69

表 8-54 风险疑点 5 判断及处理

风险疑点 5	从中华人民共和国国土资源部获得信息：2019 年 2 月，你公司拍得一块价值为 2.4 亿元的土地，市政建设配套费 1 600 万元。该地区契税税率为 3%，应交契税 7 680 000元[(240 000 000+16 000 000)×0.03]，你公司 2019 年契税申报数据为 7 200 000元，少申报契税 480 000 元
疑点是否存在	是
判断依据	契税的计税价格应该包含市政建设配套费
自查方法	检查土地使用权转让合同、国有土地使用证、契税申报表明细，查看是否按税法的规定申报契税
处理方式	补税

（续表）

处理依据	《财政部 国家税务总局关于国有土地使用权出让等有关契税问题的通知》（财税〔2004〕134号）规定，出让国有土地使用权的，其契税计税价格为承受人为取得该土地使用权而支付的全部经济利益
风险疑点定位	税表－财产和行为税纳税申报表－2019－契税－应纳税额
涉及金额（元）	480 000

表 8-55 风险疑点 6 判断及处理

风险疑点 6	从中华人民共和国国土资源部获得信息：2019年2月，你公司拍得一块80 000平方米的土地，该地区城镇土地使用税为5元/平方米，应交城镇土地使用税333 333.33元（80 000×5÷12×10），你公司2019年城镇土地使用税申报数据为0，少申报城镇土地使用税333 333.33元
疑点是否存在	是
判断依据	公司2019年2月拍得一块土地，未申报土地使用税
自查方法	检查公司土地使用权转让合同、土地证、财产和行为税纳税申报表，查看是否少缴纳城镇土地使用税
处理方式	补税
处理依据	根据《财政部 国家税务总局关于房产税、城镇土地使用税有关政策的通知》（财税〔2006〕186号）的规定，以出让或转让方式有偿取得土地使用权的，应由受让方从合同约定交付土地时间的次月起缴纳。
风险疑点定位	税表－财产和行为税纳税申报表－2019－城镇土地使用税－应纳税额
涉及金额（元）	333 333.33

表 8-56 风险疑点 7 判断及处理

风险疑点 7	从中华人民共和国自然资源部获悉你公司于2019年取得土地出让金2.4亿元，从房地产信息网获悉2019年公司预售收入为54 629 275元，则公司应缴纳产权转移书据印花税147 314.64元[（240 000 000＋54 629 272）×0.000 5]，2019年财产和行为税纳税申报表“产权转移书据——印花税”实际申报了27 314.64元，应补缴产权转移书据——印花税120 000元
疑点是否存在	是
判断依据	2019年财产和行为税纳税申报表“产权转移书据——印花税”实际申报了27 314.64元
自查方法	土地使用权出让合同、土地使用权转让合同、商品房销售合同按照产权转移书据征收印花税。立据人按所载金额万分之五贴花
处理方式	补税
处理依据	产权转移书据包括财产所有权和版权、商标专用、专利权、专有技术使用权等转移书据。立据人按所载金额万分之五贴花
风险疑点定位	税表－财产和行为税纳税申报表－2019－印花税－应纳税额
涉及金额（元）	120 000

（2）涉税疑点判断展示界面如图 8-6 所示。

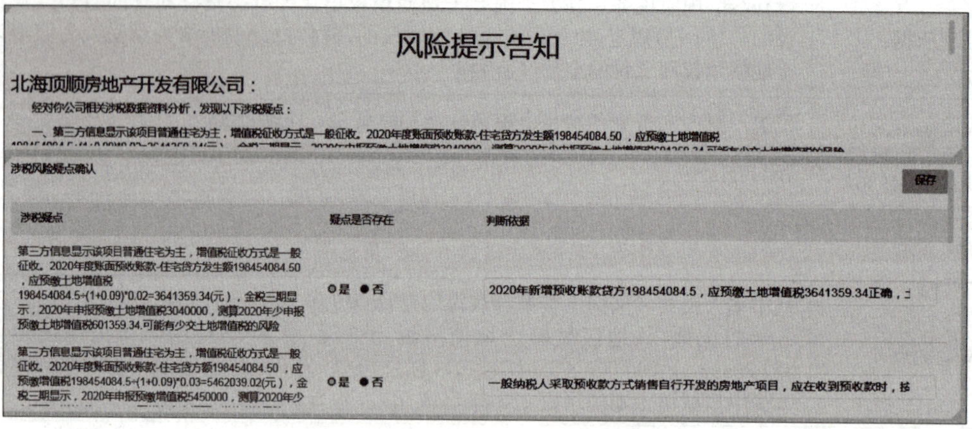

图 8-6　涉税疑点判断展示界面

（3）涉税疑点处理展示界面如图 8-7 所示。

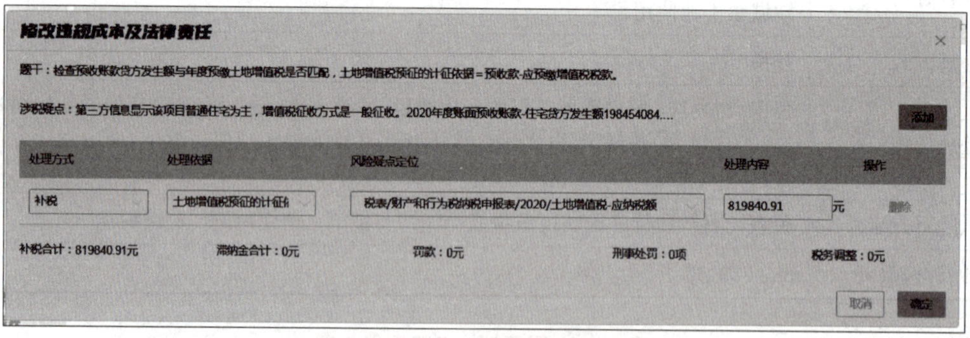

图 8-7　涉税疑点处理展示界面

知识链接

动画 8-1
增值税税负率预警

动画 8-2
企业发生财务费用
未足额取得发票入账

动画 8-3
城镇土地使用税
申报信息异常

动画 8-4
土地价款未计入房产计税
原值申报房产税风险

实训操作

根据任务二的案例资料和业务数据在实训平台完成实训，进行系统评分并打印实训报告。

思政课堂

财务大数据　助企业实现战略化发展

20 世纪 70 年代末到 90 年代初期，伴随着计算机和信息技术的蓬勃发展，欧美企业开始使用 ERP、SCM 等应用系统为企业提供生产、制造、财务、销售等关键业务环节的信息服务。20 世纪 90 年代中期，互联网发展迅速并普及，财会人员借助网络信息技术进行快速、高效的信息交流、信息互动，任务管理与协作的应用范围也得到了前所未有的拓展，时空距离已不再是沟通的主要阻碍。步入 21 世纪后，“大智移云物区”广泛应用，使得企业生产制造、财务处理及商业模式等都发生了巨大变化。与此同时，数字信息技术的蓬勃发展，大幅降低了企业数字化转型的投入成本和进入门槛，加快了企业和整个社会的数字化进程。

2021 年，财政部在《会计改革与发展“十四五”规划纲要》中提出要重视数字化技术的支撑作用，会计审计工作需要顺应时代要求及时转型，数字化技术助推转型，严格统一数据标准，规范业务流程，规范数据传递流程，加强企业管理水平和自我管控能力，提升全面风险预警能力，实现企业战略化发展。2022 年 1 月 12 日，国务院在《“十四五”数字经济发展规划》中要求，中国进入数字经济时代，企业应加强数字化思维，通过向龙头企业学习、培训、合作等方式，提升员工数字化技能，有效、及时地推动企业数字化转型。在企业转型过程中起到引领推动作用的是财务，将财务数字化、智能化作为排头，业票财税融合，助推企业整体数字化转型。

2022 年年初，国资委下发《关于推动中央企业加快司库体系建设进一步加强资金管理的意见》，指出所有中央企业，力争在 2023 年年底前，基本建成“智能友好、穿透可视、功能强大、安全可靠”的司库系统，加强资金预警防控，提高资金运营效率，服务企业战略发展。财务数字化转型是国有企业高质量发展的关键引擎，是国有企业创造全新竞争优势的有效途径，是国有企业实施技术创新驱动模式的有力起点，是构建新型经济发展模式的必由之路。财务数字化转型是促进国有企业快速发展的重要力量。

当下，中国已经全面进入数字化经济时代。财务大数据将在企业业务监管和风险管理方面提高信息采集处理效率、提高综合财务分析能力，有助于财务人员在管理职能方面发挥出更大服务价值功能，帮助企业实现战略化发展。

资料来源：熊猫讲财经. 必要性和可行性：财务数字化转型的发展历程[EB/OL]. (2022-06-01)[2023 - 12 - 24]. https://baijiahao. baidu. com/s? id = 1734426237979924398&wfr% EF% BC%9Dspider&for%EF%BC%9Dpc.

附录　二维码资料清单

序号	名称	页码	对应视频编号
1	认识数电发票	001	动画 1-1
2	开具数电发票实训业务流程	002	教学录像 1-1
3	开具数电发票的流程	003	动画 1-2
4	数电发票如何红冲	008	动画 1-3
5	全面数字化的电子发票认知	010	微课 1-1
6	旅游服务业差额征税相关规定	010	微课 1-2
7	客户及商品编码设置	011	教学录像 1-2
8	增值税防伪税控开票系统——正常发票的填开	014	教学录像 1-3
9	增值税防伪税控开票系统——折扣发票的填开	015	教学录像 1-4
10	增值税防伪税控开票系统——清单发票的填开	017	教学录像 1-5
11	税收分类编码要求	019	微课 1-3
12	增值税专用发票填开的相关规定	019	微课 1-4
13	增值税防伪税控开票系统——红字发票的填开	019	教学录像 1-6
14	发票监制章	019	动画 1-4
15	增值税进项发票认证	020	教学录像 1-7
16	增值税进项税额抵扣的相关规定	025	微课 1-5
17	增值税发票	025	动画 1-5
18	增值税纳税人和扣缴义务人	025	动画 1-6
19	增值税一般纳税人网上申报实训系统操作	027	教学录像 2-1
20	增值税视同销售	045	微课 2-1
21	增值税认知	045	动画 2-1
22	增值税税率和征收率	045	动画 2-2
23	增值税的征税范围	045	动画 2-3

(续表)

序号	名称	页码	对应视频编号
24	增值税应纳税额的计算	045	动画 2-4
25	增值税小规模纳税人网上申报实训系统操作	045	教学录像 2-2
26	增值税小规模纳税人的相关政策	051	微课 2-2
27	一般纳税人和小规模纳税人的认定	051	微课 2-3
28	消费税认知	053	动画 3-1
29	烟类消费税及附加税费网上申报	054	教学录像 3-1
30	烟类消费税相关规定	058	微课 3-1
31	消费税的纳税人	058	动画 3-2
32	消费税的征税范围	058	动画 3-3
33	消费税的税目和税率	058	动画 3-4
34	消费税应纳税额的计算	059	动画 3-5
35	酒类消费税及附加税费网上申报	059	教学录像 3-2
36	酒类消费税相关规定	063	微课 3-2
37	已纳消费税的扣除	063	动画 3-6
38	消费税的申报与缴纳	063	动画 3-7
39	认识企业所得税	065	动画 4-1
40	查账征收企业所得税月(季)度申报实训系统操作	066	教学录像 4-1
41	企业的不征税收入和免税收入	072	微课 4-1
42	企业所得税纳税人	072	动画 4-2
43	企业所得税征税对象	072	动画 4-3
44	企业所得税扣除项目	073	动画 4-4
45	查账征收企业所得税汇算清缴	073	教学录像 4-2
46	企业所得税收入	085	动画 4-5
47	企业所得税不得扣除项目	085	微课 4-2
48	企业所得税核定征收	086	微课 4-3
49	核定征收企业所得税操作	086	教学录像 4-3
50	核定征收方式下应纳所得税额的计算及汇算清缴	090	微课 4-4
51	不能核定征收企业所得税的企业	090	微课 4-5

(续表)

序号	名称	页码	对应视频编号
52	企业所得税应纳税额的计算	090	动画 4-6
53	企业所得税的征收管理	090	动画 4-7
54	认识个人所得税	093	动画 5-1
55	个人所得税纳税申报	093	教学录像 5-1
56	工资、薪金所得个人所得税预扣预缴的计算方法	095	微课 5-1
57	个人所得税综合所得应纳税额的计算	096	动画 5-2
58	劳务报酬汇算清缴	098	微课 5-2
59	劳务报酬个人所得税预扣预缴计算方法	098	微课 5-3
60	个人所得税年度汇算的内容	098	微课 5-4
61	需要办理年度汇算的情形	098	微课 5-5
62	可享受的税前扣除及年度汇算办理时间	098	微课 5-6
63	个人所得税纳税申报	099	教学录像 5-2
64	分类所得个人所得税的计算	104	微课 5-7
65	分类所得个人所得税应纳税额的计算	104	动画 5-3
66	个人所得税的征税对象	104	动画 5-4
67	非居民个人的相关知识	104	微课 5-8
68	个人所得税申报	105	教学录像 5-3
69	个人所得税非居民所得应纳税额的计算	110	动画 5-5
70	印花税的认知	112	微课 6-1
71	印花税纳税申报操作	113	教学录像 6-1
72	印花税的纳税人	116	微课 6-2
73	印花税的征收范围	116	微课 6-3
74	印花税的税目税率及应纳税额的计算	116	微课 6-4
75	印花税计税依据的特殊规定	116	微课 6-5
76	镇土地使用税的认知	117	微课 6-6
77	城镇土地使用税纳税申报操作	117	教学录像 6-2
78	城镇土地使用税的纳税人	120	微课 6-7
79	城镇土地使用税的征收范围及税率	120	微课 6-8

（续表）

序号	名称	页码	对应视频编号
80	城镇土地使用税应纳税额的计算	120	微课 6-9
81	城镇土地使用税的税收优惠	120	微课 6-10
82	城镇土地使用税的纳税申报	120	微课 6-11
83	环境保护税的认知	121	微课 6-12
84	环境保护税纳税申报操作	121	教学录像 6-3
85	环境保护税的纳税人	122	微课 6-13
86	环境保护税的税目及税率	122	微课 6-14
87	环境保护税应纳税额的计算	122	微课 6-15
88	环境保护税的税收优惠	122	微课 6-16
89	环境保护税的纳税申报	122	微课 6-17
90	相关业务资料	186	
91	企业纳税评估单点策略实训操作	187	教学录像 8-1
92	食品加工行业管理难点分析	188	微课 8-1
93	食品加工行业税收风险防控——虚列成本费用多抵扣进项税额	189	微课 8-2
94	食品加工行业税收风控——水电费未作进项税额转出	210	微课 8-3
95	食品加工行业税收风控——非正常损失存货未作进项税额转出	210	微课 8-4
96	食品加工行业税收风控——未计销项税额	210	微课 8-5
97	财税大数据风控综合实训操作视频	211	教学录像 8-2
98	增值税税负率预警	232	动画 8-1
99	企业发生财务费用未足额取得发票入账	232	动画 8-2
100	城镇土地使用税申报信息异常	232	动画 8-3
101	土地价款未计入房产计税原值申报房产税风险	232	动画 8-4

参 考 文 献

［1］财政部会计资格评价中心．经济法［M］．北京：经济科学出版社，2023．

［2］全国税务师职业资格考试教材编写组．税法（Ⅰ）［M］．北京：中国税务出版社，2023．

［3］全国税务师职业资格考试教材编写组．税法（Ⅱ）［M］．北京：中国税务出版社，2023．

［4］中国注册会计师协会．税法（Ⅱ）［M］．北京：中国财政经济出版社，2023．

［5］高涓．纳税风险评估与管控实务［M］．上海：复旦大学出版社，2023．

软件授权提货单

学校和院系名称：______________________________（需院系盖章）

学校联系人：______________________________

联系方式：______________________________

感谢贵校使用《税费核算与智能申报实训》。为便于学校统一组织教学，学校可凭本提货单向浙江衡信教育科技有限公司（简称“衡信教育”）免费申请安装税务实训平台软件（在后附产品目录中可任选 4 个模块，以学校为单位申请免费安装 1 次、60 个站点内，不限学生账号数量，自安装之日起免费 180 天使用期）。

提货方式：

1. 详细填写本软件授权提货单第一行学校和院系名称（院系盖章）及相关信息。

2. 把本软件授权提货单传真或拍照发给衡信教育客服 QQ。

3. 凭填写完整的编号、学校联系方式（院系盖章）等信息的提货单，向衡信教育申请试用。

4. 本软件授权提货单最终解释权归衡信教育所有。

联系方式：

客服手机：13291878097　　　　客服 QQ：1825142353